Knut Leonard Tallqvist

Die Sprache der Contracte Nabu-Na'ids - 555-538 v. Chr.

mit Berücksichtigung der Contracte Nebukadrezars und Cyrus

Knut Leonard Tallqvist

Die Sprache der Contracte Nabu-Na'ids - 555-538 v. Chr.
mit Berücksichtigung der Contracte Nebukadrezars und Cyrus

ISBN/EAN: 9783743649170

Hergestellt in Europa, USA, Kanada, Australien, Japan

Cover: Foto ©ninafisch / pixelio.de

Weitere Bücher finden Sie auf **www.hansebooks.com**

DIE SPRACHE

DER

CONTRACTE NABÛ-NÂ'IDS

(555—538 v. CHR.)

MIT BERÜCKSICHTIGUNG DER CONTRACTE NEBUKADREZARS UND CYRUS'

VON

K. L. TALLQVIST.

Wird mit Genehmigung der Philosophischen Facultät der Kaiserl. Alexanders-Universität zu Helsingfors am 28 Mai 1890, 5 Uhr Nachm., im hist. philol. Auditorium zur öffentlichen Vertheidigung vorgelegt.

HELSINGFORS,
Druck von J. C. FRENCKELL & SOHN,
1890.

Die „Inschriften von Nabonidus, König von Babylon (555—538 v. Chr.), von den Thontafeln des Britischen Museums copirt und autographirt von J. N. STRASSMAIER S. J" erschienen schon im Herbst 1888. Die eminente Bedeutung dieser Texte (in Hinblick auf ihre Mehrzahl am besten Contracte genannt) für die assyrische und gemeinsemitische Sprachwissenschaft so wie für die Culturgeschichte des Orients zu der Zeit, als die alte babylonische Civilisation ihr Culmen erreicht hatte, ist von fachmännischer Seite her wohl beachtet worden. Die Schwierigkeit dieser kleinen Inschriften und ihr scheinbar oft sehr trockener Inhalt mag jedoch bewirkt haben, dass abgesehen von einigen theilweise sehr schätzbaren (OPPERT, PEISER) in Zeitschriften zerstreuten Aufsätzen meines Wissens bis jetzt keine einzige grössere Arbeit über sie erschienen ist.

Der Zweck der vorliegenden Arbeit ist eine Uebersicht über die Sprache der genannten Inschriften in grammatischer und lexicalischer Beziehung zu geben. Sie will das Verständniss der Texte anbahnen, nicht etwa die endgültige Erklärung geben.

Die „grammatischen Bemerkungen" geben die hauptsächlichsten Eigenthümlichkeiten der babylonischen Umgangssprache der Contracte. Hierbei ist es mir als das angemessenste erschienen mich bemerkungsweise zu den §§ der Assyrischen Grammatik von DELITZSCH anzuschliessen. Hinweisungen zu den verwandten semitischen Sprachen und Excurse, welche dem eigentlichen Gegenstand ferner liegen, seien durch den academischen Zweck derselben gerechtfertigt.

Das „Wörterverzeichniss" will das gesammte lexicalische Material in als nöthig befundenem Umfange und mit möglichster Genauigkeit aufführen. Ich habe der Auffassung Folge geleistet, die sich auch gut bewährt hat, dass je grösser die Menge der Belege der einzelnen Wörter ist, je mehr wird das Dunkel der nescio-Stellen erhellt. – Nomina propria (Personen-, Götter-, Tempel-, Orts- Namen) kommen im Wörterverzeichniss nicht vor. Der Verfasser behält sich aber vor das theilweise schon geordnete Material mit Erklärungen bald herauszugeben.

Da während des Fortgangs der Arbeit von der ebenso geschickten wie fleissigen Hand Strassmaier's die „Inschriften von Nabuchodonosor, König von Babylon (604—561 v. Chr.)“ und „von Cyrus, König von Babylon (538—529 v. Chr.)“ erschienen (im J. 1889 u. 1890), ward es nöthig diese wenn auch nur beiläufig besonders im II Haupttheile zu berücksichtigen. Die Belege aus diesen Inschriften beanspruchen also keineswegs Vollständigkeit, mögen aber jedenfalls die allermeisten fremden Wörter aufführen und zu den aus Nabû-nâ'id bekannten einige nicht unwillkommenen Parallelen beibringen. Um die fehlenden Belege zu ersetzen sind in dem in der Einleitung gegebenen Inhaltsverzeichniss der sämmtlichen (1134 + 460 + 384 = 1978) Inschriften Nabû-nâ'ids, Nebukadrezars und Cyrus' die Texte verwandter Art in Gruppen zusammengeführt.

Die Zurückführung der Wörter auf durch hebräische Buchstaben bezeichnete semitische Wurzeln mag nicht selten schlecht ausgefallen sein und wird sicher bei künftiger Forschung in vielen Fällen berichtigt werden. Viele Irrthümer hätten in dieser Beziehung und sonst vermieden werden können, wenn der Verfasser bei seiner Arbeit viele wichtige assyriologische Werke nicht vermissen müssen hätte. Auf seine eigene kärgliche assyriologische Bibliothek ganz hingewiesen, hat er sich nur zu oft im Stiche gelassen gefühlt. Diesen Umstand dürfte der Leser beim Beurtheilen dieser Erstlingsarbeit gefälligst berücksichtigen.

Die gefolgte Transcription unterscheidet sich von derjenigen Delitzsch' nur dadurch, dass das ق- und خ-Laut durch resp. *q* und altspanisches *x* bezeichnet wird. Die Bezeichnung der Homophonen ist bis auf einige Unwesentlichkeiten diejenige LOTZ-BRÜNNOW's. Einige neuerschlossenen Silbenwerthe findet man unter den „Zusatzbemerkungen zur Schrifttafel."

Ich möchte diese Gelegenheit benutzen um meinen hochverehrten Lehrern Herrn Prof. Dr. FRIEDR. DELITZSCH und Herrn Prof. Dr. EBERH. SCHRADER, die mich während meiner Studienzeit (1888—89) in Leipzig und Berlin in die Assyriologie und gemeinsemitische Forschung eingeführt und mit reicher Belehrung gefördert haben, den herzlichsten Dank auszusprechen.

INHALT:

Abkürzungen.

BzA	= Beiträge zur Assyriologie und vergleichenden semitischen Sprachwissenschaft, herausgegeben von Friedr. Delitzsch und Paul Haupt. Band I, H. 1. Leipzig 1889.
BList	= Brünnow, A Classified List of all simple and compound cuneiform Ideographs etc. Leyden 1889.
Caspari AG	= Caspari, Arabische Grammatik. Halle 1887.
CIS I	= Corpus inscriptionum semiticarum. Pars I
DAG	= Delitzsch, Assyrische Grammatik. Berlin 1889.
DAL	= Delitzsch, Assyrische Lesestücke. Dritte Auflage. Leipzig 1885.
DAS	= Delitzsch, Assyrische Studien. Leipzig 1874.
Dillmann ÄG	= Dillmann, Grammatik der Äthiopischen Sprache. Leipzig 1857.
DProll.	= Delitzsch, Prolegomena eines neuen hebräisch-aramäischen Wörterbuchs zum Alten Testament. Leipzig 1886.
Gesenius HW	= Gesenius' Handwörterbuch über das Alte Testament. Zehnte Auflage. Leipzig 1886.
Ges.-Kautzsch HG	= Gesenius' hebräische Grammatik. 24 Auflage. Leipzig 1885.
K	= Tafeln der Kujundschik-Samlung des Brit. Museums.
KA	bei Peiser, siehe PKA!
Kautzsch B-AG	= Kautzsch, Grammatik des Biblisch-Aramäischen. Leipzig 1884.

KB	= Keilinschriftliche Bibliothek herausgegeben von Eberh. Schrader. Band I u. II. Berlin 1889–1890.
LTP	= Lotz, Die Inschriften Tiglathpilesers I. Leipzig 1880.
NAD	= Norris, Assyrian dictionary. Part I–III. London 1868–1872.
Nöldeke MG	Nöldeke, Mandäische Grammatik. Halle 1875.
— NSG	= — Grammatik der neusyr. Sprache. Leipzig 1868.
— SG	= — Kurzgefasste syrische Grammatik. Leipzig 1880.
PKA	= Peiser, Keilschriftliche Acten-Stücke. Berlin 1889.
Pognon Bavian	= Pognon, L'inscription de Bavian. Paris 1879.
Tiele BAG	= Tiele, Babyl.-assyr. Geschcichte. Gotha 1886.
Uhlemann GSS²	= Uhlemann, Grammatik der syrischen Sprache. Zweite Ausgabe. Berlin 1857.
Winckler KS	= Winckler, Die Keilschrifttexte Sargons. Leipzig 1889.
ZA III IV	= Zeitschrift für Assyriologie, herausgegeben von Carl Bezolo. Band III u. IV.
ZBPS	= Zimmern, Babylonische Busspsalmen. Leipzig 1885.
I R, II R, V R	= The cuneiform Inscriptions of Western Asia, by H. C. Rawlinson etc. Vol. I, II u. V.

Nbn., Nbk. u. Cyr. bezeichnen „Babylonische Texte, Heft I–VII: Inschriften von Nabonidus, Nabuchodonosor und Cyrus, von den Thontafeln des britischen Museums copirt und autographirt von J. N. Strassmaier S. J. Leipzig 1887–1890.

a	=	*ablu*	*m/š*	=	*mârtušu ša*
a/š	=	*ablušu ša*	nh.	=	neuhebräisch
bh.	=	bibelhebräisch.	*š*	=	*šiqlu*
k	=	*kaspu*	trg	=	targuminisch.
m	=	*manû*			

Andere Abkürzungen wird man ohne Erklärungen verstehen.

Einleitung.

Die Contracte aus der Zeit Nebukadrezars, Nabû-nâ'ids und Cyrus' lassen sich dem Inhalt nach folgender Maassen eintheilen [1]).

1) **Schuldzetteln** (*ina eli, ina muxxi, ina pâni N.N.*):

A. über Naturalien (Datteln, Getreide, Sesam, Gemüse) u. a: 4; 6; 7; 11; 14; 16?; 18 f.; 34; 36; 45; 47; 66; 71; 74; 100; 105; 107; 111; 138; 141; 149; 152 f.; 191; 226; 246; 251; 254; 256; 263; 268; 280; 286; 307; 309; 311; 315; 342; 346; 352; 354; 369; 373; 375; 393; 395; 405; 419?; 427; 435; 441; 445; 451; 459; 486; 493; 497; 504; 505 f.; 520; 523; 539; 542; 551; 575; 576; 577; 587; 599; 600; 610; 619; 622; 623; 627; 634; 636; 638; 643; 690; 715; 740; 764; 819; 846; 874; 875: 877; 897; 898; 931; 932; 941; 943; 973; 987; 995; 1001; 1014; 1028; 1059; [1070;] [1109]. Nbk. 12; 24; 50;[53]; 63; 66; 71; 73; 99; 102; 105; 118; 152; 205; 210; 233; 235; 238; 244; 273 f.; 281; 290; 301; 307; 309; 325; 326; 330; 343; 347; 364; 367; 376; [378;] 397; 400; 411; 423; 426; 428; 432; 438. Cyr. 12; 18; 25; 27; 76; 87; 91; 115; 123; 158; 203; 239; 272; 291; 316; 355.

Unter diesen Urkunden giebt es einige Tauschtafeln (*šupêltu*): 205; 428; 446; 463; 616; 629; 907; 999. Nbk. 72.

Folgende beziehen sich auf das Eigenthum des Šamaštempels (*bušû ilu Šamaš*): 267; 342; 373; 497; 505 f.; 539; 542; 599; 636; 643; 690; 846; 987; 1001. Nbk. 63; 73; 102; 205, 233. Cyr. 158; 272. Alle diese Tafeln und folgende: 226; 246; 315; 486; 493; 551; 638; 898; 932; 941; 1028. Nbk. 274; 330; 438. Cyr. 18 sind aus der Samlung von Abu Habba.

B. über Geld a) auf Zinsen ausgeliehenes: 15; 67; 103; 112; 158; 176; 187; 198; 282; 308; 316; 325; 404; 426; 443; 468; 479; 480; 552; 566; 581; 584; 585; 602; 611; 678; 796; 800; 802; 830; (837); 863; 945;

[1]) Beispiele der verschiedenen Arten von Contracten in Transcription und Uebersetzung habe ich der Kürze halber aus der Einleitung weglassen müssen. Daher die trockene Form.

992; 1005; 1056; 1079; 1110; 1120. Nbk. 6; 17; 33 f.; 38 f.; 47 f.; 54 f.; 60; 68 f.; 108; 111; 185; 189; 199; 242. Cyr. 29; 45; 114; 119; (217;) 219; 222; 227; 249; 254; 268; 284; 303; 321.

b) auf eventuelle Zinsen (*kî lâ iddanna irabbi*): 230; 314. Nbk. 26; 32; 45 f.; 56; 65; 317.

c) Ohne Zinsen: 8 f.; 12; 30; 77; 82; 123 f.; 128; 139 f.; 154; 181–183; 211; 253; 255; 294; 305; 335; 340; 344; 389–391; 396; 412; 416; 433; 436; 461; 466; 474; 498; 526; 529; 534; 541; 553; 593; 605; 609; 613; 621; 637; 650; (652 f.;) 655; 663; 674; 750; 769; 772; 790; 807; 813; 817; 853; 855; 858; 861; 872; 881; 946; 956; 974; 977; 1013; 1024; 1031; 1047; 1053; 1057; 1104; 1116; 1123; 1125; 1132. Nbk. 3; 5; 7 f.; 10; 21 f.; 27; 41–44; 57; 59; 64; 76; 81; 82; 89; 95; 112; 127 f.; 129; 133; 136–138; 146; 179(?); 194; 200; (216;) 252; 258; (261;) 269; 272; 302; 308; 311; 314; 327; 335; 339; 345; 357 f.; 377; 384; 387; 389; 407 f.; 417; 425; 430. Cyr. 15; 17(?); 37; 48; 52; 58; 60; 83; 141; 148; 154; 175; 177; 195 f.; 223; 237; 240; 252; 270; 275; 317; 320; 322.

C) über Geld nebst Naturalien und Allerlei: 122; 145; 148; 151; 169; 287 Zinsen; 288; 326; 438 Zinsen; 512; 808; 816; 936. Cyr. 335.

2) **Miethcontracte** (*ana idi bîti iddin*)[1]: 48; 184; 238 f.; 261; 299; 499 f.; 597; 608; 845; 996; 1030. Cyr. 228; 231; 278.

3) **Verpachtungscontracte** (*ana êpišânûtu, NU.GIŠ.ŠAR-ûtu iddin*): 79; 578. Nbk. 90; 115; 202. Cyr. 26; 126; 200; 304; 308.

4) **Kaufcontracte** (*ana kaspi iddin*): a) über Sclaven (*ina xûd libbišu qallašu ana šîmi gamrûtu* (*xarîṣu*) *ana N.N. iddin*): 39 f.; 126; 196; 212; 248; 257; 273 f.; 300; 336; 348; (367;) 388; 400; 434; (508;) 509; 533; 564; 615; 635; 648; 665 f.; 671; 680; 693; (756;) 765; 801; 806; 829, vgl. 837; 892; 903; 1020; 1044; 1083. Nbk. 9; 29; 31; 37; 61 f.; 67; 70; 94; 96 f.; 100; 103 eventuell rückgängiger Kauf; 110; 117; 147; 166; 175; 201; 203; 207; 228; 236; 346; 380; 386; 400; 422. Cyr. 146; (171;) 310.

b) über Ländereien. 116; 132; 178; 193; 203; 293; 437; 440; 477; 580; 687; 964; 1102. Nbk. 4; 135; 164; 206; 246; 328; 374. Cyr. 3; 160 f.; 188; 264; 345.

c) über allerlei Gegenstände: 17; 50; 85 (durch den Commissär); 130; 173; 244 (wie 85); 323?; 562; 1032; 1046. Nbk. 13.

[1]) Ueber „babylonische Miethverhältnisse“ wird in der „Wiener Zeitschrift für die Kunde des Morgenlandes“ eine von meinem Freunde Herrn Bruno Meissner und mir gemeinschaftlich ausgearbeitete Monographie nächsten erscheinen.

5) **Verabredungen** verschiedener Art, gewöhnlich eingeleitet von einer Zeitbestimmung (*ûmu, ullu ûmu, adî ûmu*) 102; 210; 442; 839; 843; 916; 954; 1039. Nbk 52; 106 f.; 120; 125; 190; 193; 266?; 316; 333; 361; 379; 390; 402; 409; 436. Cyr 137; 307; 328. Von diesen Contracten sind einige eidliche Verpflichtungen nicht zu trennen: 83; 197; 849. Cyr. 318.

Sehr interessant sind einige Verabredungen über Unterricht: Cyr. 64; 248; 313; 325 und der arg verstümmelte Contract Nbn. 172.

6) **Heirathscontracte** (*ana aššûtu iddin*): 243 übersetzt von Peiser ZA III 80 f.; 990 (beschädigt). Nbk. 101. Cyr. 183 (verwischt).

7) Contracte die sich auf das **Auszahlen** der **Mitgift** beziehen: 165; 313; 760; 1111. Nbk. 91; 161; 254; 350; 369. Cyr. 111; 129; 130. Vgl. 8)!

8) **Schenkungsbriefe** (*ina xûd libbišu iknukma pâni ušadgil*): 65 Mutter dem Sohne, wie Nbk. 283; 75 verstümmelt; 113 Lebensunterhalt an Frau und Sohn; 258 Bruder giebt Mitgift seiner Schwester; 348: Schwiegervater giebt seinem Schwiegersohne den Rest der Mitgift seiner Tochter; 380: Testament („Verfügung des Todes wegen", siehe Peiser ZA III 363!); 1098: Geschenk von Bruder an Schvester. Nbk. 198: Mutter giebt ihrer Tochter Mitgift; 247; 251: Vater giebt seinen Töchtern Mitgift; 265: Ehemann stellt Caution für die Mitgift seiner Frau [1]); 283: Mutter übergiebt ihr Eigenthum an ihre Tochter und bekommt für ihre übrige Lebenszeit einen Unterhalt (Leibrente); 334: Geschenk an Frau und Tochter; 368: Geschenk von Mutter an ihre Tochter; 403: Vater, wie in 283; 416, vgl. 247! Cyr. 143: Vater giebt Mitgift seiner Tochter; 170; 277: Sohn schenkt seinem Vater das mütterliche Erbe; 337; 368.

9) Nächst verwandt mit den Schenkungsbriefen sind die **Adoptionsurkunden**: 626 (corrupt); 697 (PKA 87 f.). Nbk. 359?

10) **Rechtsurtheile** und **Juridische Urkunden** verschiedener Art:

a) 13 Schuldklage [2]); 53 Grenzstreit; 64 (corrupt); 355 Rechtsbekräftigung?; 356 Einspruch gegen Testament; 359 wie 355; 495 Einspruch gegen Verkauf von Sclaven; 668 wie 355; 720 (corrupt); 738 (dito); 1113 Freiheitsanspruch eines Sclaven [3]); 1128 wie 13. Nbk. 109 *dîni bîti;* 116 Theilungsstreit; 122, 141, 172, 256, 382 Ausgleichung.

[1]) Uebersetzt von Peiser ZA III 75 f.
[2]) Uebersetzt von Peiser ZA III 82 f.
[3]) Uebersetzt von Peiser ZA III 87 f.

Cyr. 301 (corrupt); 302 Aufgebung von Klage; 312, vgl. 311; 332 (corrupt).

b) Aufführungen von Zeugen, gewöhnlich folgender Maassen: *annûtu* [amêlu] *mukinnê ša ina pânišunu* etc. „diese sind die Zeugen in deren Anwesenheit N.N. das und das gethan hat“: 5; 68; 69; 194; 681. Nbk. 124; 134; 276; 342; 344; 439. Cyr 164; 293.

c) Vorladung von Zeugen ([amêlu] *mukinnišu ibbakanma ukâni*): 26; 72?. Nbk, 183; 227; 363; 365; 366; 419, vgl. 361.

11) **Bürgschaftsscheine** (*bûd naši*): 42; 63; 343. Nbk. 83; 86; 322; 343; 356; 360. Cyr. 147; 281 Befreiung von der Haft; 311.

12) **Gesellschaftscontracte** (*ana xarrâni*(?) *itti axâmeš*): 199; 572; 601; 652 f.; 966. Nbk. 51; 58; 64; 88; 261; 300; 429.

13) **Empfangscheine** (*maxir*): a) 51 f.; 59; 70?; 131; 147; 157; 171; 177; 204; 216; 232; 267; 270; 289; 372; 383; 392; 418; 444; 470; 478; 501; 515 f.; 518; 536; 603; 632 f.; 657; 669; 675; 688; 701; 716; 724; 727; 741; 755; 757; 820; 827; 832; 900; 959; 962; 967; 1008; 1048; 1068; 1077; 1091; 1100; 1117. Nbk. 14; 84; 104; 139; 143; 214; 250; 351; 406. Cyr. 8; 43; 49; 51; 65; 86; 102; 120; 144; 178; 194; 212 f.; 224; 236; 260; 274; 315; 334; 350; 366.

b) Abzahlungscheine (*ina nantim, ina rašûtu maxir*) 3; 44; 90; 95; 133 f.; 160; 228; 267; 524; 722; 742; 1025. Nbk. 188; 191; 196; 212; 271; 320. Cyr. 28; 96; 169; 172; 211; 242; 245; 261; 323; 346; 362; 524.

c) Wechsel (Schuldscheine) in der Form der Empfangscheine (*kaspa A ina qâti B ana eli C maxir*): 270; 669; 688; 900. Cyr. 89; 142; 149; 236; 260; 340.

14 I) **Rechnungstafeln** über Lieferungen von Getreide, Datteln, Thiere, Geld und Sachen aller Art (*Conto per diversi*), die als freiwillige Geschenke, gesetzmässige Abgaben oder für Geld dem Sonnentempel in Sippar (Abu Habba) gegeben worden (Einkünfte) oder aus den Vorrathen des Tempels für das Opfer, für den Unterhalt der Priester, Lohnarbeiter und Opferthiere etc. ausgeliefert bez. verkauft worden sind (Ausgaben). Als Lieferorte werden fünf Häuser namhaft gemacht: Êbabbarra (*bît ṣit šamši*) d. i. das Tempel selbst, „das grosse Schatzhaus oberhalb des Sippar-Canals“ (*bît bušâ rabâ ša ina muxxi nâri Sippar*) auch „das Schatzhaus“ (*bît bušâ*) schlicht und recht genannt, „das Schatz- und Abgabe-Haus des Königs“ (*bît bušâ nidinit*

šarri), „das Vorrathshaus des Königs" (*bît šutummu šarri*) und endlich der durch ein noch unbekanntes Ideogram bezeichnete „Speicher". Möglicherweise wurden in jedem von diesen Häusern besondere Waaren empfangen und aufbewahrt. Jedenfalls gehörten sie aber alle zu dem Baucomplex des Sonnentempels und zu einer und derselben priesterlichen Stiftung. Denn alle diese Häuser werden vielfach wie Êbabbarra selbst als „oberhalb des Sipparcanals" gelegen bezeichnet. Und zweitens werden in sämmtlichen Häusern Lieferungen von demselben Lieferanten (Entrepreneur?) *Anaamât-Bêl-addan* empfangen. Endlich gehören alle diese Rechnungstafeln zu der Samlung von Abu Habba.

Auf die genannten Lieferorte vertheilen sich die Rechnungen folgender Maassen:

A. Einkünfte: 1. in Êbabbarra (*ana Êbabbarra ittadin, iddin, iddannu*): a) Naturalien (Getreide, Datteln, Sesam, Oel etc.): 108; 167; 180; 227; 279; 284; 298; 334; 398; 450; 454; 525; 543; 563; 640; 656; 698; 786; 798; 866; 882; 902; 911; 928; 971; 989; 993; 1016; 1050; 1108. Nbk. (157); 168; 234, 239; 354; 372; 415; 427; 447. Cyr. 70; 101; 184?; 190; 330. — b) Thiere (Stiere, Schafe, Vögel): 72; 202; 229; 265; 272; 332; 368; 490; 711; 768; 780; 1071. Nbk. 140; 145; 151; 154; 159; 162; 167; 275; 353; 394; 396; 399; 412. Cyr. 1; 44; 57; 122; 125; 218; 257. — c) Gold und Silber sowie verschiedene von Handwerkern gelieferte Bestellungen: 1 f.; 10; 170?; 190; 339; 382; 452; 522; 568; 685; 717; 867; 921; 926; 939; 960; 980; 982; 997; 1052; 1067; 1115. Nbk. 223; 278; 305; 393; 418. Cyr. 53; 84; 326. Vgl. 15)!

2. im „grossen Schatzhause": 20; 350; 457; 462?; 469; 513; 540; 714; 739; 743; 746; 841; 847; 1049. Nbk. 15. Cyr. 14; 54; 59; 73; 77; 262; 360.

3. im „Schatz- und Abgabe-Hause des Königs": 379; 455; 521; 556; 559; 560; 730.

4. im „Vorrathshause des Königs": 364; 374; 546; 550; 554; 647; 729; 899. Nbk. 11; 16. Cyr. 4; 47; 367.

5. im „Speicher": 101?; 185; 207 f.; 241; 271 f.; 304; 330; 347; 362 f.; 366; 371; 385; 408; 548; 589; 596; 618; 641; 702; 752; 784; 842; 848; 857; 951; 957; 1002; 1036; 1084. Nbk. 19; 215. Cyr. 181; 229; 247; 250; 258; 347; 363.

B. Ausgaben: 1. aus Êbabbarra: Cyr. 46. — 2. aus dem „grossen Schatzhause": 23; 357; 458; 476; 482; 496; 510; 528?;

599; 649; 686; 747; 847; 870; 915; 963; 972; 998; 1035; 1037; 1055; 1087. Nbk. 18. Cyr. 5?; 9; 22; 77; 79; 80?; 189; 285; 288; 365. — 3. aus dem „Schatz- und Abgabe-Hause des Königs": 297; 318; 612; 864; 888. — 4. aus dem „Vorrathshause des Königs"; 567; 676; 788; 824; 868; 906; 942; 944; 949; 968; 986; 988; 1010 f.; 1018; 1054. Cyr. 21; 74; 78; 88. — 5. aus dem „Speicher": 175; 236; 278; 345; 630. Nbk. 355;

14 II) **Rechnungstafeln** (wie 14 I) über allerlei Ausgaben med Einkünfte. Jn diesen Urkunden werden die Lieferorte nicht genannt. Sie sind aber gewiss dieselben wie bei 14 I; denn dieselben Personen kommen vielfach in diesen und jenen vor und die Tafeln sind alle aus der Samlung von Abu Habba. Es ist also die Rede von Ausgaben und Einkünften des Šamaštempels wie bei 14 I.

Weil die Schreibweise dieser Tafeln äusserst kurz ist, die Verba characteristica nicht ganz conseqvent (wie es scheint) gebraucht werden (*iddin*, *nadin* etc., *êṭir*, *maxir*, *šâbul*) und das Prädicat oft sogar fehlt, ist es nicht leicht die wahre Natur dieser Tafeln mit Sicherheit zu bestimmen. Es sei also die folgende Eintheilung unter Vorbehalt gegeben.

A. Ausgaben:

1. für das Opfer (*ana sattuk*): 28; 38; 49; 144; 155; 162; 200; 338; 341; 360; 488; 491; 535; 565; 586; 595; 614; 620; 628; 631; 667; 672; 683; 692; 704; 706; 737; 759; 775; 777; 799; 809; 814; 833; 850; 852; 859; 885 f.; 893 f.; 901; 912; 914; 918; 952; 965; 985; 994; 1041; 1051; 1060; 1093; 1094; 1096; 1107. Nbk. 1; 80; 192; 270; 277; 288; 292; 304; 313; 319; 395. Cyr. 13; 38; 40; 42; 50; 56; 63; 66; 67; 69; 112; 118; 134; 136?; 152; 179; 210; 216; 238; 283; 295; 298; 314; 358.

2. für den Unterhalt (*kurummatu*) allerlei Leute: 24; 25; 35; 56; 58; 60; 94; 99; 136; 237; 317; 407; 409; 411; 444; (510); 517; 527; 642; 734; 773; 805; 811; 834; 840; 844; 925; 976; 984; 1040; 1065; 1122; 1129. Nbk. 75; 169; 253; 303; 310; 337; 433. Cyr. 2; 16; 20; 71; 72; 82; 85; 93; 103; 106; 107; 108; 113; 121; 131; 145; 157; 215; 267; 342.

3. Für verschiedene Zwecke a) allerlei Nahrungsmittel: 22; 29; 33; 57; 80 f.; 86 f.; 92; 114?; 135; 142; 192; 219, 235?; 269; 277; 283; 292; 295; 322; 329; 361; 414?; 430; 453; 569; 582?; 592; 718; 732; 762 f.; 766 f.; 774; 871; 910; 930; 933; 935?; 961; 1004; 1006; 1009; 1027; 1064; 1085 f.; 1089; 1092; 1112; 1124. Nbk. 144; 148 f.; 170; 174; 186; 209; 219; 260; 263?; 323; 331; 352; 362; 375; 385; 391; 404 f.; 443. Cyr. 39; 61; 81; 151; 205; 251; 256; 282.

b) Wolle, Kleider, Thiere, Geräthe etc.: 41; 91?; 104; 109; 125; 129; 285; 290 f.; 296; 386; 402; 530; 594; 617?; 660; 662?; 664?; 684; 699; 731; 744; 785; 822; 876?; 896; 927; 929; 978; 1017; 1023; 1026; 1034; 1097; 1099; 1131. Nbk. 114; 123; 130; 173; 180 f.; 211; 213; 217 f.; 222; 240; 295; 375; 413; 440; 445. Cyr. 100; 163; 185; 273?; 300.

c) Geld: 27; 31; 33; 37; 61; 84?; 88?; 96; 120; 127; 156; 161; 163; 166; 186; 209; 213; 214; 215; 225; 233; 245; 247; 249 f.; 262; 264; 301 f.; 319; 321; 333; 337; 370; 376; 384; 394; 399; 401; 413; 421; 424; 456; 464 f.; 481; 489; 532; 537; 538; 544; 579; 588; 598; 607; 624; 639; 673; 689; 705; 710; 712; 728; 733; 735; 748; 779; 782; 783; 792 f.; 823; 828?; 831; 836; 851; 856; 860; 862; 865; 873; 887; 889; 904; 913; 923; 940; 947; 950; 955; 981; 991; 1000; 1029; 1033; 1045; 1058; 1063; 1078; 1095; 1101; 1106; 1133. Nbk. 30; 85; 257; 262; 268; 282; 287; 289; 291; 294; 296 f.; 304; 306; 340; 349; 383; 392. Cyr. 32 f.; 35; 55; 75; 95; 132; 150; 156; 206; 208; 214; 280; 294; 296; 319; 342; 352; 382.

B. Einkünfte (*N.N. ittadin, iddin*): 21; 32; 43?; 54; 93; 137; 150; 201; 252; 259; 303?; 306; 312; 324?; 328; 331; 365; 387; 397?; 420; 428; 432; 439; 502 f.; 545; 571; 583; 590; 604; 646; 659?; 691, 695; 703; 725; 736; 778; 797; 821; 890; 983?; 1003; 1043; 1126. Nbk. 74; 132; 157; 220; 245; 249; 298. Cyr. 105; 153; 232.

15) **Handwerkerrechnungen** d. i. Verzeichnisse über Rohstoffe (Wolle, Metallen) und fertig hergestellte Geräthe, welche entweder den Handwerkern behufs Bearbeitung (*ana pitqa, dullu*) übergeben worden sind oder von den Handwerkern auf Bestellung (dem Êbabbarratempel) geliefert worden sind.

1) Weberrechnungen [1]) 78; 110; 143; 174; 217; 222; 242; 320; 349; 410; 415; 467; 494; 514; 547; 654; 694; 696; 723; 726; 751; 754; 788 f.; 794; 818; 826; 879 f.; 938; 979; 1015; 1061; 1072; 1088. Nbk. 2; 87; 312. Cyr. 7; 19?; 98; 104; 110; 186; 191; 201 f.; 232; 241; 253; 259; 289.

2) Schmiede und andere Rechnungen (*nappaxu, mukapû, puṣâ* etc.) 89; 96; 98; 115; 117 f.; 119; 146; 159; 179; 195; 220; 223; 240; 281; 406; 425; 429; 431; 447; 471 f.; 492; 507; 519?; 549; 555; 591; 677; 707; 719; 721; 745; 749; 758; 810; 878; 924; 1007; 1012; 1081; 1090. Nbk. 158; 187; 226; 229; 237; 285; 414. Cyr. 30; 97; 116; 138; 167; 235; 246; 269; 276; 344; 354.

16) **Rechnungsabschlüsse** (*epêš nikasi qatû; rîxi*) 164; 224; 234; 276; 557; 561; (575;) 658; 753; 815; 838; 948; 1028. Nbk. 142; 254. Cyr. 31; 338.

[1]) Ueber „Weberrechnungen" ist eine Monographie von Herrn Zehnpfund im 2 Hefte der BzA I angekündigt.

3) **Bestandverzeichnisse** und allerlei **Listen**; die meisten beziehen sich auf Eigenthümer des Šamaš-Tempels (*bušû* ilu *Šamaš*) 218; 327; 351; 353; 381; 449; 483; 558; 606; 644 f.; 708; 761; 770; 781; 791; 795; 804; 835; 869; 883; 1021 f.; 1062; 1069; 1075 f.; 1080; 1127. Nbk. 36; 49; 77; 131; 157; 176; 243; 249; 267; 315; 336; 341; 388; 398; 435; 441; 443 f.; 449; 450; 452 f.; 454; 457 ff. Cyr. 5 f.; 9; 31; 34; 36; 68; 90; 92; 94; 99; 109; 117; 124; 135; 166; 173 f.; 176; 180; 197; 204; 220 f.; 225 f.; 233; 244; 287; 292; 333; 336; 348; 353; 360.

17) Urkunden **verschiedenes Inhalts** und solche, deren Art vorläufig nicht genau bestimmt werden kann, es sei denn infolge der Kürze ihrer Abfassung oder infolge Verstümmelung der Schrift: 55; 76; 168; 189; 206; 221; 260; 275; 310; 377; 403; 422 f.; 475; 531; 625; 651; 661; 670; 500: Verpfändung; 812; 825; 854; 884; 891 *idi biti*; 895; 920; 934; 937; 953; 958; 969 f.; 1042; 1074; 1105. Nbk. 20; 23; 28; 35; 78; 92; 153; 155 f.; 160; 163; 165; 177 f.; 255; 264; 370 f.; 381; 420. Cyr. 10; 41; 62; 127; 128 Theilung; 140; 162; 168 wie 128; 243; 255; 265 f.; 329. 331; 339; 364? 378 ff.

18) **Briefe** mit und ohne Grussformel; die meisten sind Reqvisitionszetteln: 574; 905; 909; 975; 917; 919; 922; 1038; 1134. Nbk. 460. Cyr. 187; 207; 209; 286; 305; 369–377.

19) Ganz fremd für die Samlung ist das **historische Bruchstück** Nbk. 329.

Einige stark verstümmelte Texte sind in dieser Uebersicht gar nicht berücksichtigt worden.

Erster Haupttheil.

Grammatische Bemerkungen.

Zur Schriftlehre.

DAG § 20 Anm. Das Zeichen des Hauchlautes *UMÛN* hat in der Schrift der Contracttafeln eine weit ausgedehnte Verwendung und zwar am Ende von Wörtern in der Weise, die in DAG für die Achämeniden-Inschriften angedeutet ist. *UMÛN* steht am Ende von Verba 1) hinter den Vocalen *a i u* in Formen auf *-â*, *-î*, *-û* wie *inamdinuʾ*, *iddannuʾ*, *iddinnuʾ*, *ittadannuʾ*, *illakuʾ*, *išallimuʾ*, *ippušuʾ*, *iškunuʾ*, *iṭruʾ*, *maxruʾ*, *šaknuʾ*, *nadnuʾ*, *iddinaʾ*, *nadnaʾ*, *inamdiʾ*, und in den Formen mit überschüssigem Endvocal der Verba tertiae infirmae wie *il-la-ʾ* d. i. *illà*, *il-la-a*. In allen diesen Fällen so wie auch in *iš-šu-ʾ-ma* (755, 6) steht *UMÙN* an Stelle der Vocale *a i u* um mit einem vorausgehenden Vocal einen langen Laut zu bilden. Nur einmal ist *UMÛN* hinter einem Vocal geschrieben ohne dass ein langer Vocallaut von der grammatischen Form verlangt ist, so *šaknuʾ* (Perm. 3. P. Sg., pausa, Nbk 347, 21): 2) hinter Consonanten an der Stelle eines von der Form verlangten langen *-ù* (3. P. Pl.) wie in *inamdinʾ* (statt *inamdinù*, 7, 16; 314, 13; 461, 6 u. ö.), *iddinʾ* (statt *iddinù*, 693, 10) und an Stelle eines kurzen Vocals in (Pausalformen 3. P. Sg.) *inamdinʾ* (100, 6; 210, 6) und *tanamdinʾ* (442, 10). Da ein langer Auslaut in dem angeführten *šaknuʾ* vielleicht auf einer noch nicht erhellten grammatischen Eigenthümlichkeit beruht, scheinen alle diese Schreibweisen aus einer lediglichen Verwendung des Zeichens *UMÛN* als Vocalzeichen = *a i u* zu erklären zu sein. Vgl. auch die Bemerkung Delitzsch's zur Schreibung *ia-'-nu!* In babylonischen Inschriften kommt ja auch der entgegengesetzte Gebrauch des Vocalzeichens statt desjenigen des Hauchlauts vor, vgl. *ri-e-a-um* d. i. *ri-e-'-um, rêu* רֹעֶה Bors. I 2.

Anderer Art ist meines Erachtens der Gebrauch *UMÛNs* am Ende der Substantive *kaspu, sulûpu, kubur, ŠE.BAR.* Es wird bei Angaben der Qvantität der betreffenden Waaren gebraucht wie *A.AN*, das deutsche „an Betrag", arab. قَدْر und hebr. כְּ, vgl. *kaspu UMÛN 00 šiqlu* (147, 7; 184, 9; 243, 13; 245, 11; 270, 8; 326, 6; 340, 7; 367, 6; 389, 4; 392, 6; 436, 5; 466, 5; 474, 4; 526, 9 u. ö.), *sulûpu UMÛN 00 gurru* (622, 6; 808, 4) [*ku-*]*bur UMÛN* · · · · (897, 10), *ŠE.BAR UMÛN 00 gurru* (289, 5; 520, 5; 616, 8; 1059, 4). Beachte noch *kaspašu UMÛN* 1⅓ *m.* Cyr. 177, 10.

Für übrige Bemerkungen zu den einzelnen Schriftzeichen siehe die Tafel!

Zur Lautlehre.

DAG § 37, c. Synkope von unbetontem kurzem Vocale nach einem verdoppelten Consonanten unter gleichzeitiger Aufgabe der Verdoppelung kommt auch bei *a* und *i* vor in *bulṭâ* neben *bulluṭâ* und *tuknanni* statt *tukkinanni* (Inf. und Impr. II 1: nn. pr.). Siehe zu § 94!

DAG § 43. Von der s. g. babylonischen Schreib- und Sprechweise *q* = *g* ist in den Contracttafeln Nebukadrezars und Nabunaids nichts zu sehen. In den Tafeln aus der Zeit Cyrus' wird sowohl *qa-at* als *ga-at* (188, 26; 345, 28) geschrieben.

Für die Frage von der event. Aspiration der בגדכפת beachte *issiramma* (Nbk. 334, 14) und *uddâramma* (Nbk. 333, 9), welche Formen nichts anderes sein können als I 2 und II 2 von דור (*ittiramma, uttâramma*). In jenem ist die Aspiration durch *s* bezeichnet: **is ͣ sâramma*, mit Synkope von ª und اسرامة *issîrumma*, in diesem wird die Aspiration durch *d* veranschaulicht.

DAG § 45. Die beobachtete Schwankung der Vocale *a i u*, für welche *uqarrubâni* statt *uqurribâni* und *nâburu* neben *nîbiru* im n. pr. *Nabû-nîbirum-ilâni* zu beachten sind, hängt ja nicht, wie Delitzsch meint, von einem *r* ab, sondern von dem längst bekannten Einfluss eines Labials (*b p m*).

Die gewöhnlichsten Beispiele des durch einen benachbarten Labial veranlassten Wechsels der Vocale *a i u* innerhalb semitischer Concretwörter seien gleich hier aufgeführt: 1) גֶּבֶר, ܓܰܒܪܳܐ, جَبْر, *gabru*, גיברא Mann, דֹּב, دُبّ, ܕܶܒܳܐ Bär, דיבבא, ذُباب Fliege, דְּבַשׁ, ܕܶܒܫܳܐ, دِبْس, *dišpu*, דובשׁא, דיבשׁא Honig, לֵב, ܠܶܒܳܐ, *libbu*, لُبّ Herz, נְבֵלָה, *nabultu* Leichnam, עֵבֶר, عِبْر Ufer, צָב, ציבא, *ṣumbu* (*ṣubbu**) Sänfte, שׁובלא, ܫܒܠܬܐ, שִׁבֹּלֶת, *šubultu* Aehre, בוטמא, بُطْم, *buṭnu*, ܒܛܡܬܐ Terebinthe, בָּצָל, بَصَل, ܒܨܠܐ, בוצלא Zwiebel, בֶּרֶךְ, בירכא, *birku*, *burku*, ܒܘܪܟܐ Knie; vgl. בֹּסֶר st. c. בִּסְרוֹ, ܒܣܪܐ Herlinge, 2) גֶּפֶן, جَفْن, גופנא, *gupnu* Rebe, דַּף, *duppu* Tafel, דופנא, ܕܦܢܐ Wand, *parzillu*, פַּרְזְלָא, פורזלא Eisen, פִּשְׁתָּה, phön. פשת (Löw Aram. Pflanz. p. 233), ظُفْر, *ṣupru*, ܛܦܪܐ Nagel; 3) אֵם, ܐܡܐ, أُمّ, *ummu* Mutter, גָּמָל, גמלא mand. u. neusyr. Kamel, *amaru*, חֵמָר, حُمَر Asphalt, סומבילתא mand., ܣܘܒܠܬܐ Leiter, רֹמַח, رُمْح, ܪܘܡܚܐ Lanze, רִמּוֹן, رُمّان Apfel, תְּמָרָא, תומרא Palme, מֶלֶךְ, مُلْك in Negd (مُلْك) *mulk* (Koch, semit. inf. p. 39), מִצְרַיִם, مِصْر, *Muṣur*, *Miṣir* Ägypten, *Šumêr* שִׁנְעָר, مَرْء Mann; vgl.

noch שֵׁם, سِمْ, *šumu* Name, אַתֶּם, أَنْتُمْ; ־כֶם, ־كُمْ; אִם, äth. *emma*, ass. *umma* wenn. Andere Beispiele siehe Nöldeke MG § 19; NSG § 6. — Uebrigens braucht der Labial mit dem betreffenden Vocal nicht zusammenzutreffen. Sein Vorhandensein im Worte ist genug um eine Vocalschwankung hervorzurufen, vgl. זָנָב, ذَنَب, *zibbatu*, ܕܘܢܒܐ Schweife, זנבא: ܐܢܬܬܐ Weib, עֵשֶׂב, ܥܣܒܐ, عُشْب Kraut, خَطْم, חוטמא Nase. In anderen Fällen, wie אֹזֶן, أُذُن, *uznu*, ܐܕܢܐ Ohr. כֻּסְּא, كُرْسِيّ, *kussû* Sessel, שֹׁר, سُرّ, ܫܪܐ Nabel, sind andere Ursachen wirkend, welche hier nicht auseinandergesetzt werden können, oder haben Formen mit verschiedenen Vocalen von Alters her neben einander bestanden. Fürs Assyr. vgl. noch *tilû* neben *tulû* Brust.

DAG § 48. Durch regressive Assimilation wird *n* mit einem vorhergehenden vocallosen *d* assimilirt in *tattannanni* aus *tattadnanni* (I 2 נדן). Vgl. תִּנְשָׁא für תִּנְשֵׂאנָה (Ges.-Kautzsch HG § 19, 2 b.

Ein in *d* erweichtes femin. *-t* weisen warscheinlich die ihrer Etymologie nach unbekannten Wörter *raqundu* und *šullundu* auf. Das n. pr. *re'indu* ist wohl = רָקְמָה Dirne. Vgl. noch *suxindu*.

DAG § 49 a) Der labiale Nasal *m* geht nicht nur vor *q* in *n* über, wie in *ušanqat* und *šunqûtu* von *maqâtu*, sondern auch vor das ebenfalls gutturale *x*, wie das einmal belegte *inxuru* (Nbk. 333, 8) zeigt. b) *n* ist mit *d* vertauscht vor *m* in *iddidma* (statt *iddinma*), siehe zu § 51. Auslautendes *n* fällt weg in mehreren Formen von *nadânu* : *inamdi*, *nâdi*, *iddaššu* etc. (siehe meine Bemerkungen zu DAG § 100). Für diesen Wegfall des *n* vgl. יְקַטְּלוּ für יְקַטְּלוּן, מְגַדּוֹ für מְגִדּוֹן Ges.-Kautzsch § 19, 3 c. sowie *iškunû* neben *iškunûni* und Dillmann ÄG § 58.

DAG § 51. Zischlaute. Beibehalten wird die Lautverbindung *ts* in *aššat-šu* (1031, 9). — Nicht bisher bekannt war der Uebergang des *š* der Pronominalsuffixe in *s* nach einem unmittelbar vorhergehenden *n*, vgl. *inandinsu*, *iddinsu* (neben *iddinšu*) und mit Assimilation (DAG § 49, b) *iddissu*, *iddissunûti*. Diese vorläufig nur beim Verbum *nadânu* beobachtete Erscheinung beruht auf der auch sonst sich kundgebenden dentalen Natur des *n* und seiner phonetischen Verwandtschaft mit *d*, siehe Sievers Phonetik § 40, p. 237.

DAG § 52. Die Verdoppelung des *n* kann eben in Folge der zu § 51 besprochenen Lautverwandtschaft der Consonanten *n* und *d* in *nd* aufgelöst werden, beachte *adanda-šunu* statt *adannašunu* „ihre Zeit" (314, 17), welches Beispiel völlig gesichert zu sein scheint. Darnach erklären sich *amêlu* *aškandu* (665, 2) = *amêlu* *šakannu* (314, 16) und *lurinnu* = *lurindu* (869, 5).

Von übrigen consonantischen Lautwandlungen beachte den Uebergang des *k* in *g* hinter *n* in *kangu* (Perm.), *kingu* und *kangânu* von כנך.

Zur Formenlehre.

A. Pronomen.

DAG § 55. *âtu* wird auch mit Nominativbedeutung gebraucht, vgl. *ia-a-tu* 356, 4, 19 und *ia-tu* (?) 679, 5. Beidemal feminin.!

DAG § 56. Suffigirte persönliche Fürwörter a) Nominalsuffixe Sg. 1. P. c. Neben den gewöhnlichen Suffixen *-i*, *-a*, *-â* findet sich die als Verbalsuffix der 1. P. Sg. bekannte Form *-anni* (*-ani*) auch den Nomina angefügt, so in nn. pr. *Šarr-an-ni* (148, 10), *Šarr-a-ni* (151, 8), *Marduk-šarr-an-ni* (8, 8), — *šarr-a-ni* (355, 2), *Rê'-a-ni* (973, 18) u. a. m. Dieser Gebrauch ist in keiner anderen semitischen Sprache nachweisbar, gewiss aber sehr alterthümlich; er stammt aus einer Zeit her, wo das Suffix der 1. P. Sg. für das Substantiv und Verbum gemeinsam war, wie es zum grössten Theil bei den übrigen Personalsuffixen noch der Fall ist. — 2. P. m. und f. hat nur eine Form und zwar die des Masculinums *-ka*. Für m. vgl. *uantim-ka* (70, 10), *mârtu-ka* (243, 3);

für f. *mârta-ka* scil. *f Nanunâ* (Nbk. 101, 3). – 3. P. m. Beachtenswerth ist die hier und da sich findende Bezeichnung dieses Suffixes durch *A.NI* und *BI.* Jenes kommt vor in *purussû-A.NI* (356, 28) und öfters in Stellungen wie *Nabû-šinnatu mârat-A.NI ša Nabû-šum-iškun* (675, 4; 807, 2; 829, 12). Ganz überflüssig scheint es in *Gugûa mârat-su-A.NI ša Zagir* (65; 67) zu sein. Dieses ist 116, 23, 25 im Vergleich mit *šuqultu-šu* 331, 2 als = *-šu* aufzufassen. – 3. P. f. Die regelmässige Form *-ša* ist nur zweimal belegt: *mâri-ša* „ihr Sohn" d. i. *Râmûas* (343, 6) und in der Schreibweise *-šá* Nbk. 198, 7: *ša ina muxxi-šá* (scil. *qallati*) *išallaṭu.* Sonst wird durchgängig die männliche Form *-šu* für das Femininum gebraucht (schon von Peiser ZA III pp. 71, 79 beobachtet), siehe 18, 6; 65, 2, 16; 310, 14; 356, 31, 33; 375, 10; 391, 5 u. ö. – Pl. 3. P. f. hat die gewöhnliche Form *-ši-na* (359, 3).

b) Verbalsuffixe. Sg. 1. P. c. Neben *-an-ni* in *taknukanni, Nabû-šûzibanni* etc. und *-in-ni* im n. pr. *Šulamdininni* (340, 4) findet sich *-an-nu* in *Bêl-rimannu* (1077, 10) und *-an-an-ni* im selbigen n. pr. (49, 9; 158, 4) und in *N.AR-šimananni* (21, 2), auch *-an-an-nu* (237, 21). – 2. P. f. Auch hier wird die männliche Form *-ka* weiblich gebraucht, so (Nbk 359, 6) *ana aššûti ki aršû-ka* „nachdem ich dich zum Weib genommen habe." – 3. P. m. Für die stärkeren Formen beachte *inadda-aššu, idda-aššu, tadda-aššu, adda-šu, iddinû-niš-šu.* – 3. P. f. Hier findet sich zwar das gewöhnliche Suffix *-ši* in *itabkašima* „er führt sie weg und" (Cyr. 307, 5) und *-ašši* in *idda-aš-ši* (51, 5). Jedoch wird auch hier die männliche Form *-šu* (*-aššu*) weiblich gebraucht, so in *idda-aš-šu* (Nbk. 368, 6; 409, 7). – Pl. 2. P. m. *-ki-nu-šu, -ak-ki-nu-šu* in *iqâba-kinušu* (Cyr. 377, 16) und *ašpurakkinušu* (Cyr. 377, 20). – 3. P. m. *-aš-šu-nu-tu,* in *iddaššunûtu* (Nbk. 78, 4).

Für den Uebergang des *š* der Suffixe der 3. P. Sg. und Pl. in *s* siehe meine Bemerkungen zu DAG § 51.

B. Nomen.

DAG § 65. Nominalbildung. Hier werden nur die mit Praeformativen und Afformativen gebildeten Wörter aufgeführt.

31. מַ bez. נ: (Wörter welche im Haupt'schen Verzeichniss BzA I 171–177 nicht vorkommen:) *mâkâltu* (מַאֲכוֹלֶת) „Speise", *magàdatu* (נגד), *maqṣaratu, manditu, maqarratu. naxmaṣu, nakmaru, nasxapu, nasparu, naparaxtu, naṣbatu.*

nanšuxu (מִשְׁחָה), *našriptu, nišmarru* (?).

Eine Ausnahme vom Barth'schen Lautgesetz bildet *muṣiptu*, „Kleid".

Beachte die von II 1 gebildeten Wörter (Participia): *mukarrišu, muqattirtu, mušaxxinu* und die Amtsnamen *amêlu mubannû, mukappù, mupaṣ(ṣ)û, murîm appat* und *murašû.*

32. ת: *tapdiru, têpišu* (bez. *têpušu*), *têlitu, tàlukatu* und *tàlikkatu, takbàštu, tarbîtu.*

33. שׁ: *šunqàtu* (מקת).

34. *-ûtu.* Abstractnomina: *àritûtu, amtûtu* (ܐܡܗܘܬܐ) „Magdschaft", *aššûtu* „Frauenschaft", *erešûtu, ardûtu* „Dienerschaft", *ašbûtu* (ישׁב) „Bewohnung", *uškûtu, mârûtu* „Kindschaft", *mitûtu* „Tod", *nisxûtu, nâšûtu* „Auftrag", *maškanûtu* „Pfandschaft", *mutaqûtu, rêmûtu* „Schenkung", *šîbûtu* „Greisenalter", *šibûtu* (ישׁב) „Beisitzerschaft", *šarrûtu* „Königthum"; mit dem Determinativ *amêlu* um Genossenschaften und dann das einzelne concrete Mitglied einer Genossenschaft zu bezeichnen: *amêlu amêlûtu, arad-šarrûtu, ašarûtu* (ישׁר ?), *ašarêdûtu, išparûtu,ušparûtu, bâbûtu, bânûtu, BUR.KÚL-ûtu, galbûtu, mukînûtu, malaxûtu, mandidûtu, mârbânûtu, NU.GIŠ.ŠAR-ûtu, NI.SUR-ûtu, NI.TUK-ûtu, sabsinûtu, nâš-paṭrûtu, puṣammûtu, qìpûtu, rikkûtu, râšûtu, šibûtu.* – Beachte noch die vom nom. agentis auf *-ân* gebildeten Verbalabstracta *êpišânûtu* und *xâqipânûtu* und das vom Gottesnamen *Nannaru* gebildete n. pr. *Nannarûtu.*

35. *-ân: adilânu* ein Kleid, *burânu* „Speise", *giburânu, gabrânu, gûqânu, kangânu, amêlu lamutânu, rixânu,*

šabilânu, šiddânu, šurmânu „Cypresse“. Mit Umlaut *-ên* amêlu *šartênu*. Beachte die vom Part. Qal gebildeten nn. agentis *pâqirânu* „Kläger“, *nâdinânu* „Verkaufer“, *maxirânu* „Kaufer“, *êpišânu* „Schaffner.“

Die aramäische Deminutivendung *-ûn* liegt meines Erachtens im n. pr. *Qaqqadûnitu* „Häuptchen“ vor, vgl. auch *Nabûnâ* (zu 37).

37. *â:* Beachte die von Götternamen gebildeten nn. pr. *Šamšâ* (שַׁמְשַׁי), *Nabûnâ*, *Mardukâ* d. i. „Verehrer von Šamaš“ etc. Vgl. auch meine Bemerkk. zu §§ 75–77.

38. *ai* (*â*): *ukullâ*, *puquddâ*, *urkâ* (ירק), *ašmarâ*, *ešrâ* der „Zehnte“, *puqdâ*, *aššamâ*, *attadâ*, *burukâ*, *muqutâ*, *qurbânâ*, *šugarâ*, *šušarâ*, amêlu *uškâ* und *šinamâ*.

DAG § 69. Die unregelmässige Pluralbildung des Femin. auf *-atu* unter Beibehaltung des *t* des Sg. bestätigt sich in *mandattâti* Pl. von *mandattu* (573, 8).

DAG § 72. Status constructus. Unter den zahlreichen Ausnahmen von den in diesem § gegebenen Regeln ist besonders hervorzuheben, dass das Genetiv *-i* des ersten Gliedes keineswegs immer sich hält, vgl. *ina eli kasap nudunnêa* (356, 6), *ina kanik duppi šutim*, *ina qât ša arxi*, *ina qât Iddina-Marduk* (687, 24), *ana šum ša Iqišabal* (293, 6), *ina maxar dânê*, *ina pân Nabû-šum-uṣûr* (165, 11).

DAG § 73, b. Ein Beispiel der Verbindung eines Adjectivs mit einem ihm zu näherer Bestimmung beigefügten und zwar vorangestellten accusativischen Subst. ist das häufige *kirû gišimmarê zaqpu* „Garten mit Dattelbäumen bestanden.“

Anhang zu A u. B: Zahlwörter u. Partikeln.

1) Zahlwörter.

DAG § 75–77. Als eine graphische Eigenthümlichkeit bei der Bezeichnung der aus einer ganzen Zahl und einer Bruchzahl zusammengesetzten Zahlbegriffe sei hervorgehoben die Schreibweise $^1/_3$ 4 *š. k.* (48, 7) statt der unsrigen: $4^1/_3$ *š. k.* $^1/_3$ 6 *š. k.* ist daher nicht etwa = $^1/_3$ Mine 6 Seqel, sondern nach den Gleichungen 1/3 6 *š*. *k*. 6 *š*. + 1/3 *š*. (768, 7, 12), 1/3 *š*. + 5 *š*. = 1/3 5 *š*. (467, 3) zu beurtheilen. Vgl. 1/3 *š*. 4 *š*. (Nbk. 112).

Interessant sind die von den Cardinalzahlen (?) gebildeten Beziehungsadjective auf -*û*, welche zu Altersangaben verwendet werden: 3 -*û* „dreijährig“, 4 -*û* „vierjährig“ u. s. w.

2) Partikeln.

DAG §§ 78–80. Adverbia der Art und Beschaffenheit. Nicht bisher bekannt war die einfache demonstr. Partikel *kî* (= *kiam*, *umma*) zur Einführung der oratio directa hinter Verba des Schwörens, also in demselben Gebrauch wie das hebr. כִּי nach אָמַר und נִשְׁבַּע. Dass das hebr. oratio directa einleitende כִּי nicht als Conj. „dass“ aufzufassen ist, hat schon Delitzsch Proll. p. 184 f. dargelegt, und es wird noch bestätigt durch die ähnliche Verwendung vom ass. *ki*, welches sicher nicht Conj. ist. Denn das darauf folgende Verbum steht nur ausnahmsweise in modus relativus. Vgl. *ina Bêl ittemû ki ûmu 20 ša arax Simânu itetiqu adi kaspa niṭṭiri* „bei Bêl haben sie geschworen (also): Tag 20 des Monats Simânu wird fortrücken, bis wir das Geld bezahlen“ (Nbk. 103, 18 ff.), *ina šumi Bêl u Nabû-kudurri-uṣur bêlišu itemmê ki ana ṣêri attatallak* (Nbk. 120) u. a. m. – *akî akî* (849, 14). – *ša kiam* = *kiam* (Nbk. 101, 2). – *ištêniš* „wie ein Mann.“

Advv. des Orts. Sehr häufig vorkommend ist *ina libbi* „dort, darin“ in der Bedeutung des deutschen „davon“ um die einzelnen Posten einer genannten Summe einzuführen (Jeremias, BzA I 285). Bisweilen ist es auch „dazu“. *libbi* allein steht 566, 8. – *ina bid* = *ina libbi* „dabei“: *Mušêzib-Marduk ina bid ašbi* „M. sitzt (da)bei“ scil. *ina nantim* (231, 21), vgl. *Nabû-axê-iddina ina libbi ašbi* (755, 8). – *itti* („zur Seite“) „dabei, dazu“ = עִם 1 S 16, 12, vgl. *ina arax Simânu kaspa ina qaqqadišu inamdin*, *x* Maasse Gemüse *itti inamdin* „soll er dazu geben“ (128, 6). – *kûmu* „an Stelle“, vgl. *qallašu* [amêlu] *MU ku-mu ana maškanûtu ṣabtu* „sein Sclave ist an Stelle als Pfand genommen" (Nbk. 420, 4).

Advv. der Zeit: *adi* im Nachsatz zu einem temporalen Vorsatz „da, nun", vgl. *ina ûmu* *f* *Amtia ana Nûr-Sin uktînu umma ṛi-li ia-tu a-di Nûr-Sin mandattum inamdin* „als Amtîa dem Nûr-Sin auflegt: *ṛili âtu*, da soll N. ihren Lohn geben" (679). – *inanna, eninni* „nunmehr, jetzt". – Beachte die adverbialen Ausdrücke *ša ûmi, ša arxi, ša šatti* „pro Tag, Monat, Jahr". – *ana ûmu ṣâtu, ana ûmu râqûtu* „für immer."

Praepositionen.

DAG § 81) a, *itti* את „mit" findet sich auch mit einer andern Praep. als erstem Glied zusammengesetzt: *ina ittišu* „mit ihm" (376, 6). *ana itti* (232, 2); ebenso *kûmu* mit *ana* : *ana kûmu* „an Stelle von" (668, 14). – *adi ša* temp. (234) = *adi*. – *mûla* „für" wechselt mit *aki* u. *bâd*. – *axulâ* als praep., siehe Wörterverz. – *ina* „bei" in Schwüren (wie das arab. ب): *ina Bêl u šarri* „bei Bêl und bei dem König" (83, 3); *ina Bêl u ina âdê ša Nabû-nâid* „bei Bêl und den Gesetzen Nabû-nâids (197, 7) u. s. w. *ina* „pro" in Zeitbestimmungen: *ina šatti 5 š. k. idi biti* „pro Jahr 5 Seqel Miete des Hauses" (261, 5; 500, 12); vgl. im Arab. بَٱلْيَوْمِ, بَٱلسَّنَةِ und فِى ٱلْيَوْمِ. Beachtenswerth ist die Bedeutung von *ina qâti* bei den Verba *maxâru, eṭêru, abâku* aus der Hand jemandes etwas empfangen." – *ana ûmi* (499, 6), *ana 2-ta šanâti* „auf zwei Jahre" (597, 5), synonym *adi* 48, 6 (vgl. im Arab. عَلَى). Mit *adi* wechselt *ana* auch in der Phrase *kaspa adi* (*ana*) *12 TA.A.AN itanappal* wohl in der Bedeutung von „nebst." *ana* (des Preises, vgl. ب, בְּ) „für": *ana* ½ *m. k. ana N. addin* „ich verkaufte meinen Sclaven für ½ Mine an N. (13, 4), *ana šîmi gamrûtu* „für den vollen Preis". Eine sehr gewöhnliche Bedeutung des *ana* ist „zum Zweck": *xurâṣu ana dullu, ana pitqu ana N.N. nadin* „das Gold ist zum

Zweck des Bearbeitens dem und dem übergeben“ (oft), *Burâšu ana mukinnûtu ina libbi ašbat* „B. sitzt dabei zum Zweck der Bezeugung“ (1111, 16). *ana mârûtu laqû* „als Sohn aufnehmen“ (356, 20), *mâratsu ana aššûtu taddaššu* „sie gab ihm ihre Tochter zur Frau (Nbk. 101, 5). Als eine stilistische Eigenthümlichkeit ist zu erwähnen die Häufung der Praepositionen *ana* und *ina* : *Nabû-kâṣir nišê bitišu* ana 5/6 *m.* ana *šîmi xarîṣ* ana *Mušêzib-Marduk iddin* (40, 4 f. u. ö., ana *idi bîti* ana *šatti* 1/2 *m. 5 š. k.* ana *Dinâ iddin* „er übergab sein Haus dem D. gegen jährliche Miete von – --“ (500, 3 f.), vgl. ana *šatti 12 š. k.* ana *idi bîti* ana 2-TA *šanâti* ana N.N. — — — (597, 5 f.). ina *arxi Tašritu* ina *xuṣâri* ina *mašixi ša 1 pi* ina *muxxi 1-it menâti* (?) *inamdin* (875, 4). – Äusserst häufig ist der Gebrauch von *eli* (*eli*), *ina eli* und *ina muxxi* zur Angabe der jemandem gleichsam als eine Last obliegenden Leistungspflicht, (vgl. Pr. 7, 14 זבחי שלמים עלי „Dankopfer war ich schuldig“). Daher im Schuldschein: *00 š. k. ša A ina eli B* „00 Seqel, Eigenthum A:s, lastend auf B“, d. i. so und so viel Geld hat A von B zu erhalten; ebenso *ana eli* in Wechselbriefen: *00 š. k. A ina qâti B ana eli C maxir*, siehe zu *maxâru* im Wörterverz. *ša arxi ina eli* (*muxxi*) *1 manê 1 š. k. ina muxxišu irabbi* „monatlich wächst auf 1 Mine 1 Seqel (Zins) ihm (dem Entleiher) zu Last“, d. i. „was der Entleiher zu entrichten hat.“ – *elat* zur Einführung dessen, was zu einer schon erwähnten Sache hinzu kommt: „dazu kommt“; vgl. עַל Ex. 20, 3. – *ana eli* = zum Zweck der Beschäftigung mit oder des Herbeischaffens einer Sache, siehe im Wörterverz. unter *elû* und *alâku*. *ana eli* = „an“ etwas arbeiten siehe zu *epêšu*. Vgl. noch *dullu ina muxxia ûmu* „ich habe keine Arbeit“ (Cyr. 369, 7). *mînamma qâtuka ana muxxia* „warum ist deine Hand gegen mich“ (Cyr. 328, 8), vgl. יָדוֹ בַכֹּל Gen. 16, 12 und עַל Ri. 16, 12. *ina ûmu Šamaš-šum-iddina f Nadâ undaššarma aššatu ana muxxišu inašû* „wenn S. N. verlassen wird und eine Frau an ihre Stelle nimmt“ Cyr. 183, 10.

b) Dreifache Zusammensetzung weist *adi ina muxxi* (*ûmu*) „bis“ (Nbk. 402, 3) auf. – Neben *mixrat* findet sich *mišrirrat* (*abulli Šamaš*) (193, 2). — *ana pâni* „vor" (mit Acc.). *ana itti*, *ina itti* und *ana kâmu* siehe unter a). — Zwei in den Contracttafeln häufig vorkommende Praepositionen [1]), deren Etymologie und Bedeutung erhebliche Schwierigkeiten bereitet haben, sind die im Wörterverzeichiss unter ב,אד aufgeführten *bûd* und *bîd*.

Für die Lesung des ersten Consonanten in *bûd* giebt es direct keine Sicherheit. Bei der Schreibung *bu-ud* etc. ist die Lesung *pu-ud* immerhin möglich. Da jedoch die andere Praep. *bîd* auf Grund ihrer Bedeutung und Form etymologisch von *bûd* nicht zu scheiden ist und mehrmals (siehe BzA I 206) *bi-id* geschrieben wird, kann man den Anfangsconsonanten in *bûd* und *bîd* mit ziemlich grosser Zuversicht als *b* (ב) ansetzen. Der Vocal ist gemäss den Schreibungen *bu-ú-ud* (Nbk. 196, 14) und *bu-ut-ti* (Nbk. 70, 5 var.) lang und lässt also auf eine Wurzel mediae oder tertiae infirmae schliessen. Schwierig ist es bei den drei möglichen Lesungen *bu-ud*, *bu-ut* (*bu-tú*) und *bu-uṭ* (*bûd*, *bûṭ*, *bût*) den Endconsonanten zu bestimmen. Die Lesung *d* oder *ṭ* wird von den häufigen Schreibungen *bu-da* (*ṭa*), *bu-da-nu* und *bu-du-pl.* (727, 5) wahrscheinlich gemacht. *bu-di* ist bis jetzt nicht belegt, denn 38, 4, wo Meissner (ZA IV, 67) *bu-di* liest, ist natürlicherweise mit Ergänzung des Personendeterminativs *Pu-di-ia* zu lesen wie 201, 10; 449, 9). *bu-da* etc., ist zwar ein Subst (vgl. *bu-da-nu*, *bu-da-ni* u. *bu-da-pl.*), welches von der Praep. zu trennen ist. Jedenfalls hören sie beide zu derselben Wurzel; das Subst. kann daher für den zweifelhaften letzten Consonanten der Praep. Beweise beibringen. Die Schreibung *bu-da* (*ṭa*) etc. ist noch zweideutig, aber *bu-du-pl.*, worin statt *du* kaum *ṭú* (siehe die Schrifttafel!) zu lesen sei, giebt den Ausschlag für die Lesung *bu-ud*. Anderseits wird aber auch die Lesung *bûṭ* durch die schon citirte Variante *bu-ut-ti* gesichert, ebenso durch die Schreibungen *bu-ti-šu* (Nbk. 134, 4) und *bu-tú-šu* (Nbk. 24, 4), wenn nicht vielmehr diese Wörter von *bûd* (*bûṭ*) ganz zu scheiden sind. Die Praep. lautet also *bûd* und *bûṭ*. Welche ist aber die Etymologie? Oppert hat meines Wissens zuerst die hebr. Praep. בְּעַד zur Vergleichung herangezogen (siehe ZA III 20, 177), dasselbe thut Delitzsch (BzA I 206). Wäre בְּעַד wie die alten Grammatiker (Kimchi, Parchon

[1]) Peiser (PKA 105 f.) und Meissner (ZA IV 66—73) verleugnen die Praep. *bûd*, in dem sie daraus ein Subst. machen, jener: *puṭ* „Quittung" dieser *pudû* פדה „Schuld, Schuldschein." Diese Verleugnung hängt davon ab, dass sie die Praep. mit dem Subst. *bûdu*, *bûda*, etc. verwechseln, die Praep. *bîd* nicht kennen und dass Peiser die Bedeutung von *ṭêru* = *nadânu* verkennt (a a.O.).

u. a. siehe Fürst, Hebr. u. Chald. Handwört. p. 202 a) behaupten, aus ב + עד zusammengesetzt, so müsste die Praep. im Ass. (*bi – adi =) *bidi* lauten. Das Richtige wird wohl sein für die hebr. Praep. die Wurzel בעד anzusetzen. Zur selbigen Wurzel (בּ,אד) werden auch die assyrischen Praepp. *bûd* und *bîd* mit aller Wahrscheinlichkeit einzig richtig geführt. Von dieser Auffassung dürfen wir uns durch die Variante *bu-ut-ti* nicht abschrecken lassen. *bu-ut-ti* könnte allerdings eine Femininbildung von בּ,אד sein ja sogar Status constructus, was *bûtu* nur mit Schwierigkeit, *bût* (statt *bûdat*) nimmermehr sein kann. Es bleibt nichts anderes übrig als für unsere Praep. die Grundform *bûd* zu bestimmen und dazu eine Nebenform *bût* anzunehmen. Wie das *t* zu erklären sei, ist nich klar, jedenfalls mag es uns nicht mehr befremden als der Wechsel von mediae und tenuis in *iddû* und *ittû*, *bêlu* und *pêlu*, *abâku* und *apâku* u. a. m. Zur Vergleichung ist auch die neusyr. Praep. ܒܘܬ݂ bei Roediger (Chrest. syriaca p. 138, Z. 2 von unten) ܒܘܬ݂ „für, um" heranzuziehen.

Die Bedeutung der Praepositionen *bûd* und *bîd* „vor, für, anstatt, als" (vgl. בְּעַד Gesenius H.W p. 120 b, c) ist durch die im Wörterverz. aufgeführten Phrasen über allen Zweifel erhoben. Sie wird ausserdem durch den directen Wechsel mit *mâla* (מוּל) „für" und *akî*, *kî* „als" bestätigt. Vgl. zu der häufigen Phrase *bûd ṣittišu* die Parallelen *mâla ṣittišu* (9, 5; 157, 5; 251, 7) und *akî ṣittišu* (760, 9; 787, 8)[1]). – *bûd ša* findet sich einmal (690, 10), *kî bûd* ebenfalls einmal (17, 4). – Für *bîd* (in den Contracttafeln durchgängig *bid* geschrieben) vgl.: *bît gišimmari u pî šulpu bid maškâni maxrû* „der Dattelhain und *pî šulpu* sind als Pfand genommen" (103, 8); *bâbânišu ša ina muxxi nâri Barsip bid maškâni maxrû* (344, 7); *bid maškânišû maxrû ša arax Simânu* „anstatt seines früheren Pfandes vom Monat Simânu (605, 7); *bid maškânišu* (668, 12; 1020, 4). *ina bîd* – *ittî*, *ina pâni* „bei, vor" vgl. *ûmu gabrî kunûk maxîri ina bid Dânušum-iddina lû ina ašar šanamma ittanmaru* (85, 13; 231, 16) mit *ina ûmu* *f* *Amtia ittî Guzânu tatnamarri* (682 und *ina ûmu Nabû-nadannu ina pâni Arrabi tattanamarri*

[1]) Ich habe irgendwo auch *mâla sixi* gelesen, kann jedoch die Stelle gegenwärtig nicht wiederfinden.

(573). *ina bîd*   *ina libbi*. vgl. *bîtu ša Sin-iddina u Burâšu ina bid* (statt *bîdsu*) *ašibû* „das Haus in welchem S. und B. gewohnt haben“ (Nbk. 137, 11). *ina bîd ša* (580, 10).

Conjunctionen.

DAG § 82. *ša* hat die Bedeutung „dass“ vor Objectssätzen nach *kunnu* (bezeugen) etc.; vgl. כִּי, אֲשֶׁר und שֶׁ nach Verbis des Sehens, Hörens u. s. w. Für *ûmu, ûmu ša, ina ûmu* „als, wenn“, *ûmu mâla* „so lange als“, *adi ûmu ša* „bis dass“ und *ultu muxxi ša* „nachdem“ siehe die Bemerkk. zu DAG § 148, 2. *ašar*   *akî* „wie“: *ašar ṣibû*   *akî ṣibû* „wie er will“ Cyr. 168, 9, 10.

C. Verbum.

DAG § 83 Anm. Die Form I 2 findet sich dreimal mit doppeltem *ta* (*te*) gebildet: *taptatatturšu* (PKA p. 87) „sie löste ihn aus“ (697, 10). *attatallak* „ich werde gehen“ (Nbk. 120, 3), *ittetemû* (תמה) (105, 16).

DAG § 90 a) Die Grundform der 3. P. Sg. m. des Praeteritums (*iknuk*) hat durch Einschiebung des Vocals des 2-ten Radicals hinter den ersten und Verdoppelung dieses die Form *ikkunuk* bekommen (Cyr. 327, 7). Ganz verstümmelt ist die Form *i-uk-nu-ma*, statt *iknukma* Cyr. 277, 9, 11. Vgl. *i-ux-zu-zu* Cyr. 168, 5. — c) Die Pluralformen 3. P. m. Praes.-Praet. auf *-nu* sind in der Sprache der Contracte entschieden viel zahlreicher belegt als die auf *-ni* : *ibukûnu, iddinûnu, illânu, illânu, illakûnu, illikkûnu* (*-ni*), *maxrûnu, inaxxisûnu, inaššûnu, iššûnu, utirrûnu, illeqûnu, našûnu, našûnu, abkûnu, abkûnu(-ni), iddinûniššu, iškunûnišu, uqarrubûni, îpušûni*. Auf *-â* statt auf *-û* endende Formen der 3. P. Pl. m. sind *iddannâ* (355, 13), *ikkalâ* (364, 10: Cyr. 250, 2); auf *-i* endet *inamdî* (siehe zu DAG § 100; Nbk. 345, 8, 10.

DAG § 91. Bei der Conjugation des Permansivs sind zu beachten die Formen der 3. P. Sg. f. und 3. P. Pl. m. mit nicht elidirtem Vocal der zweiten Silbe: vgl. *eṭirtum* (690,

17 u. ö.), *eṭirû* (139, 7), *maxir'* (d. i. maxirû, Nbk. 14, 6). Ein Mal endet die 3. P. Pl. m. auf *-î* aus: *maxrî* (845, 12); ein Mal auf *-â* : *maxrâ* (Cyr. 130, 6).

DAG § 92. Modus relativus. In Hauptsätzen stehende Permansivformen mit überschüssigem vocalischen Auslaut *a* sind *mal-la* (מלא) Cyr. 371, 12: *tamlû ul mallâ* „die Terrasse ist nicht voll" und *nantim maxrîti xipâta* Nbk. 60. In Relativ- und Conjunctionalsätzen ist der überschüssige Vocal ausser *u* und *a* vielfach auch *i*, vgl. *îṭiri, iktêni, illikki, ipqidi, niṭṭiri, inaṣuri, uktîni, utirri, ittanamarri, tatnamarri, inixisi, eli'i, têli'i, tazîzi*. Neben den regelmässigen Formen mit überschüssigem *u, a* oder *i* ist aber auch Vocallosigkeit eine ziemlich gewöhnliche Erscheinung. Beachte für Relativsätze: *ša illik* (237, 18); *nantim, ša Iddina-Marduk ana šumu ša Bêl-axê-iddina îlma* (neben *i'lu* 244, 9) 260, 4; *ša dulla îpuš* (23, 10; 86, 5; 770, 3); *ša ittî Gula-qâ'išat ana nudunnû taddin* (283, 8); *bîtu rabû ša Ittî-Marduk-balâṭu ina libbi ašib* (1047, 12); ŠE.BAR *ša ultu bît bušû nadnat* (841, 2; 915, 2; 998, 2); für Conjunctionalsätze: *adî N.N. kaspašu išallim* (103, 11; 584, 9; 678, 15 u. ö.); *adî muxxi ša Nergal-uballiṭ kaspašu inniṭṭir* (Nbk. 133, 11); *kaspa ana nudûnê kî addanka* (Nbk. 265, 7); *kî la ittallak* (Nbk. 183, 13); *kaspa mâlaḳ imxuršu* (26, 6) u. a. m. Siehe die Bemerkungen zu DAG § 147 ff.

DAG § 94. Imperativ. Synkopirte Imperativformen I 1 sind *šuknâ* „schaffet" (356, 28), *ublâ* statt *bilâ* (יבל, ibid), *ipšâ, šuprânu*, (Cyr. 377, 18). Auch im Impr. II 1 kann der Vocal des zweiten Radicals wegfallen, vgl. *tuknanni* neben *tukkinanni* im n.pr. *Nabû-tuk(k)inanni* „Nebo richte mich auf!" Auf *â* statt auf *û* endet 2. P. Pl. m. in den genannten Formen *šuknâ, šuprânu, ublâ, ipšâ* und in *sudidâš* nebst *udurâš* „verehret ihn" (Cyr. 377, 21). Verdoppelten mittleren Radical weisen *iddin* (דין, 243, 5), *muxxur* im n.pr. *Bêl-, Bânitum-supê-muxxur* „Bêl nehme die Gebete an!" und *killi* (כלא) im n.pr. *Samaš-kil-li-an-ni* „Samas, bewahre[1]) mich" (455, 6) auf. – Für 2 P. Sg. f. ist die entsprechende Masculinform verwendet im eben citirten *Bânitum-supê-murur* (508, 3).

DAG § 95. Im Inf. II 1 kann der Vocal des zweiten Radicals synkopirt werden, wie in *bulṭû* neben *bulluṭû* (n.pr. „mein ins Leben bringen".

Verba firma und mediae geminatae.

DAG § 97. Für Impr. I 1 und II 1 sowie für Inf. II 1 siehe meine Bemerkungen zu DAG §§ 94. 95. Prt. II 1 hat *u* statt *i* hinter dem zweiten Radical in *uqarrubûni*, wo der *u*-Laut wohl auf die Rechnung des folgenden Labials zu schreiben ist, siehe zu DAG § 45. Für *tapṭalaṭuršu* siehe meine Bemerkk. zu DAG § 83. Ein Stamm Iftealal ist wohl festzustellen in *illigalal* (דגל, Nbk. 269, 4).

Perm. II 1 des Verbums mediae geminatae *šalâlu* lautet *šullul*.

Verba primae נ.

DAG § 100. Die Behandlung des Verbums *nadânu* weist mehrere Eigenthümlichkeiten auf. Für den Impr. *iddin* siehe bereits die Bemerkk. zu DAG 94, für *iddidma* zu DAG § 49 b. Sonderbarer Weise wird der dritte Radical (*n*) bisweilen elidirt und das Verbum dann besonders vor Suffixen nach Analogie der Verba tertiae infirmae behandelt, vgl. *inamdi'* (d. i. 3. P. Pl. m., siehe zu DAG § 90 c.; Nbk. 345, 8–10), *inamdama* statt *inamdinuma* (772, 10), *nâdi-šêm* statt *nâdin-šêm* (335, oder ist hier eine Verschreibung?, vgl. aber auch n.pr. *Na-di – Nadin?* 958, 6); mit Suffixen *inamdaššu* (Cyr. 230, 9) statt *inamdinuššu*, *inaddaššu* (1031, 12) statt *inaddin-aššu*, *uddašu* (Nbk. 460, 12) statt *uddin-aššu*, *iddaššu* (442, 5; Nbk. 115, 13: 368, 6), *tuddaššu*

[1]) Offenbar hat dass ass. Verbum *kalû*, כלא neben den Bedeutungen „abschliessen, zurückhalten, verweigern" noch die Bed „beschützen" wie كلأ im Arab. z. B. Sûra 21, 43, in den nn.pr. *Šamaš-killianni*, *Nabû-killanni*, und *Ilu-ukallanni*.

(Nbk. 101, 6), *iddašši* (51, 5), *liddaššu* (Cyr. 371, 8), *luddakkanna* („ich will dir geben“ Cyr. 337, 12), *idaššunûtu* (Nbk. 78, 4). Anderseits wird derselbe Radical vor herantretenden Suffixen der 3. P. Sg. und Pl. als ein Dental behandelt (siehe meine Bemerkk. zu DAG § 51); er verwandelt das *š* der Suffixe zu *s*, wonach die zusammentreffenden Consonanten *ns* entweder sich halten oder zu *ss* sich assimiliren, also: *inamdinsu* (Nbk. 86, 5), *iddinsu* (116, 29; 193, 15; 195, 4: Nbk. 164, 26 neben *iddinšu* 687, 23 u. ö.), *iddissu* (203, 26), *iddissunûtim* (178, 28). – Im Praet. I 2 hat der zweite Radical *a* (neben regelmässigem *i*) nach Analogie des Praet. Qal *iddan* neben *iddin* wie יִתֵּן neben יִתַּן, vgl. *ittadannû* (756, 12) und n.pr. *Tattadannu* („Du hast gegeben!“). Die Form *tattannanni* statt *taddad(i)n-anni* „sie übergab mich“ (1113, 20) ist entstanden durch regressive Assimilation der Consonanten *dn* (siehe zu DAG § 48). – Zur Wurzel נזז scheinen folgende Formen III 1 zu hören: Inf. *ušuz* (1113, 26), Prs. *ušuzuz* (Nbk. 235, 13), Prt. *ušuzzu* (*ina pâni*, wechselt mit *iddin*); vgl. V.A.Th. 77, 25 und PKA 104, wo auch eine Form *ušuzza'* aufgeführt wird. – Befremdend ist der Praeformativ *i*- in *ištaššâ* III 2 von *nâšâ* (Nbk 101, 11) und vgl. *il-ta-ṣa-xi-ir?* (Nbk. 125).

Verba primae gutturalis.

DAG §§ 102–104. Zu den bisher bekannten Verbis primae א$_3$ kommt *emû*, חמה, حمى „schützen“, Prs. *immê* (*im-mê-e*, *im-mê-'*, *im-mê*) in nn.pr. *Axû-immê*, *Anum-immê*. – Ob *ta-nam-mar-ru* (244, 15) = *tannámaru* (IV 1) ist und *ta-at-na-mar-ri* = *tattanámari* (IV 3)? Für die Form *attatallak* siehe meine Bemerkk. zu DAG § 83.

Verba mediae gutturalis.

DAG §§ 105–107. Beachte die seltsame Form *târime* (*ta-a-ri-mê*) 3. P. Sg. f. praesentis (*ul târime*) von *râmu* רא$_3$ם (65, 19).

Verba tertiae infirmae.

DAG § 109. Für den Auslaut des Permansiv-Stammes beachte die Schreibung *ba-ni-i* neben *bani-i* und *ba-ni* im n.pr. *Axû-banî* „ein Bruder ist geschaffen“ (400, 2; 501, 12; 508, 19) und die konstante Schreibung *qa-tu-ú* „es ist beendigt“; für Femininum *Ina-Èsaggil-ba-na-a-ta*, „in Êsaggil ist sie geschaffen“, *uantim xi-pa-a-ta* „der Schein ist zerbrochen worden“, *êlippu ša ana ½ m. k. ma-na-a-tu* „ein Schiff, welches auf ½ Mine abgeschätzt ist“ (776, 4). Vgl. DAG § 53, c. – Der lange Auslaut *ê* in (Praet. und) Praes. Qal hat sich ausser vor dem enklitischen *-ma* in *im-mê-e* (אבה$_3$) erhalten, siehe meine Bemerkk. zu DAG §§ 102–104. – Für den Imperativ *killi* neben *kili* siehe meine Bemerkungen zu DAG § 94. – Beachte die beiden Formen IV 2 *itetmê* (תמה 954, 10) und *ittešemû* (?שמא$_4$ 682, 6).

Verba primae ו und י.

DAG § 112. Der Analogie der Verba primae י folgen im Praes. Qal die beiden Verba ישב und יתר: *tîšab* „du sollst beisitzen“ (380, 9 ZA III 366) und *ittiru, itteru, îtiru* (oft). – Praes. I 2 von ילד heisst *ittuladu* (380, 7, 9). – Eine sonderbare Imperativ-bildung, die auf eine prostetisch erweiterte Grundform **arbil* zurückzuweisen scheint, ist *ublâ : ana maxrikunu ub-la-aš* „bringet ihn vor euch!“ (356, 28). – Als Permansiv von *ašâbu* findet sich ein Mal *aššabû* (508, 15) neben *ašbû*, siehe DAG § 53, c.

Verba mediae ו und י.

DAG § 115. Für *issîramma* (Nbk 334, 14) I 2 und *uddâramma* (Nbk. 333, 9) II 2 von *târu* siehe meine Bemerkk. zu DAG § 43.

Zur Satzlehre.

A. Die einzelnen Redetheile.

Das Substantiv.

DAG § 121. Für die Stellung des Adjectivs als Attribut zu einem Subst. im Status constr. vgl. die Bemerkk. zu DAG § 123.

DAG § 122. Bezüglich der Congruenz von Subst. und Adj. beachte für den Status *kasap gamirtu* (687, 27; Nbk. 164, 30) und das häufige *ana šîmi xariṣ;* für Numerus und Genus *ana ûmu rûqûtu, ana šîmi gamrûtu, sulûpu gamrûtu, dibbi annûtu, arrâssu marrûtu* u. a. m. Siehe auch meine Bemerkungen zu DAG § 128!

DAG § 123. Bei der Unterordnung eines Substantivs im Genetiv unter ein anderes Subst. mit Adjectivattribut kann zwar gemäss Punct 2) der Regel das Adj. unmittelbar auf sein Subst. folgen und der Genetiv dann durch *ša* eingeführt werden, wie *uantim maxrîtum ša* $^1/_3$ *m. k.* „der vorige Schein über $^1/_3$ Seqel“, *xullânu pitû ša Šamaš* „ein offenes *xullânu*-Gefäss des Šamaš-Gottes“ u. s. w. (Vgl. die Construction mit שׁ im Phön, ?, דִּי im Aram., *za* im Äth., לְ im Hebr., لِ, مِنْ, فِي etc. im Arab. CIS I 139. 143, Nöldeke SG § 208 B, Kautsch B-AG § 81, d, Dillmann ÄG § 186, Caspari AG § 443, Gesenius-Kautzsch HG § 115, Philippi Stat. constr. p. 5). Nicht weniger aber kommt vor die in den übrigen semit. Sprachen, (Caspari AG § 455, Dillmann ÄG § 185, Gesenius-Kautzsch HG § 112, Nöldeke SG § 208) zur Regel gewordene Constructionsweise, der gemäss die Status-constructus-Kette durch ein dazwischentretendes Adjectivattribut des ersten Gliedes nicht gebrochen werden darf, sondern das Adjectiv dem Genetiv nachgesetzt wird, es stehe denn der Genetiv 1) allein: *ina bîti bušû rabî* (457, 3; 540, 5), *ina bîti Iddina-Marduk maxrîtum* (576, 5; 577, 5), *duppi bûda kaspi maxrûtu* (531), vgl. auch *uantim ana šumišunu maxrêti* (Nbk. 116, 11); oder 2) mit *ša: ablu ša Etillitum rabû* (Nbk. 368, 5), *uantim ša* $^1/_2$ *m.*

3 ½ *š. maxrîtum* (480, 8), *mandattum ša Nabû-lûsalim maxrîtum* (610). Ganz vereinzelt ist *ablu šalsu* (?) *šarri* „der dritte Sohn des Königs“ (971, 2). — Beispiele der unter 3) besprochenen Constructionsweise sind *maškânišu ša Ina-êšši-êṭir* „das Pfand I:s“, *zittišu ša Šamaš-ax-iddina* „der Antheil Š:s“ (17, 5.)

Noch seien hier einige Fälle hervorgehoben, in welchen durch eine Status-constructus-Kette verschiedene Begriffe ihren Ausdruck finden: *mâr ištênit šatti* (f. *mârat ištênit šatti*) „ein Jahr alt, einjährig“ u. s. w.; vgl. die Verwendung von בֶּן, إبن, valad (äth.) in Altersangaben; *axû* in nn. pr. *Ax-nûri, Ax-šêri* „Bruder des Lichtes, des Morgens“, d. i. „der Lichtvolle“ (=*Nummuru*) u. ä.; *ša* (wie ذُو) „der mit einer Sache begabte“, wie *ràb* „der Oberhaupt von“ – etc.: *Ša-pî-kalbi* „der ein Hundemaul hat“; „N.N. *ša bît killi*, der Vorsteher des Gefängnisses“ (743, 23 = *ràb bît killi* 318, 4), *ša alka* (202, 11 = *ša ina muxxi pitqa u alki* 398, 22), *Šamaš-êṭir-napšâti ša kurummâti šarri* (62, 3), *ša* mit folgendem *ûmi, arxi, šatti* „pro Tag, Monat, Jahr“ oder „täglich“ u. s. w.

DAG § 124. Eine Ausnahme Von der Regel, dass Participialausdrücke als Apposition im Sing. stehen, ist: *Marduk-šum-iddina u f Qudâšu nâdinê eqli* (178, 48, 55).

Zahlwort.

DAG § 128. Für die Construction der Cardinalzahlen mit Substantiven, besonders für die Form der Zahlwörter ist infolge der nicht phonetischen und geschäftlich kurzen Schreibweise aus den Contracten nicht viel zu entnehmen.

Bezüglich des Numerus des vom Zahlwort abhängigen Substantivs sind zwei Constructionsweisen erkennbar. Wenn das Zahlwort dem gezählten Gegenstande vorausgeht, wie in den Contracten immer der Fall ist, kann dieser sowohl im Sing. als im Plur. stehen, und zwar scheint er, falls Ideogramme ohne Pluralzeichen immer den Sing. darstellen, häufiger im Sing. zu stehen: 2, 3, 5, 8, 15, 24, 200, 576 u. s. w. LU.NITA;

14 ṣênu (787, 15); *5 dannu šikari* etc., aber auch *2, 3 dannûtu šikari* (254; 335); *200, 2000, 3650 libittu.ZUN*. Tritt ein Adjectiv zu dem gezählten Gegenstande, kann jenes im Bezug auf den Numerus sowohl mit dem gezählten Gegenstand als mit dem dem Sinne nach pluralischen Zahlwort übereinstimmen, also einerseits *2, 3, 10, 21* etc. *dannûtu rîqûtu; 130 dannû rîqûtu* (572); *12, 14, 16 alpê rabûtu kuddinnê; 2 alpu šuklulu* (332; 387); *20 dannu rîqu* (787, 12); *2000 libittum maxrîtum* (256, 6); *200 dannu malû šikari* (787, 12); *242 iṣṣur rabû* (32, 5), anderseits *32, 160 LU.NITA rabûtu* (Cyr. 250); *60 mašîxi maxrûtu* (49, 14) u. s. w. Vgl. im Arab. die nämlichen Constructionen bei den Cardinalzahlen 11–99 Caspari AG § 465 und fürs Äthiop. Dillmann ÄG p. 381 unten.

Zum Falle c) hört *irbi-it iršêti* (258, 8), *2-it namṣâtum* (Z. 12) und *3-it šanâti* (172, 4), d. i. Femininform des Zahlwortes im St. c. mit folgendem Subst. (generis fem.) im Genet. Plur. Diese Construction ist genau die für die Zahlen (2)3–10 im Hebr., Arab. und Äth. (Ges.-Kautsch HG § 120. Caspari AG §§ 319, 461. Dillmann ÄG § 191) gebräuchliche:

אַרְבַּעַת עֲרָשׁוֹת, أَرْبَعَةُ أَعْرَاشٍ.

Wie im Hebr. (l. c. § 120, 4 Anm. 2) werden einige Substantive des Maasses und Gewichts nach den Zahlwörtern bisweilen ausgelassen, z. B. *20 sulûpu* „zwanzig *gur* Datteln" (74), *42 120 sulûpu* „42 *gur* 120 *qa* Datteln" (919), *20 parzilli* u. ä.

Rection des Verbum finitum.

DAG § 138. Für den Accusativus der Beziehung vgl. die synonymen Ausdrücke: *adi N.N. kaspašu išallimu* und *adî N.N. kaspašu innitirru* „bis der Gläubiger in Bezug auf sein Geld befriedigt ist." Theils mit Acc. theils mit Praep. stehen: *kunnu* „Zeugniss über etwas ablegen" z. B. *Zêrêa, Nabû-šum-lîšir u Etillitum kaspa ina pâni dânê ukinnû* „legten vor den Richtern Zeugniss über das Geld ab" (13, 10) und *ša Bêl-rîmanni elišu ukinnu umma* (1048, 8); *qibû* zu jemandem sprechen z. B.: *aqbišunûti umma* (720, 10) und *Bililitum ana dânê taqbi umma* (13, 2); *alâku* mit *nâšâta* „im Auftrage gehen“ und *ina nâšâti alâku* dass. Vgl. *alâku ša mâkâlti* (Nbk. 375, 39), welches ein *illik mâkâlta* voraussetzt, aber auch *ana mâkâltum illikki* (Nbk. 301, 7).

Beiläufig seien hier einige Verba aufgezählt, die den Objectsbegriff durch ein Substantiv desselben Stammes ergänzen: *akâlu ikkalû* (572, 13), *dibbi idibbub* (102, 4), *maṣṣartum iṣṣurû* (Nbk. 134, 6), *riksa ša irkusuma* (13, 8), *qîštum qîšanni*, *qîštu iqîš* (Cyr. 337), *šaṭâri tašṭur* (Cyr. 337, 18), *xirâtu ixirri* (Cyr. 200, 6), *arrâssu lirur* (Cyr. 277, 17).

DAG § 139. Unter den Verbis, welche doppelten Accusativ regieren, sind hervorzuheben

1) die causativen Verbalstämme II 1 und III 1: *kullumu*, *lummudu*, *šullumu*, *šuršû* z. B. *Nabû-axê-iddina riksi dânê ukallim* „N. zeigte den Richtern die Vertragsurkunde“ (13, 8), *mârbanûtka kullimannâšu* „zeige uns deine Clientelurkunde“ (113, 6), *išparûtu gabbi ulammadsu* „er soll ihn die Weberkunst ganz und gar lehren“ (Cyr. 64, 6), *napšâti ša qallika ušallamka* „das Leben deines Sclaven werde ich dir ersetzen“ (Nbk. 365, 7), *mimma ša Benê-Addu-natanu lâ ušaršû Bunânitum* „was B. in den Besitz Bunânitums nicht übergeben hat“ (356, 34);

2) Verba des Gebens: *nadânu*, *bânu* z. B. *1 m. k. Šum-ukîn Nabû-nâdin-axi inamdin* „eine Mine soll S. dem N. geben“ (243, 16), *Nubtâ mârtišu tattannanni* „Nubtâ ihrer Tochter schenkte sie mich“ (113, 20), *mârtaka binnimma* „gieb mir deine Tochter!“ (101, 3), aber *nadânu* auch mit Praep.: *Nubtâ ana Zamama-iddina taddinanni* und ebenso *qâšu*: *Itti-Marduk-balâṭu 10 š. k. qîštu ana Êsaggil-bêlit iqîš* „I. machte E. ein Geschenk mit zehn Seqel Geld“ (Cyr. 337, 13). Vgl. noch *qanâti ša Šulâ abišu ana nudûnê iddaššu* „die Felder, welche Šulâ ihr Vater ihr zur Mitgift gegeben hat“ (Nbk. 368, 5); *Xammâ mârtašu ana aššûtu taddaššu* „Xammâ gab ihm ihre Tochter zur Frau“ (Nbk. 101, 5); – *alâdu* „erzeugen“: *ištênit mârta âlidsu*

„eine Tochter habe ich ihm erzeugt“ (356, 4), aber auch mit *lapâni* (380, ZA III 366; vgl. לִ im Hebr. und Äth.); — *nabû* (*šakânu*) „benennen“: *ša Rîmût šumšu imbû* (697, 2), *Tâbatum ša Šalam-dîninni šumšu iškunû* (391, 5); — *axâzu* „zu etwas nehmen“: *Zunnâ aššati âxuzma* „Zunnâ nahm ich zur Frau“ (380, 3), aber auch „jemanden *ana mârûtu laqû*“ (ibid.; 356, 20); — (*nadû* „jemandem etwas anlegen“, vgl. *amêlu širik Šamaš ša Marduk-šum-iddina simêrê parzilli iddûššu*, Cyr. 281); — *paṭâru* „jemanden von etwas lösen“: *simêrê parzilli ipṭuršu* „er hat ihn aus den eisernen Fesseln gelöst“ (Cyr. 281, 8). Beachte endlich die nn. pr. *Šalam-dîninni* „schaffe mir friedliche Entscheidung!“ (340, 3) und *Nabû-ax-rîmanni* „Nebo erbarme dich mir des Bruders!“ (411, 3).

B. Der Satz.

DAG § 141. Für den Numerus des Praedicats beachte 1) constructio ad sensum: *ummânu ša illikkû, illikkûnu* (56, 3; 407, 4; 409, 3 u. ö.); 2) andere Ausnahmen: *Adi'ili u Xulîti iddin* (Nbk. 70), *ṣâbê ša illik* (237, 18), *agirê ša dullu îpuš* (770), *Nabû-zêr-iddina u Iqîša-bal ana Bâbilu illakanma* (916, 3); für das Genus: *šîmtum ûbil* (356, 23), *ina ûmu* *f* *Silim-Ištar ana šîmti ittalku* (Nbk. 283, 17), *f* *Burâšu ina bîd ûšib* (Nbk 137, 11), *qallatu maškânu ṣabtum* (602, 8).

DAG § 144. Im Prohibitivsatz findet sich einmal *ul* mit folgendem Praet. *ana manma šânamma ul taddinnu* (Nbk. 283, 12, 16).

DAG § 147. Attributive[1]) Relativsätze 1) eingeleitet durch *ša*:

[1]) Obgleich zwischen attributiven und conjunctionalen Relativsätzen kein strenger Unterschied existirt, vgl. Nöldeke SG § 357, warum jene auch unter diesen und umgekehrt behandelt werden, wird doch die in DAG nach Nöldekes Vorgang gegebene Eintheilung hier gefolgt.

a) mit Nom.-Acc.-Bedeutung: *nantim ša ina bîd Nabû-balâṭsu-iqbi illânu* (260, 10) und mit doppeltem *ša*:[1]) *nantim ša ina bîd Nêrgal-uballiṭ ša illânu* (Nbk. 172, 16), *zêru ša maškânu ṣabtatu* (Cyr. 337, 10), *nantim ša bîd Nabû-šum-uṣur maškânu ṣabtata* (Cyr. 154, 9), *duppu ša D. ana šumišu iknuku* „die Tafel welche er in seinem Namen abgefasst hat" (85, 10), *zêru ša Nabû-šum-ukîn ina qâti Nêrgal-ušallim imxuruma duppi ana šum ša Iqîša-bal iknukuma ilqû* (293, 2–6), *amêlûtu ša ina qâti N.N. ibuku* (oft.);

b) mit Genetivbedeutung und bei Praeposition: *qallat ša 6 šanâtišu* „eine 6-jährige Sclavin" (693, 4), ebenso *ablušu ša 4 šanâtišu* (Nbk. 377, 5); *Tâbatum ša Šulum-dîninni šumšu iškunû* (391, 5) und *Rîmanni-Bêl ša Rîmût šumšu imbû* (697, 2) „deren Namen die Leute so und so genannt haben"; *duppi ša Šulâ napxar nikasišu ina libbišu išṭuruma* (Nbk. 403) „die Tafel auf welcher Š. sein gesammtes Vermögen verzeichnet hat"; *annûtu* amêlu *mukinnûtu ša ina pânišunu N.N. iqbû* „diese sind die Zeugen in deren Anwesenheit N.N. gesagt hat"; *qallu ša duppatašu ana šumi Šamaš-ibni šaṭratum* (666, 3; 693, 5) „der Sclave dessen Tafel auf den Namen Š:s geschrieben ist"; *ša Bêl-rîmanni elišu ukînu umma* (1048, 7).

Nicht aufgenommen durch ein Pronominalsuffix wird das *ša*, obgleich ihm Genetivbed. zukommt: *Martukû ša qalla* (statt *qallašu*) *maskânu ṣabta* (126, 13; 274, 13); ⅓ *m. k. ša* f *Kubbutum qallatsu maškânu ṣabtum* statt *ša K. bîdsu* (*kûmušu*) *maškânu ṣabtatum* (602, 9); *bîtu ša Sin-iddina u Burâšu ina bîd* (statt *bîdsu*) *âšibû* (Nbk. 137, 11); *bîtu ša Tabnêa ina libbi* (statt *ina libbišu*) *ašbu* (Nbk. 350, 4). Ohne Praeposition und zurückweisendes Suffix steht *ša* in einem Relativsatz, welcher als Attribut zu einem mit (oder ohne) Praep. stehenden Zeit- (oder Ort-) Ausdruck angefügt ist, z. B. *ištu eli ûmi ša ina pânišu šû* „von dem Tage an, an welchem dieser in seinen Dienst tritt" (Cyr. 248, 7). Vgl. die vorhergehenden Beispiele und die Bemerkk. zu DAG §

[1]) Das zweite *ša* ist wohl nach NÖLDEKE SG § 369 zu beurtheilen.

148, 2. Die nämliche Erscheinung ist den Aramäischen Dialecten eigenthümlich: ܗܘ ܠܟܠܗܘܢ ܕ ܡ̈ܠܐ ܕܘ ܡܢ, siehe Nöldeke SG § 347, NSG § 175, p. 356, MG § 297, und vgl. fürs. Hebr. die Bemerkk. zu DAG § 148, 2 sowie מְקוֹם אֲשֶׁר Esth. 4, 3, fürs Phön. CIS I 3, 4.

Folgen zwei oder mehrere copulative Relativsätze auf einander, in denen dem Pron. relativum *ša* verschiedene syntaktische Bedeutungen zukommen, wird *ša* nur einmal gesetzt und die syntaktische Bedeutung ausser im ersten Satze durch Zurückweisung nicht berücksichtigt, z. B. *uantim ša 24 gur ŠE.BAR ša eli Erbâ u Nabû-nâṣir bûd našû* „Schuldschein über 24 Gur Getreide, welche von Erbâ zu erhalten sind und für welche (*budsu*) N. Bürgschaft stellt“ (690, 15 ff.), *Ina-qâti-Bêl-šakin qallu ša Nabû-ax-iddina ša Bêlšunu ana* ²/₃ *m. k. ša N. ibukkanma uantim ana šumišu u šumi ša N. ilu* „I. der Sclave N:s, den B. für ²/₃ Mine Geld N:s gekauft hat und dessen Kaufurkunde er auf seinen Namen und den Namen N:s abgefasst hat“ (244).

Den vocalischen Auslaut vermisst das Praedicat in *bîtu rabû ša Itti-Marduk-balâṭu ina libbi ašib* (statt *ašbu*, 1047, 12).

Besondere Beachtung verdienen Relativsätze eingeleitet durch *ša*, in welchem vom Standpunkt unserer Auffassung ein dem Relativum vorausgehendes Demonstrativpronomen inneliegt: *ša* = is qui, derjenige welcher. [1]) Diesem *ša* entspricht im Hebr. אֲשֶׁר Ges.-Kautsch HG § 123, 2, im Syr. ܕ, ܕ ܗܘ Uhlemann GSS² § 56, 2 Anm., 3, im Äth. *za* Dillmann ÄG § 201 und im Arab. die substantivisch gebrauchten Conjuntivnomina (أسماء موصولة) ٱلّذى und مَنْ Caspari AG § 539.

[1]) Dass *ša* mitunter die Bedeutung „is qui, ce que, wer“ hat, wird in DAG allerdings nicht hervorgehoben, (siehe jedoch das Beispiel § 147, 2 Ende!). Aber mit Unrecht wird die Existenz des genannten *ša* bezweifelt z. B. von Halévy ZA III p. 138, dagegen Haupt BzAI 316. Es musste ja doch schon längst sogar aus den historischen Texten bekannt sein, z. B. Tigl. VIII, 63; Ram. nir. Rev. 14; Assurnazirp. Monol 45. 54.

Wie diese giebt auch *ša* dem folgenden Satze eine conditionale Bedeutung. Beispiele: *ša dabâba annâ innû Marduk u Zarpanitum xalâqašu liqbû* „wenn jemand diese Bestimmung ändert, mögen Marduk und Zarpanit sein Verderben aussprechen!" (Nbk. 283, 19 u. ö.), *ša dibbi u nidinti annîti innû* (Nbk. 247, 15), *ša dibbi annûtu ušannû* (Nbk. 125, 14), *ša ina muxxiša išallaṭu Nabû xalâqašu liqbi* „wenn jemand über sie Ansprüche erhebt etc. (Nbk. 198, 6), *matêma ina axê ablê* etc. *ša iragguma umma* „wenn immer jemand von den Brüdern, Kindern etc. folgende Klage erhebt" (oft). Zu diesem *matêma ša* vgl. das syr. ܐܡܬܝ ܕ. – Da in allen den mir bekannten Beispielen diesem *ša* Nominativbedeutung zukommt, muss es vorläufig unentschieden bleiben, ob und wie ein auf das Conjunctivnomen zurückweisendes راجع im Relativsatz gebraucht wurde, als ihm Acc.-Dat. oder Genet.-Bedeutung zukam. Anderseits ist die Verwendung eines zurückweisenden Pronomen im Hauptsatz ohne weiteres verständlich, als wie in den vorliegenden Fällen der Relativsatz dem Hauptsatz vorausgeht.

2) Relativsätze ohne *ša* (صِلَة): *bûd sixû pâqirânu mârbanûtu u aradšarrûtu ina eli amêlûti illâ* „für das und das, welches in Bezug auf den Sclaven vorkommen kann" (40, 10; 533, 9), *bûd sixû ana elî Bêl-ṣulê-šimê ibbaššû* (126, 8). *ašar* weist im Beispiel: *gabrî uantim ašar tanammarru ša Nabû-axê-iddina šî* (244, 15) die nämlige Eigenthümlichkeit wie das temporale *kî* (DAG § 148) auf, dass es Subject (Object und præpositionale Ausdrücke) sich und seinem Verbum vorausschickt.

In diesen Relativsätzen kann ein (accusativisches und wohl auch genetivisches; siehe jedoch die Bemerkungen zu DAG § 148, 2) Pronominalsuffix vorkommen, welches sich auf das Correlat des weggelassenen Relativpronomens zurückbezieht, wie *kasap šîmi Bazûzu iṭiruš* „das Geld des Preises für Bazûzu, den (scil. den Sclaven Bazûzu) er bekommen hatte" (13, 9), *kasap šîm eqlišu iṭiruš* (293, 8), *kaspu mâla imxuršu* „das Geld so viel er empfangen hat" (26, 5), *udi*

Nabû-êpiš-axi ana kaspi imxuruš „das Geräth welches N. für Geld gekauft hat“ (442, 8).

Besonders in Sätzen eingeleitet von den Indefinitwörtern *mâla* und *mimmu* fehlt nicht selten beim Praedicat der vocalische Auslaut: *mâla ina libbi ippuš* (79. 6; 500, 10), *ina xarrâni mimmu mâla teppuš* „was er auf dem Unternehmen gewinnt“ (652, 6), *ana xarrâni mâla ina êri u ṣêri ippuš* (Nbk. 216, 4).

DAG § 148 a. (149). Conjunctionalsätze. Das Verbum steht nicht immer im Modus relativus: *kî addanka* „wenn ich dir gegeben haben werde“ (Nbk. 265, 7), *ultu muxxi ša duppi mârbanûtu iknuk* „nachdem er die Adoptionsurkunde legaliter abgefasst hatte“ (697, 5), *adî N.N. kaspašu išallim* (oft), *adi muxxi ša innițțir* (Nbk. 133, 11), *akî Šamaš-uballiț ana pânika altappar* „wie ich durch Š. dir meinen Wunsch mitgetheilt habe (1134), aber *altapra* Cyr. 371, 6. — *adî* „bis“ steht (67, 8) mit dem Praet. *tašlimu*, wo Praes. zu erwarten väre. – Ein Beispiel des temporalen *kî* mit der in der Grammatik besprochenen Eigenthümlichkeit betreffs der Worstellung ist: *ultu šatti 28 Nabû-kudduruuṣur ana aššûtu kî aršûka* „seit dem Jahre 28 Nbk., als ich dich zur Frau nahm“ (Nbk 359, 5). Zweifelhaft ist welche Bedeutung dem *kî* bei derselben Wortstellung in folgenden Phrasen zukommt: *uantim A kî utirri ana B ittadin* (669, 10; 742, 8: 830, 14), *amêlûtu A kî utirri ana B ittadin* (832, 10), *Iqîša-Marduk kaspi kî utirruma ana Nabû-ukîn-ablu ittadin u N. duppi ša maxîri kî utirruma ana I. ittadin* (380, 6–8). [1])

In sehr vielen Fällen bedeutet *kî* „wenn“ (vgl. כִּי im Hebr.) und leitet conditionale Sätze ein, in denen die Wortstellung die gewöhnliche ist. Die Verba dieser Sätze sind

[1]) Peiser KA p. 43 fasst *kî* in dieser Verbindung als eine finale Conjunction auf. Dieser Auffassung kann ich jedoch nicht beistimmen. Denn erstens ist mir eine finale Conjunction *kî* sonst nicht bekannt, und zweitens giebt die erwähnte Auffassung keinen befriedigenden Sinn, man vgl. besonders 832, 10. Die temporal-conditionale Bedeutung des *kî* in diesen Fällen wird sich als die einzig richtige herausstellen, sobald der Sinn von *utirru* klargestellt worden ist.

fast ausnahmslos der Art, dass es unmöglich zu entscheiden ist, ob das Tempus Praes. oder Praet. ist, vgl. *kî la ittalku inamdin* „wenn er nicht gehen wird, soll er geben“ (102, 5), *kî sixû paqirrânu* etc. *ina eli amêlûti ittabsû 2 ½ m. k. utarrama inamdin* „wenn der Sclave entflieht, wenn redhibitorische Klage etc. in Bezug auf ihn vorkommt, soll der Verkaufer 2 ½ Mine zurückgeben“ (257, 8), *kî ina adandašunu kaspa A.AN 2 m. ana Nabû-šum-ukîn la iddannû, ša arxi ina muxxi 1 m. 1 š.k. ina muxxisunu irabbi* „wenn sie binnen der ihnen bestimmten Zeit das Geld in Summa 2 Mine dem N. nicht gegeben haben werden“ etc. (314, 17 f.), *kî ablu ṣît libbi ša Bêl-kâṣir la ittuladu* (380, 8), *kî lâ ittalkamma lâ itepšu* (Nbk. 119, 7), *kî ina arax Abu Šamaš-êṭir kaspa la ittašamma ana Lâbâši lâ iddannu, eqlê kî kaspi kî kaspi gamirti pâni Lâbâši iddaggalâ* (Nbk. 246, 10—14); beachte aber: (*ina arax Abu imêri utârimma ana Šamaš inamdin*); *kî lâ utirri*[*šu*] ⅓ *š. ana Šamaš inamdin* „wenn er den Esel nicht zurückgebracht haben wird“ u. s. w. (987, 10), *kî lâ uktinnuš zaki* „wenn er ihm nicht aufgelegt haben wird, ist er frei“, *kî lâ ultammidušu* „wenn er ihn nicht unterrichtet haben wird“ (Cyr. 313, 7), *kî išparûtu la ultammiduš* (Cyr. 64, 10). In diesen Sätzen steht offenbar Praet. im Sinne des lateinischen Futur. exact, vgl. auch Peiser ZA III 71.

Ša „dass“ leitet Objectiv-sätze ein nach *kunnu* „bezeugen“ und nach dem Subst. *mukînu*, weil darin der Verbalbegriff von „bezeugen“ inneliegt. Beispiele: *ûmu 5 ša Araxšamna Šarru-ukîn* *amêlu* *mukinnišu ana* *iru* *Piqudu ibbakanma ana Idixi-ili ukânu ša I. ana Š. išpura umma* „am 5 Marchesvan soll Šarrukîn seinen Zeugen nach der Stadt Piqudu bringen und dem I. bezeugen lassen, dass I. dem Š. folgende briefliche Mittheilung gemacht hat“ (Nbk. 365, 4); *Šum-iddina bûl mukinnûtu ša* *f* *Râmûa ša* *f* *Lû-balṭat qallat ša* *f* *Burâšu mârиša tullidumа ana Râmûa taddinuma Tattadannu šumšu* [*taškunu*] *naši* „Šumiddina bürgt für das Zeugniss Râmûas, dass Lûbaltat die Sclavin Burâšus ihren (d. i. den angeblichen) Sohn (Râmûas) geboren hat, ihr (Râmûa) gegeben und seinen Namen Tattadannu („Du hast gegeben“) genannt hat (343).

DAG § 148, 2. Conjunctionale Relativsätze angeschlossen an Substantiva und Praepositionalausdrücke mit oder ohne *ša*: *ûmu* (فيه–) يَوْمَ „am Tage da, als, wenn“; *ûmu ša* wie ? ܝܘܡܐ ohne Praep. und Zurückweisung (siehe das zu DAG § 147, 1 bemerkte!), *ina ûmu* בְּיוֹם (? ܒܝܘܡܐ, فى اليوم الّذى), *ûmu mâla* „so lange als“; *adî ûmu ša* „bis dass“ עַד יוֹם אֲשֶׁר Jer. 38, 28. Beispiele: *ûmû gabrî kunûk maxîri lû mimma riksu ša bîti šuatim ina bîd Dânu-šum-iddina lû ina ašar šânamma ittanmaru* „wenn ein anderer legaliter abgefasster Kaufbrief oder irgend eine bindende Verabredung bezüglich dieses Gutes bei D. oder an einem andern Orte gefunden wird“ (85, 13), *ûmu Nadinu ana šîmtum ittalkuma* „als Nadinu das Zeitliche segnet“ (380, 5), *ûmu* *f Ina-ṣilli-bîti-sabil? ana ašar šânamma tatt*[*alka*] (803, 11), *ûmu ša Nabû-mušêtiq-urri axêšu u Tâbatum aššatšu ina duppi ša Ittî-Marduk-balâṭu u*[*šêlû*] „wenn N. seine Brüder und seine Frau in die Tafel I:s aufführt“ (1031, 8), *ûmu ša Nabû-nâdin-axi ina pâni Ubar itelâ* „als N. in den Dienst U:s hinaufgeht“ (Nbk. 193); *ûmu mâla* *f Gugûa balṭat* „so lange G. lebt“ (65, 16); *ina ûmu nantim bîti šuatim ina bîd Iqîša-Marduk tattanmaru* (231, 16); *ina ûmu Nabû-ušallim ittalkanma nikasu ittî Arad-Bêl itepšuma kaspa eli Arad-Bêl itelâ* (Nbk. 107); *ina ûmu Silim-Ištar ana šîmti ittalku* (Nbk. 283, 17); *ina ûmu Šamaš-šum-iddina* *f Nadâ undaššar* „wenn S. seine Frau Nadâ verlassen wird“ (Cyr. 337. 17).

Wie die angeführten Beispiele zeigen, fehlt auch in conjunctionalen Relativsätzen nicht selten der vocalische Auslaut beim Verbum; noch ein Beispiel ist *ina ûmu Tâbat-Iššar ittî Kulû tatanammar* (Cyr 307, 1–4).

Zweiter Haupttheil.

Wörterverzeichniss.

$א_2$ = ה; $א_3$ = ח, ح; $א_4$ = $ע_1$, ع; $א_5$ = $ע_2$, غ. — *bedeutet, dass die Wurzel nur ad interim angesetzt ist. —? vor einem assyr. Worte bed., dass seine Zuhörigkeit zu der betreff. Wurzel unsicher oder nur angenommen ist.

א

אבה *abû* Vater, geschrieben *AD* passim. *a-bi-i-ni* unser Vater Nbk. 78, 3. *ab-abî* 499, 4; Nbk. 311, 11 und *ab-ummi* Cyr. 277, 4 Grossvater. [amêlu] *ab bîti* 116, 45; 964, 20 u. ö.

abba = אַבָּא Oberhaupt. *ab-ba- MEŠ* Cyr. 281, 6; 332, 21.

$אבט_4$ II 1 ?*ub-bu-ṭu-'* (Perm., Pl.) Nbk. 333, 9.

$אבך_2$ ($אבך_2$) *abâku* führen, gegen Geld wegführen, kaufen; bringen. Prs. *ib-bak* 305, 10; 1116, 15. *ib-ba-ak* 340, 9. *ib-ba-kan-ma* 26, 5; 42, 8; 1039, 9; Nbk. 86, 4, 431, 5; 436, 4. *ib-bak-kan-ma* 1057, 5. *ip-pa-kan-ma* 738, 13. *ûmu OO A* [amêlu] *mukinnišu ib-ba-kan-ma ukâni*, „an dem und dem Tage soll A seinen Zeugen bringen und zeugen lassen“ Nbk. 363, 2; 365, 2; 366, 3; 419, 3. *ib-[bak-]ki* Nbk. 183, 4. – Prt. *ša A ina qâti B i-bu-ku* „das und das, welches A aus der Hand B:s bekommen hat“ 42, 6; 59, 10; 176, 9; 323, 7; 348, 5; 518, 6; 594, 5; 681, 5; 738, 7; 772, 7; 832, 6; 953, 4; 987, 14. *i-bu-uk-ku* 873, 2. *ša A lapân B i-bu-ku* dass. 562, 3. *i-bu-uk-kan-ma* 244, 7. *i-bu-ku-uš* Nbk. 182, 6. *ana kaspi ina qati a/š Silim-Bêl arda šâšu a-bu-ku* 738, 8. *i-bu-ku-nu* (Rel.) 744, 3. *ni-bu-ku* (Rel.) 356, 26. – Prm. *ab-ka* Nbk. 101, 7. *ab[-ku]* 699, 23. *ab-ka-tum* 760, 13. *ab-ku-nu* (Rel.) 54, 8; 312, 5. *ab-ka-nu* 646, 4. *ab-ka-ni* 646, 9.

I 2 Bedeutung wie I 1. *i-ta-bak* 248, 12; Nbk. 266, 6. *i-ta-bak-ku* (Pausa) 562, 6. *i-tab-ku* (Rel.) Nbk. 86, 6; 436, 8. *i-tab-kan-ma* Nbk. 361, 2.

abku u. a. *ana lâ ab-ku* „unwiderruflich“ 578, 9.

אבכל *abkallu* Machthaber, geschr. *NUN.MÊ* Nbk. 329. 10.

אבל *abûlu* Thor, geschr. *KÁ.GAL* 2, 2; 193, 2; 387, 3 u. ö. *amêlu bêl paxâti a-bu-lu* Nbk. 311, 14.

אבל$_3$* *ablu* Sohn, geschr. *A*, *TUR* und *TUR.UŠ* oft; mit dem Zeichen DAL 314: 794, 7.

אבן *ubânu* Zoll, ein Fleckenmaass, geschr. *ŠÚ.SI* 85; 1128, 15; Nbk. 156; 164; 328 u. ö. Vgl. *bît ú-ba-nu ilu Rammânu* 673, 5.

אבר$_4$ *ebêru* überschreiten, vorüberziehen. *ina e-bir ṣa-bi-e* (so!) 504, 6. *ina e-bir nâri* Cyr. 144.

nîbiru ein Geräth, vgl. nh. מַעְבֵּר Gabel zum Wegführen des Strohes. *ni-bi-ri* 429, 2.

אברך *amêlu abarakku* Grossvezier, geschr. mit dem Zeichen DAL 256: 103, 7; 709, 3; Nbk. 63, 5.

אבת *ib-bu-tu* 916, 5. *i-bu-tu* Nbk. 125, 3.

? *a-bat-tum* (Die Lesung des zweiten Zeichens ganz unsicher!) 201, 2; 523, 7; 752, 2; Nbk. 306, 2. *00 gur a-bat-tum* 825; 961, vgl. 716 u. 981, 3.

אגי *agû* Götterkammer? *bît a-gi-i ša Bêlit Sippar* 104, 3. Geschr. *MIR* (DAL 192) 476, 14. Vgl. *ag-gi-i?* 1071, 3.

אגל *iglatu* (*iqlatu?*) ein eisernes Geräth; vgl. حجل oder nh. עֲקָלָא *ig-la-tú parzilli* Nbk. 418, 8. Pl. *ig-la-a-tum* 867, 6.

aggullatu. zîru itti ag-gul-lat 327, 9, 11, 13; 423, 3. *ag-gul-la-tum* Cyr. 230, 11.

אגר *agurru* gebrannter Ziegel. *a-gur-ru* 530, 6; 555, 3; 643; 753, 29; 925, 6; 947, 5; 1045, 2.

אגר *agiru* (אגירא) Lohndiener. Geschr. *amêlu KU.MAL* (BList 10605) 137, 9; 191, 6; 645?; 770; 865, 15; 913, 6; 991; 1080. *KU.MAL.MAL* 1121, 3; 1124, 6; Nbk. 69, 13; 142, 13. *é-gi-ri* 292, 5. — *a-ga-ri* Nbk. 208, 4, 13.

$אגר_3$ *igâru* Umhegung. *i-ga-ri* 347, 20; Cyr. 200, 12. Pl. *i-ga-ra-a-tú* Nbk. 202, 5.

ugâru Feld. *ú-ga-ri* Cyr. 308, 13. Geschr. *A.GÁR* 178, 2; 203, 2; 437, 2; Nbk. 135, 2.

ÁD-ú(u) Ideogr. mit phonet. Compl. *00 š. ÁD-ú Kaspi* (*xurâṣi*) 84, 1; Nbk. 127. *00 š. ÁD-ú LAL.KI* 84, 9; 418, 5; 1132. ½ *š. ÁD-u* Nbk. 308. *3* ½ *š. ÁD-u LAL.KI. NÈR* Nbk. 285, 7.

אדה *udû*, Pl. *udê*, gewöhnlich *udê biti* Hausgeräth; vgl. أدوات utensilia. *ú-di-e* 75; 243, 9; 258, 7; 356, 22; 572, 14; 655, 20; 760; 815, 21; Nbk. 334, 9; 371, 12. *ú-di* 442, 7. *ú-di-pl.* 558. *ú-du* Nbk. 283.

? *e-du-tum* 6, 3.

$אדה_4$ *adânu* Zeit, Termin. *adi ûmu 20 ša arax Simânu a-da-nu-šu-nu* Nbk. 120, 11. *ina a-dan-ni-šu* 366, 7. *ki ina a-dan-da-šu-nu kaspa lâ iddanuu* „wenn sie binnen der bestimmten Zeit das Geld nicht bezahlen" 314, 17. *a-dan-nu ina muxxi iškunû* 756, 6. *ana a-dan-ni-šu* Cyr. 349, 9.

adi, *adi* 1) adv. nun. *a-di* 679, 5. — 2) praep. bis, nebst 1, 2; 6, 2; 7, 13; 14, 6; 17, 25; 43, 10; 44, 7; 51, 4 u. ö. Geschr. *ÈN* (DAL 69) 822, 13; Nbk. 135, 32. *a-di-i ša ûmu* 234. *a-di eli* (loc.) 17, 3. *a-di ina muxxi* (temp.) Nbk. 402, 3. *adi* auf so und so lange 48, 6; [172, 4] Cyr. 64, 4; 313, 4. — 3) conj. bis dass 9, 11; 67, 8; 103, 10; 165, 10; 307, 11; 526, 9; 552, 9; 581, 9; 585, 8; 605, 8; 796, 11; 803, 10; 817, 8; 877, 6; 934, 12; 1047, 14; 1116, 8; Nbk. 69, 8; 307, 9 u. ö. *a-di eli* 534, 10; 738, 12. *a-di muxxi* 16, 7; Nbk. 311, 8. *adi eli ša* 534, 10; 584, 8; 1079, 9; Nbk. 258, 7. *adi muxxi ša* 314, 10; 479, 7; 663, 8; 678, 13; Nbk. 42, 14; 133, 11.

È.DUL Ideogram, [150, 6: 331, 6]; 1090, 4. Ob *bît katimti* (*DUL* = *katâmu* S [b] 1, III 9) zu lesen ist und dieses = Schatzhaus? Beachte dass *mattu È-DUL mit mattu pitqat* wechselt!

אדל ? *a-di-la-nu ša kusîtum ša* [ilu] *Malik* 751, 2. Pinches vergleicht äth. *ad[e]l.* — *e-dê(bil?)-la-nu* Nbk. 268, 2.

È.DUP? Ideogram 883, 6 ff.

ID.QU Ideogram, siehe *nakimtu.*

אדר Impr. 2 P.Pl. *ú-du-ra-aš* „verehret ihn" Cyr. 377, 22.

אדש$_3$ *eššu* neu. *eš-ši* 115, 6; 137 u. ö. Häufig in der Interlinearbemerkung *xipi eššu* „zerbrochen (erloschen) neu." *eš-še* Nbk. 312. 4. *SU eš-še-e* Cyr. 214, 3. *eš-še-tum* Nbk. 12, 4.

או* [amêlu] *û* (n. pr.). '-*ú*, *ú* 140, 6; 273, 16; 495, 24; 534, 17; 946, 8.

אוה* *uantim.* Auf diese Wurzel führe ich (mit Delitzsch: ZA IV 73.124) das häufige Wort *uantim* zurück. Oppert fasst *uantim* als Ideogram auf, siehe besonders ZA IV 400, aber weder ist die Schreibung *Ú.AN.TIM* ausnahmslos einzig belegt (vgl. unten), noch beweist die Bezeichnung des Pluralis durch (*Ú.AN.TIM.*)*MEŠ* den ideographischen Charakter der Wortes, denn es findet sich ja auch *ú-an-tim-mê* Nbk. 334, 17, *ú-an-tim-a-tum* ZA IV 124 und *MEŠ* wird auch sonst als Pluralzeichen hinter phonetisch geschriebenen Wörtern gesetzt z. B. *a-xa-MEŠ* = *axâta*, *bûdu-MEŠ* = *bûdânu*, *maxrîtum-MEŠ* = *maxrî(ê)tum* etc. Für Ideogram halten auch Peiser PKA 95 und Strassmaier (ZA IV 124 f.) das Wort. Für die phonetische Auffassung ist Meissner ZA IV 70, aber seine Vergleichung mit אוך ist nicht anmuthig. Für die Form (*ûântu*? DAG § 31. 41. *ûattu*? DAG § 68, Anm. 1.) sind mehrere Erklärungen möglich. Für das Genus vgl. *uantim elit, tellâ, maxrîtu* u. s. w. Der singularische Femininendung -*tim* (wie in *iršitim* etc.) scheint so vorherrschend gewesen zu sein, dass man die wahre Natur des Wortes vergass und durch falsche Analogie sogar die Plurale *uantimmê* und *uantimâtum* bildete. – *uantim* bedeutet wie *âtu*, אוֹת und آيَة eigentlich Zeichen. Dieses Zeichen konnte verschiedener Art sein und verschiedenen Zwecken dienen. In so fern es aber in dem geschäftlichen Verkehr zum Erhärten eines Geschäfts, eines Contractes verwendet wurde, ward es in der Zeit der Schifterfindung zu einer schriftlichen „Urkunde“, „Schein“, z. B. Kaufbrief, Schuldschein, dann auch Schuld, Forderung. Daher wechselt *uantim* mit *duppu* und *rašâtu*, vgl. 832, 12 mit 580, 10 und Cyr. 332, 13: *ina uantimšunu ušêdû* mit dem häufigen *ina duppi ušêdi* und *uantim-pl. ša eli Nabû-axê-iddina xuppâ* Nbk. 172, 14. *uantim ana šumišunu maxrêti xuppâ* Nbk. 116, 11. – *ú-an-ti* Nbk. 59, 8. *ú-an-tim* 3; 7, 13; 13, 5; 16, 13; 19, 6; 26, 13; 36, 9; 50, 10; 63, 10; 68, 2; 70, 10: *ú-an-tim-ka:* 83, 4; 90; 95, 8; 111, 17; 122, 6; 126, 12; 194, 7; 231; 244, 8: 260; 274, 12; 294, 6: 297, 7; 311, 8; 346, 7; 355, 16; 359, 6; 461, 11; 480, 8; 523, 6: 524; 546, 18; 600, 18; 601, 7; 605, 9; 609, 8; 616, 8; 655, 11; 656; 663, 11; 669, 9; 690, 15; 715, 15: *ú-an-tim-šu*; 720, 4; 722; 730, 5; 738, 5; 742, 3; 813, 5; 817, 13; 832, 12: *gabrî;* 838, 5; 855, 5; 875, 9; 916, 6; 1005, 5; 1025; 1028; 1032, 10; 1057, 8: *ú-an-tim-šu:* 1110, 7; 1128, 7. *ú-an-tim arkîti* Nbk. 320, vgl. *rašâtu arkîti* Nbk. 228, 5. *ú-an-tim-pl.* 325, 6; 344, 9; 369, 7; 395, 7; 493, 3; 587, 5; 602, 6; 787, 15: *ša sûqu;* 802, 8; 808, 7; 1125, 8; Nbk. 48, 2; 57, 9; 60, 6; 65, 7; 69, 9; 86, 7: 89, 5; 116, 11; 119, 10; 133, 5; 142: 172, 6; 188; 191; 196; 212; 216, 7: 232, 8; 271; 281, 7; 301, 27; 302, 10; 309, 8; 314, 8: 318; 320; 334, 12; 366, 11; 373, 9; 382, 21; 387; 407, 6; 424, 8: 426, 10.

אוּם$_4$* verbum transit. zu אבה$_4$ erheben, etwas jemandem zur Last machen, einen Schuldbrief ausfertigen. *uantim i-il-ma kaspa lâ iddinu* „einen Schuldschein hat er ausfertigt aber das Geld nicht gegeben“ 13, 5. *uantim ša 180 gur sulûpu ša Iddina-Marduk ša ana šumu ša*

Bêl-axê-iddina ina muxxi [iru] *Šarrinu i-il-ma* „Schuldschein über 180 Gur Datteln gehörig dem I., den er auf den Namen B:s für die Stadt S. ausfertigt hat" 260. *qallu ša Bêlšunu ana* 2/3 *m. k. ša Nabû-axê-iddina ibukkanma uantim ana sumišu u šumi ša Nabû-axê-iddina i-'-lu* „der Sclave, den B. für 2/3 Mine Geld N:s gekauft hat und dessen Kaufurkunde er auf seinen Namen und den Namen I:s ausfertigt hat" 244. *uantim ša 12 m. k. ša Rimût ina muxxi Iqiša-Marduk i-'-lu-ma* 231, 6. *i-'-i-lu* 722, 4; Nbk. 320, 4. *i-' il* 260, 9; Nbk. 120, 7.

אור$_4$ *êru, îru* Stadt. *ina êri u ṣêri* „in der Stadt und auf dem Lande" oft.

אזב$_4$? *a-zu-ub-bu* verlassen? 499. — [šubîtu] *û-za(ṣa)-ba* 514, 2. III 1 *ušêzib* überlassen, verpachten? *zîru ana* [amêlu] *NU.GIŠ.ŠAR û-še-zib* 578, 5; vielleicht ist vielmehr nh. אזויב „Darlehn geben" zu vergleichen. [amêlu] *mu-še-zib* 1028, 4.

AZAG.TIM [amêlu] Ideogram; bezeichnet etwa Gold- und Silber-arbeiter 25, 2; 406, 4; 522, 3; 591, 6; 758, 4; 1056 11; 1065; 1067, 8; Nbk. 414, 4. Statt *AZAG* ist *XA* geschrieben 96, 4; 98, 5; 99, 2.

אחה *axû* Bruder, oft. *axi-i-ni* unserem Bruder 909, 2; 975, 3. Pl. *ŠIŠ.MEŠ-e-a* meine Brüder 574, 3. *ŠIŠ-ia-MEŠ* 1038, 3. — *axâtu* Schwester. *a-xat-ti-šu* 258, 22. *a-xa-ti-šu* 807, 7; 1077, 4.

axû Theil, Hälfte. *a-xi u rîxti kaspi* 210, 7; 299, 6. *a-xi — a-xi* 48, 12; 996, 10; 1030, 15. *a-xi zitti* 356, 38; Nbk. 115, 13; 235, 4; 261, 6: *a-xa*; 364, 7. Vgl. 43, 5; 1013, 9. Pl. *a-xa-ta-šu-nu* [132, 17]; 199, 6. *a-xa-a-ta-šu-nu* 572, 10; 653, 9; Nbk. 300, 7. *a-xa-MEŠ-šunu* Nbk. 359, 9; 429, 6 (auf zwei Zeilen!).

axâmeš adv. gegenseitig, gemeinschaftlich, mit einander. *a-xa-meš* 50, 17; 477, 34. *a-xa-mi-iš* 178, 35; 203, 32; 477, 26; 687, 28. *ana a-xa-meš* 116, 34. *ittî a-xa-meš*

63, 13; 199, 4; 299, 4; 299, 8; 356, 10; 531, 4; 575, 17; 601, 4; 760, 10; 838, 9.

אחז *axâzu* nehmen. *Zunnâ aššati a-zu-uz-ma* 380, 4 (ZA III 366).

אחל *axulâ* praep. jenseits. *a-xu-la-a* 356, 7. *a-xu-la-'* 996. Vgl. *amêlu qîpi ša a-xu-la-'* Nbk. 109, 22.

ax(ux)-xu-lu 361, 9.

אחן* *ú-xi-nu* 354, 12, vgl. 7, 15: Nbk. 58, 6; 429, 5; Cyr. 220, 12. *ú-xi-in-nu* Cyr. 116, 2; 328, 19. Siehe auch Tigl. jun. 24, II R 67.

אחס* *ax?-xi-su* 233, 3.

אחר *axar* adv. und conj.? = אחר? *lû tîdi a-xar pa qimê marrû au-ni-ka* 1334, 7. *a-xar* Cyr. 376, 14; 377, 9 (in Briefen). — Vgl. *a-xar, am-xar(xir)* Prm? Nbk. 348, 3, 13.

axârû Westen, geschr. *IM.MAR.TU* 116, 4; 178, 15; 193, 4; 203 u. ö.

אטר$_4$ *eṭêru* (*eṭîru*). Dieses in den Contracttafeln äusserst häufiges Verbum ist mit dem in nn. pr. vorkommenden *eṭêru* = schirmen, schonen identisch, denn es wird auch ausserhalb der nn. pr. durch die Ideogramme *KAR* 1, 5 ff; 430, 4; 887, 3 u. ö., *KAR-ri* 231, 8 und *SUR* 214, 13; Nbk. 28, 4; 35 u. ö. bezeichnet. Welche die Grundbedeutung der Wurzel עטר (nach Delitzsch AW „bedecken", siehe ZA III 92) auch sein mag, sicher ist, dass *eṭêru* zwei einander entgegengesetzte Bedeutungen aufweist,

1) abtragen, bezahlen, einen Gläubiger befriedigen. Beachte besonders: *kaspa ša ina šîmi bîti šuatim iddinû ittî axâmeš iṭ-ṭi-ru* „das Geld, welches sie als den Preis dieses Landgutes gegeben haben, haben sie gemeinschaftlich abgetragen" 356, 17. *alpê ina axi Âru igammarumma iṭ-ṭi-ru* 764, 13, vgl. *šûmu igammarumma inamdin* Nbk. 309, 7. *Êa-zêr-ibni amêlu râšû ul iṭ-ṭi-ir* „Êa-zêr-ibni soll den Gläubiger (seiner Mutter) nicht befriedigen" 65, 20. *adî kaspa ana Šulâ e-ṭir-ru* „bis dass ich an Š. das Geld abtrage" Nbk. 42 10, ähnlich *e-iṭ-ṭi-ra*

Nbk. 307, 10. *ni-iṭ-ṭi-ri* Nbk. 103, 20. *idišunu e-ṭir* „ihren Lohn hat er bezahlt" Nbk. 285, 8. *bûd e-ṭê-ru, e-ṭi-ru, e-ṭir, e-ṭi-ir* „für die Bezahlung" 4, 8; 15, 11; 47, 6: 63 u. ö., siehe zu *bûd*.

2) empfangen = *maxâru*, vgl. PEISER ZA III 92, unverzehrt erhalten (DAG p. 281). *kaspa ul e-ṭir* 202, 9. *idi bîti* – – [*Nabû*]-*axê-iddina ina qâtê* [*Nabû*]-*mušêtiq-urri u* [*Bêl-uballiṭ*] *e-ṭir* „die Miethe seines Hauses hat N. aus den Händen N:s und B:s empfangen" 239, 14. *3 s. k. šîmi* (*ša dannâtu*) *Ardêa ina qâtê Nabû-axê-iddina e-ṭir* „3 Seqel den Preis der Tonnen hat A (der Verkäufer aus der Hand N:s (des Käufers) empfangen" 204, 8, ähnlich 289, 7: 501, 7; 633, 4; 665, 12; 1091, 8 *e-ṭi-ir:* Nbk. 203, 8; 320, 5. *i-ṭi-ru-uš* 13, 7, vgl. 293, 8. *idi êlippišunu Nûr-Šamaš u Šîdu-kîni ina qâti Nabû-utirri e-ṭir-ru* „das Frachtgeld für ihr Schiff haben N. und Š. empfangen" 1019, 12. *1 m. k. Amat-Bêlit ina qâti M. e-ṭir-tum* 1025, 11. *iṭ-ṭir?-tu* 13, 9. ½ *m. k. M. u S. u N. ina eli S. ina qâti I. iṭ-ru-'* 675, 7. vgl. die Phrase: *kaspa A ina qâti B ana eli C maxir. rašûtu gabbi iṭ-ru-'* Nbk. 141, 11. – Von übrigen Belegstellen vgl. *e-ṭir* 6, 11: 10, 8; 101, 3; 166, 3: 216, 5; 231, 20; 276, 9: 284, 5; 405, 8; 623, 10: 715, 20: 886, 10; 971, 5. *e-ṭê-ir* 766, 9. *iṭ-ṭir* 375, 8; 619, 7. *iṭ-ṭi-ir* 1032, 4. *e-ṭi-ru-'* 139, 7. *e-ṭê-ru* 26, 10; 383, 3. *e-ṭi-ru* 849, 15; 1128, 11. *e-ṭir-tum* 690, 17; 720, 15. *e-ṭir-ti* Nbk. 232, 12.

I 2 *i-te-ṭir* 3, 5; 146, 11; 359, 12. *te-te-ṭir-šu* (?) 807, 11.

IV 1 *inniṭir, inniṭṭir. adî muxxi ša Nabû-sum-ukîn kaspa in-ni-ṭir-ru* „bis dass N. in Bezug auf sein Geld befriedigt worden ist" 314, 11. *in-ni-iṭ-ṭir* Nbk. 133, 11; 188, 10. *in-ni-iṭ-ṭi-ru* Nbk. 133, 17; 137, 9. *ti-ni-iṭ-ra-'* Cyr. 374, 11.

איב *âbu* Feind. *a-a-bi-ia* im historischen Bruchstück Nbk. 329, 5.

אין *ânu* (אַיִן) es ist nicht, es giebt nicht. *ia-a-nu* 9, 7; 77, 6; 182, 5; 184, 6: 238, 3: 239, 4: 244, 12; 340, 6;

352, 11; 655, 8; 803, 8: 1077, 6: 1116, 6. *ia-nu* 584, 10. *ia-a-nu-ú* 954, 10.

איר* *ia-a-ri-tu-tu* 668, 6, 7.

אכד *akkadû* akkadisch. *ak-ka-du-ú* Nbk. 38. *ak-ka-di-i* Nbk. 441. *ištênit iršu ak-ka-di-tum* 258, 9. *amêlu ak-ka-du-a* 923, 3.

אכי *akî* praep. wie, als, gemäss, anstatt. *a-ki-i* 17, 13, 16; 26, 13; 348, 6; 354, 13; 515, 11: 600, 18; 700, 6, 8; 715, 18: 733, 7; 738, 2: 760, 9; 787, 8: 807, 12; 936, 5; 964, 7; 1057, 8 u. ö. *a-ki* 934. *a-ki-i a-ki-i* 849, 14.

אכל *akâlu*, Prs. *ikkal*, essen, verzehren, geniessen den Ertrag eines Unternehmens. *ik-kal* 466, 9: Nbk. 51, 5; 216, 6; 261, 7; Cyr. 148, 8. *ik-ka-lu* Nbk. 190, 4. *ta-ak-kal* 67, 9, vgl. Nbk. 283, 10. Pl. *ik-ka-lu* 572, 13. *ik-kal-lu-'* Nbk. 64, 9; gesch. *KU*(DAL 21)-*ú* 35, 4. *ik-kal-la* Cyr. 250, 2.

akâlu Speise. *a-ka-lu* 499, 5; 572, 13. *a-kal-šu* 842, 4. Geschr. *ŠA.ZUN* 113, 2; 173, 2: 409, 8; 464, 2; 510, 12; 610: 739, 6: 1116, 12.

iklu dass. *ik-la* 980, 2.

ukullû dass. *ú-kul-lu* 7, 15. *ú-kul-lu-ú* 354, 12.

mâkâltu = מַאֲכָלֶת Speise. *ma-kal-tum-(ti)* Nbk. 301, 7; 374, 39; 382, 5.

אכל* *êkallu* Palast. *ê-kal-li-e* 760, 8. *amêlu ràb êkalli* 506, 16.

אכר *ikkaru* Ackerbauer. *amêlu ik-ka-ra-a* 576, 8: [577, 7]. Geschr. *amêlu PIN* oft, vgl. *irrišu*!

אכר* *êkurru* Tempel. *é-kur(-ra-pl.)* 476, 7; 630, 6: 686, 3; 753, 12 u. ö.

אכת* *a-ki-tum ša ilu Bêlit Sippar* 283, 12: vgl. n. pr. *Ina-ṣilli-bît-akitum* 212, 3 und Sargon Annal. 311 u. ö.

אל *ilu* Gott, passim.

אל (אלל DProll. 133) *ul* negat. nicht, oft. Gesch. *NU* 430, 4 u. ö.

אל (אלה DProll. 132 f.) *ultu* praep. loc. u. temp. aus, von. *ul-tu* 9,18; 63, 9; 96, 2; 101; 136; 161, 5; 175 u. ö.

אלד* *il-du*(?) 871, 2. *ṣu il-da-a-tu* 441, 2. Vgl. *eldu* II R 32, 71 h und siehe zu *iltum*!

אלה₃ ?*elû* (vgl. חילוא, حلواء) unter Nahrungsmitteln und Süssigkeiten aufgeführt. (*00 gur*) *ê-li-e* 113, 5; 173, 6: 824, 15; 828, 6 f.: 925, 3; Nbk. 415. 2; 441. 2: *ištên bît ṭâbti u ê-li-e*: Cyr. 54; 59, 11; 339. 9. *e-li-e* V.A.Th. 79, 23.

אלה₄ *elû* Prs. *elli*, *illi*, *ellâ*, *illâ* hinaufgehen, über etwas als Last (Schuld) sein; über etwas verfügen; sein (= *nabšû*). *el-li* — — — 1032, 13. *il-li* Nbk. 300, 10. *el-la-'* 1032, 7. *sisû pâqirânu aradšarrûtu u mârbanûtu ša ina eli amêlûti il-la-a*, *il-la-'* 40, 10; 212, 9; 273, 14; 336, 11; 388, 8; 400. 11; 434, 8; 509, 11; 533, 11; 564, 11; 635, 10; 693, 13; 765, 10; 806, 9; 829, 9; 892, 10; 1020, 13: *i'-la-a-'*: 1044, 8, vgl. 1025, 7; Nbk. 70, 6; 175, 9; 228, 8. *duppu ša zêri ša ina bid Nabû-ukîn-ablu il-la-' ša Iqîša-Marduk šû* 580, 11 (vgl. 832). *mimma mâla ina ṣu gišimmarê u ina qaqqaru il-la-a* „alles was auf den Dattelbäumen und auf der Erde ist“ d. i. wächst Nbk. 90, 4. *il-la-'* Nbk. 43, 5; 431, 4. ? *i-la-a* 489, 5. *uantim ašar te-li-'* Cyr. 154, 9. *uantim ša amêlûti ša ina bid Itti-Marduk te-el-la-' ša Šumâ šî* „der Kaufbrief über die Sclaven der auf I. gestellt ist, hört dem Š. zu“ 832, 14. *uantim ša eli Šulâ ša ina pânišunu te-el-la-a bûd Nabû-axê-iddina* Nbk. 141, 20. Pl. *ṣâbê ša ana eli dulla ana pâni šangû Sippar il-lu* „Leute welche zum Zweck der Arbeit vor das Antlitz (d. i. in den Dienst) des Priesters hinaufgegangen sind“, 734, 8, vgl. עלה vom Hingehen zu einem Heiligthum Ex. 34, 24. *il-lu-nu* 961, 5. *uantim-pl. ša ina bid Nabû-balâṭsu-iqbi il-la-nu ša Iddina-Marduk šina* 260, 10. *uantim-pl. ša ina bid Nêrgal-uballiṭ ša il-la-a-nu xuppâ* Nbk. 172, 16; 320, 12; 407, 8. – Prm. *uantim ša 15 š. k. ina eli Nabû-eṭêru e-li* Nbk. 314, 9. *e-li-'i* (Rel.) Cyr. 169, 5; 172, 5.

uantim ana ŠE.BAR ina muxxi Nabû-axê-irbâ e-li-it 297, 9. *ina maxar dânê uantim e-lit* 355, 16. *uantim ina maxar dânê ina muxxi Nabû-ukîn-ablu e-li-it* 359, 8. *e-li-tum* 656, 3, 8, 11; Nbk. 387, 3.

I 2 *itelû* (Rel.). *ina ûmu kaspu ina muxxi Arad-Bêl i-te-la-a* Nbk. 107, 3. *ûmu ša Nabû-ax-uṣur* amêlu *qalla ša Ina-Èsaggil-šumu-bani ina pâni Ubar i-te-la-'* „als N. der Sclave I:s in den Dienst U:s hinaufgeht" Nbk. 193, 4; 390, 4.

III 1 *ú-še-el-la* 954, 3, vgl. den Context mit Nbk. 345, 24: *ú-še-e-li. agîrê ša ŠE.BAR u sulûpu ana muxxi dullu ú-še-lu-ú* „die Lohnarbeiter, welche Getreide und Datteln zum Zweck der Bearbeitung hinaufgebracht haben" 913, 8. *ú-še-lu-ú* 884, 13. *ûmu ša Nabû-mušêtiq-urri axêšu u Tâbatu aššatšu* (sic!) *ina duppi ša Itti-Marduk-balâṭu ú-še[-lu-ú]* „wenn N. seine Brüder und seine Frau in die Tafel I:s aufführt" 1031, 10.

IV 2 (?) *2 m. 18 š. k. ana êkur it-te-lu* 753, 36.

eli praep. über. *e-li nâri* oberhalb des Flusses 435, 3. betreffs 355, 9; 356, 25, 31 ff; 495, 12; 668, 4; 1048, 8. Vrgl. *e-li* 835, 17. *ina eli* in Schuldbriefen sehr häufig. *ana eli* 52, 5; 270, 12; 669, 8; 900, 2. *ana eli dulli, kalûmi* siehe zu *alâku*. *ana eli palgi* 53, 3. *adi e-li* 17, 3. *altu eli xarrân šarri* 760, 7. *ištu eli ûmu* Cyr. 248, 7.

elat femin. zum vorig. (phön. עלת) ausser, d. h. dazu kommt 8, 5; 16, 13; 19, 6; 26, 7, 9; 36, 6; 49, 14; 70, 12; 82, 8; 87, 4; 95, 11; 135, 9; 138, 8; 148, 7; 162, 4; 163, 13; 165, 10 f; 187 u. ö.

elû oben befindlich, oberer (oppos. *šaplû*). *e-li-i* Nbk. 59,3. Geschr. *AN-ú* Nbk. 95, 4. *AN.TA* (BList 459) 116, 8; 178; 193; 203; 293; 462, 13; 477; 644, 5; 687; 964, 5; 1128, 17 und vgl. *UŠ.SA.DU. GAQ* (II R 30, 18 g) 327,8; Nbk. 328, 5. *e-la-a-tu* Nbk. 78, 5; 125, 5.

? *e-lu?* 88, 3. *e-la* 10, 2. *i-la?* 476, 31. *e?-la-a* Nbk. 284. – *il-tum* (*dum?*) 301, 3; 720, 11; 1016. *il-tú* Cyr. 352, 2.

elânu als praep. *e-la-an xarrân šarri* oberhalb der Königsstrasse 178, 12.

elênû oberer (appos. *šupâlû*). *e-li-e-nu-ú* 103, 5.

têlitu (Auflage? PKA 4: vgl. *têltu*, *tanattu*, *nâdu* etc. II R 35, b 31 ff. und siehe VR 61, Col. V 50). *sulûpu te-lit ša šatti* Cyr. 94; 333. *te-lit-tum* 1058, 8.

הלך₂ *alâku* (Prs. *illak*, Prt. *illik*) gehen; *nâšûtu alâku* „einen Gang gehen", einen Auftrag besorgen. *il-lak* 839, 5 [*il-*] *lak* 1013, 11. *il-la*[*-ak*] 210, 5. *il-lak-ma* Nbk. 57, 7. *il-la-ku* 653, 12; Nbk. 261, 9. *il-la-ka* 572, 12. *il-la-ak-kan-ma* 102, 2. *il-la-kan-ma* 916, 3 (*ana Bâbilu*. so!); Nbk. 119, 3; 379, 2. *tal-lak* Nbk. 408, 12. *tal-lak-ka* Nbk. 101, 13. *al-lak-ma* 1113, 24. Pl. *ša ana* mâtu *Ru-za-bu* (so! vgl. 1054, 7) *ana muxxi kalûmi il-la-ku* – – – „welche nach dem Lande Ruzabu um Schafe herbeizuschaffen hingehen" 462, 22. *il-la-ku-'* 1054, 7. *il-la-ku* 1127, 2. *il-la-ku-nu* (Rel.) Nbk. 233, 6. – *il-lik* 237, 18; 264, 9. *il-li-ku* (Rel.) 120, 6; 249, 4; 360, 6; 401, 6; 913, 10; 1058, 11. *il-lik-ku* (Rel.) Nbk. 296, 3. *il-lik-ki* (Rel.) Nbk. 301, 8. *al-lik* 380, 13. Pl. *il-li-ku-ú* 136, 5. *il-lik-ku-nu* (Rel.) 56, 3. *il-li-ku-nu* 407, 4. *il-li-ku-ú-ni* (Rel.) 409, 3. – *bêlu lil-lik* Nbk. 134, 17. – *a-la-ku ša mâkâlti* Nbk. 374, 39.

I 2 *it-tal-lak* 594, 7, 11; Nbk. 183, 13. *it-lal-ka* (Rel.) Nbk. 83, 6; 379, 5. *it-tal-ku* (Rel.) 102, 5; 916, 5; 1116, 11. *ûmu Nadinu ana šimtum it-tal-ku-ma* 380, 5; Nbk. 283, 18. *it-tal-kan-ma* Nbk. 107; 119, 7. *it-tal-ku-ma* Nbk. 52, 2. *ta-at*[*-tal-ka* Rel.] 803, 12. *at-ta-tal-lak* (DAG § 83 Anm.) Nbk. 120, 3. Pl. *6 kalûmê ana Èbabbarra it-tal-ku* „sind angekommen" 265, 10 (vgl. K 493, 13). *it-tal-ka* 332, 5.

alku Lauf (dess Flusses): *alka ša nâri* 964, 3. Dunkel ist die Bedeutung des Wortes an folgenden Stellen: *ikkaru ša alka* 202, 11, vgl. 247, 2. *alku* 525, 9. *ikkarê ša muxxi pitqa u al-ki* (*ku*) 398, 22 f; 1117, 10. Ist הֲלָךְ Verpflegungsgeld Esr. 4, 13 zu vergleichen?

ilku, *kasap il-ki* 741; 962, 2; Cyr. 89, Courant-Geld?

? *il-ka-a-ta parzilli* 558, 10.

tàlukatu? šalru ana ta-lu-ka-tum 694. 6. *ta-al-lu-ka-tum* 696, 7.

? *ta-lik-ka-ti* *širu* Nbk. 247, 8.

אלל* *al-la* 487, 3; Cyr. 376, 11. *mâla al-la* 715, [14,] 17; Nbk. 363, 6.

illu? ⅓ š. *tabarri* 5 š. *il-li-e napxariš* 5 ⅓ š. *tabarri* 467, 2. *il-li* 779, 8, 11.

אלל₂ *ellu* glänzend, rein. weiss (?) von Wein, Honig, Wolle. *el-lu* 247, 11. *el-li* 279. 8; 428, 7; geschr. *ZA.KUR* (BList 11775) siehe *TUK.ZA.KUR.KUR.RA*.

אלם *il-lam-ma-nu* Cyr. 328, 15.

אלף *alpu* Stier 72, 12; 127; 202; 250; 272; 332; 373; 387; 397; 401; 546; 548; 617; 639; 646; 659; 699; 735; 768; 797; 841; 873; 904; 915; 923; 940; 998; 1071; 1106; Nbk. 42; 76; 81; 114; 132; 140; 213; 247; 291; 304; 348; 399; Cyr. 5; 22; 26; 31; 44; 81; 105; 117; 131; 218.

אלף *êlippu* f. Schiff, geschr. *GIŠ.MA* 180; 344, 6; 401; 536, 3; 608, 7; 764, 7; 776. 4; 782; 856; 862; 913, 5; 925, 6; 1017; 1019; Nbk. 282, 4; 296, 2 u. ö. *ša šîri* Cyr. 343, 2.

אמ *umma* führt oratio directa ein nach *qibâ* 13, 3; 69, 5 u. ö.; nach *ragâmu* 116, 36 u. ö., nach *abâku* 738, 7 u. ö.

? *u-mu* Ideogram? *ina u-mu šaknu, indaṭu* 150; 431; 489, 2; 519, 2, 4.

אמ *amtu* Magd, Sclavin. *a-ma-ti-šu* 71, 15. *amtu* (DAL 304) 391, 4; 602, Determinativ vor *qallatu* = *amêlu qallatu* 585, 6.

amatšarrûtu „Königs-Magdschaft" 196, 8; 665, 7; 765. 2; 829, 7; mit dem Determin. *ŠAL* 693, 12.

amtûtu Magdschaft. *amtu-ú-tu* Cyr. 307, 9.

אמד₄ *emêdu* stehen, sich befinden auf, anstossen. *sulûpu ina eli gišimmari im-mi-i-di*, „Datteln noch am Baume" (so schon PKA 100) 103, 12; *im-mi-du*? Cyr. 200, 8. Hierher hören wahrscheinlich die Ideogramme *UŠ* und *UŠ.SA-du* (nach BList 5032 = *emêdu*), deren genaue Lesung jedoch unsicher ist. *UŠ elû u šaplû* die obere und untere Langseite eines Feldes; die kürzeren Seiten heissen *šak-ki?*, beide werden *idâti* genannt 327, 7. *UŠ* findet sich 116, 4 u. ö.; 178; 193; 203; 233; 327; 437; 440; 477; 687; 964; 1102; 1128, 20. *UŠ.SA-du* als Adj. anstossend an, als Subst. Stück Feldes (beachte: *17 gur UŠ.SA-du šarri* 351, 25) 50, f.; 103, 5, 7; 116, 4 u. ö.; 165; 178; 193; 203; 293; 327; [435;] 437; 440; 477; 605; 687; 964; 1102; 1128, 15. *BI.UŠ.SA* siehe *šikaru*. Vgl. *imittu*!

אמה *amâtu* Wort, Befehl. *a-mat* 380 (11 ZA III 366). *ina a-ma-ti* Nbk. 261, 13. *a-mat-ka* Cyr. 376, 23.

אמה$_3$ *emû* schützen, schirmen. *immê* im n.pr. *Aêu-im-mê-e* 553, 3, – *im-me-'* 7, 8. Davon (DProll. 91):

emû (חָם) Schwiegervater, *emitu* (חָמוֹת) Schwiegermutter. *amêlu* *e-mi-ia* 356, 24. *e-mi-tu* Nbk. 166, 16.

אמל* *a-ma?-lu-tum* 441, 6.

אמל$_3$ (Delitzsch BzA I 230) *amêlu* Mensch, passim als Determinativ vor Berufsnamen und Nomina abstracta.

amêlûtu passim mit dem Determ. *amêlu* Menschheit, Dienerschaft, Sclaven. *a-mê-lut-tum* 42, 3; 182, 5; 212, 4; 257, 4; 665, 11; 760; 772, 10; 801, 8; 953, 2; 990, 10; 1125, 4. *a-mê-lut-tú-su* (sic!) 273, 4; 796, 7. *a-mi-lut-tum* 495, 3. *a-mê-lut-su* 533, 4. *a-mê-lu-tum* 655, 8. *a-mê-lu-ut-tum* 508, 5; 756, 7; 1113, 18. *amêlu-ú-tu* 400, 5; 509, 5. *amêlu-ut-ti* 348, 11; 392, 2, 7. *amêlû-tú* 102, 5; 340, 6; 668, 5. *amêlu-ut-su* 340, 9. *amêlu-MEŠ* 114, 5. Geschr. *amêlu* *KI.GURUŠ* (ZBPS 17) Nbk. 174, 2.

אמם *ummu* Mutter, passim. *ummu xarrâni* die Geldsumme, welche zwei oder mehrere Theilhaber für ein gemeinschaftliches Unternehmen (*xarrânu*?) deponieren (*itti axâmeš iškunû*) Nbk. 58, 5; 429, 5. *ummu* Cyr. 24, 3. *eqlâni* Cyr. 337.

ammatu Elle, geschr. *Ú* passim.

אמן* (*amêlu*) *ummânu* Truppen, Leute. *um-ma-nu* 24, 3. *um-man-nu* 56, 2; 58, 2; 94, 2; 407, 3; 409, 2; 510, 8; 770, 10; 831, 11; 840, 2; 984, 5; 1080, 14.

אמצן* *ṣêu* *am-ṣa ša xuṣâbi* Cyr. 25, 6. Vgl. חוּמְצָא, حِمَّصْ Kicher, Fraenkel Aram. Fremdw. 141.

אמק* *amêlu* *u-muk* 116, 43: 270, 16: 688, 14: 1057, 13. *amêlu* *u-muk-ki* 20, 13. Ideogram?

אמר *amâru* sehen. *im-ma-ru-ma* 715, 20 f. *i-mu-ru-šu* Cyr. 329, 3. ?*im-mir* 966, 10.
I 2 *i-ta-ma-ru-ma* (Rel.) 1057, 7.
IV 1 sichtbar, gefunden werden. *ašar in-nam-ma-ru* Cyr 312, 25. *gabrî nantim ašar ta-nam-mar-ru ša Nabû-axê-iddina šî* „wenn ein anderer Kaufbrief gefunden wird, hört er dem N. zu“ 244, 15. *ûmê mâdûti lâ an-na-mir* „während mehrerer Tage erschien ich nicht“ 1113, 18.
IV 2 dass. *ûmu gabrî kunûk maxiri lâ mimma riksu ša biti šuatim ina bîd Dânu-šum-iddina lû ina ašar šâ-namma it-tan-ma-ru* (siehe die gramm. Bemerkk. zu DAG § 148, 2) 85, 13. *ina ûmu nantim biti šuatim ina bîd Iqîša-Marduk ta[-at-tan]-ma-ru ša Mušêzib Marduk šî* 231, 17.
IV 3 dass. *ina ûmu Amtia qallatu ša Itti-Marduk-balâṭu itti Gûzânu ta-at-na-mar-ri* 682, 5. *ta-at-ta-na-ma-ru* Nbk. 409, 5. *ina ûmu Nabû-nadanu qalla ša Arrabi ša ana Iddina-Marduk iddinu ina pâni Arrabi it-ta-na-mar-ri mandattašu Arrabi ana Iddina-Marduk inamdin* „wenn N. der Sclave A:s, den er an I. verkauft hat, im Dienste A:s gefunden wird, soll A. den Preis dem I. (zurück-) geben“ 573, 7.

אמר$_2$ *ammaru* Fülle, Gesammtheit. *am-mar ša duppišunu* 234, 3. *am-mar* 948, 2.

אמר$_3$ *imêru* Esel 140; 436; 987: Nbk. 13; 282: 360; 394; Cyr. 147.

אמר$_4$?*amirtu* (vgl. עֲמִיר Schwade, עִמֵּר Getreide sammeln). *ŠE.BAR a-mir-tum ša ikkarê u irrišê* Nbk. 459. *a-mir-tum ša inbi* Cyr. 197. *alpê a-mir-tum* Cyr. 117. *ṣâbê xalqûtu u mîtûtu ša ina a-mir-tum ša amêlu qîpi la a-mar* Cyr. 292.

IM.RI.A Ideogram? für *kimtu*. 193, 23. *IM.RI.IA* Nbk. 135, 26.

E.MAŠ amêlu Ideogram, bed. Priester. 165, 2: 299, 16: 309, 16: 395, 4; 417, 21; 477, 37: 533, 18: 830, 18.

A.AN Ideogram bei Zahlenangaben: „an Betrag" und entspr. dem deutschen „je" in Distributivausdrücken. *kaspu A.AN 00 š*. 95, 6: 282, 8; 314, 11, 17: 359, 8; 390, 9; 391, 6: 479, 4; 585, 8: 621, 6; 639, 7 *m. k. 12 A.AN*: 655, 5: 817, 12; 832, 6; 945, 8; 1031, 11; 1047, 4: 1048, 8; 1056, 6. *arxa A.AN* (monatlich?) 187, 10; 500, 6. *00 gur AŠ A.AN* 476; 540; 567, 11; 656, 5; 1028, vgl. 398, 10; Nbk. 270, 2. *00 mašixu AŠ A.AN* 592; 739. *00 mašixu ša AŠ A.AN* Nbk. 313, 2, vgl. Nbn. 298. *00 š. k. ana AŠ A.AN* 161, 4; 209, 2. *20* ṣṣu *gušûrê* ···*šâ 12 A.AN arraka* 66, 2. *arax Šabâṭu A.AN ûmu 24* etc. 85, 20. *160 ammatu A.AN* 116, 16. ···*ša QA A.AN* 357, 10; 500, 12; 915, 4. *10 alpê PA A.AN* 998, 4. *ištên A.AN saṭâri ilqû* 760, 25: 787, 26; 1113, 24. *ana 00 m. k. A.AN manû* 815, 4. Vgl. *TA.A.AN*.

AN.AN.AN archaist. geschr., Seitenrand Nbk. 86.

אן$_2$ *ennâ* adv. siehe, nun. *ên-na* Cyr. 370, 13. *adî elî ên-na* bis jetzt Cyr. 370, 7. *ên-na-'* Cyr. 370, 10.

אנב *inbu* Frucht. *in-bi* 247. *karân in-bi* Fruchtwein 486. Ein Edelstein (?) 719, 3; 1067, 6. *in-bi-e* Cyr. 97, 2. *in-bi-i-ti* 606; 869, vgl. 218.

אנגרש* *in-gi-ri-šú* 258, 34.

אנה *inanna, eninni* adv. nunmehr, jetzt *i-na-an-na* 356, 23. *e-nin-ni* 1113, 4: Cyr. 332, 14. *adi i-na-an-ni* Cyr. 161, 51.

אנה$_3$? *an-ni-ka* 1134, 8. ? *in-na-'* Cyr. 29, 7; 374, 7.

אנה$_4$ *enû* beugen, ändern, verdrehen die Worte und Bestimmungen jemandes (= *šunnû* q. v., שִׁנָּה Ps. 89, 35, הָפַךְ Jer. 23, 36, סִלֵּף Ex. 23, 8) *ša dibbi annûtu* (*dabâba annâ*) *innu* (*BAL*) *-ú* 697, 19; Nbk 198, 10; 283, 19. *in-nu-ú* Nbk. 368, 7. *i-nu-ú* Cyr. 277, 16. *ša nidinti annîti in-nu-ma* Nbk. 416, 7, vgl. 247, 16. – *ana lâ e-ni-e* 787, 26; 1128, 26; Nbk. 164, 36.

ana (DProll. 132) praep. nach, für, auf, zu, vgl. die gramm. Bemerkk. zu DAG § 81.

ina praep. in, bei, nach, pro, vgl. ibid.

אנזחר* *inzaxurû* ein Edelstein. *9 š. in-za-xu-ri-e* Nbk. 180 2. $^1/_2$ *bilti in-za-xu-ri-tum* 538, 2: [428, 8]. *in-za-xu-ri-e-ti* 794. Vgl. *in-za-xu-ri-du* Cyr. 253, 4.

אנך *annaku* Blei. *an-na-ku* 471, 2; 721, 2: 924, 2.

אנך *anâku* pron. pers. ich. *a-na-ku* 854, 4; 1113, 6: Nbk. 365, 6: 428, 8.

AN.LA.DI-šu (?) Ideogram (= *xalâqu*) 697, 21.

אנן* *innu? êlippu ša in-nu* Nbk. 282, 5.

אנני *annû* pron. dem. dieser. *an-na-a* Nbk. 198, 9; 283, 19; 368, 6. Pl. *an-nu-tu* 5; 697, 19; Nbk. 125, 14; 276, 4; 342; 344; 439. *an-ni-ti* 1113, 16 (so!); Nbk. [247, 15;] 416, 7.

אנק₄ *unqu* f., Pl. *unqâtu* Ring. *ištênit un-qu ša dalti* 960, 2. *un-qa* 537, 9. *un-qa-a-tum* 206, 2. *un-qa-tum parzilli* 558, 23.

אנש *aššatu* (*altu*) Weib, Frau. *aš-ša-ti-šu* 85, 6; 495; Nbk. 258, 18. *al-tum* 67, 16; Nbk. 91, 3. *al-ti* 437, 11; 756, 3. Geschr. *DAM* 1020, 2 (so!).

aššûtu Frauenschaft. *aš-šú-tú* Nbk. 359, 5. *aš-šú-tú* 243, 4; 356, 3. Geschr. *DAM-ú-tu* 990, 4; Nbk. 101, 5. Cyr. 311, 6.

אנשחר *in-ša-xar-ri-e-pl.* 214, 1, 2, 4, 5. *in-ša-ax-ri-e-tum* 637, 5. Ein Edelstein.

אנת *atta* pron. pers. du. *at-ta* Nbk. 460, 8.

אסה *amêlu a-su-ú* Arzt Cyr. 382, 3.

אסן *asnu*, vgl. nh. אסנא Dornenfrucht. *00 mašixu as-ni-e* 114, 6: 672: 846; 1089, 5; Cyr. 159, 9; 180, 13.

? isinnu Fest? *bitu ša i-sin-nu iššakki* (?) *ša Bêlit Sippar* 767, 2.

אסק₄ *is-qu* vgl. nh. עִסְקָא Hab und Gut, Besitz. *is-qa-tum* Nbk 315, 3: *is-qàt-pl.?* 525, 18. Siehe auch unter *išqu*!

אסר *asûrû* Wand. *a-su-ru-ú* 500, 8; Cyr. 228, 8. *a-sur-ru-ú* 1030, 11; Cyr. 231, 10. *a-sur-ri-e* Cyr. 177, 16.

is-ri? parzilli 258, 37, oder *iṣu* RI? (BList 2563).

US.TUR.XU resp. *US.TUR.ŠAL.XU* Ideogram, bezeichnet einen im Stalle gefutterten Vogel; vgl. *US.XU* = *bûṣu*, *iṣṣur xarri* II R 37, 33 a. *US.TUR.XU.pl.* 31; 306; 357, 13; 421, 7; 528, 10; 689, 3; 711, 3; 915, 18; 940, 5; 988, 12; 998, 16; Nbk. 85;. 370, 5; 440; Cyr. 5, 4 u. ö. *US.TUR.ŠAL.XU* Nbk. 159.

אפל 1) antworten: *Bari-ittî-ilâni anniti i-pu-ul umma* 113, 17; 2) nehmen, geben: die beiden entgegengesetzten Bedeutungen scheinen auf dieselbe Grundbedeutung hinzuweisen, die für *eṭêru* angenommen ist: *apâlu* = *eṭêru* = bedecken. *kî maxîri[šunu]* (so?) *axâmeš ip-pa-al* 50, 17. *kî mašixišunu axâmeš ip-pa-lu* 477, 34, vgl. *ib-ba-lu* 102, 12. – Prm. *apil : 1 m. k. Šum-ukîn Nabû-nâdin-axi inamdinma nudunnâšu a-pi-il* „eine Mine wird Š. dem N. geben und er hat ihre Mitgift bedeckt d. i. abgetragen" 243, 16. *šîm eqlišu kasap gamirti maxir a-pil* „den Preis seines Feldes, den gesammten Betrag hat er empfangen, genommen" 203, 31; 668, 17; 687, 27; Nbk. 4, 18; Cyr. 3, 16; 188, 29; 345, 31. *a-pi-il* 116, 33; 293, 31; Nbk. 164, 30. *ap-lu* Pl. 178, 34; Cyr. 161, 45.
I 3 Prs. in der dunklen (vgl. zu *maxâru*) Phrase: *ša iraggumu umma* etc. *pâqirânu kaspa imxuru* (*imxur*) *adi 12 TA.A.AN itanappal* „wenn jemand diese Klage erhebt etc., so ist sie ein redhibitorischer Einspruch; das Geld hat er empfangen, (aber) nebst 12 (Seqel Zinzen auf 1 Mine pro Jahr) soll er es zurückgeben"; nur der Form nach abweichend ist Peisers Uebersetzung, siehe ZA III 91. PKA 91. *i-ta-nap-pal* 178, 40; 193, 27; 203, 38; 477, 32: Nbk. 4, 25; 135, 32; 164, 36; Cyr. 161, 47; 345, 36. *i-ta-nap-pa-al* 116, 38. *a-na 12 TA.A.AN i-ta-nap-pal* 687, 12. *i-ta-na-ap-pa-al* Cyr. 188, 34.
apiltu n. a. *kunûk a-pil-tum ikkanakma* 50, 15.

אפף *appu*. *ašarêd šarri ša eli ap-pi* 782, 6. *imêru šugu-ruru ša ina ap-pi-šu šindu* Nbk. 360, 10.
appatu. *amêlu murîm ap-pat* Nbk. 40. Ein Maass: *ap-pa-tum kurummati* Nbk. 304, 12. *ap-pa-a-ta ŠE.BAR* Cyr. 26, 6.

ip-pa-tum ša tam-dim râxu 129.

אפר *apparu* Weise. *ap-pa-ri* Nbk. 131. 11.

אפר$_4$ *epiru* Staub, Erde. *dullu e-pi-ri* 632: Nbk. 434. 3?

אפש* *epêšu* (*epîšu*). Prs. *eppuš*, *ippuš*. Prt. *êpuš*, *îpuš* und *êpeš*, *êpiš*, machen, schaffen, anbauen: davontragen, gewinnen, empfangen: leisten, abtragen. *âritûtu ul e-ip-pu-uš* 668, 8. *mâla ina libbi ip-pu-uš* 79. 6; 500, 10. *ip-pu-uš* 475, 5; 845, 7; 1030, 13. *adî ûmu 21 ša arxi Simanu Bêl-zêr-ibni nikasu ša xubûlu itti Šulâ ip-pu-uš* „zu dem und dem Tage soll B. die Abzahlung des Zinses an S. machen“ Nbk. 119, 6: 361, 9. *Kalbi-Marduk ina piduišu nikasu itti Šamaš-unammir i-pu-uš* 95, 6. *mimma mâla ina muxxi te-ip-pu-uš* „so viel sie darauf gewinnt“ 652, 6. *mimma mâla ina muxxi ip-pu-šú-'* 199, 5; 572, 9. [amêlu] *agîrê ša ina muxxi idi? ša bâbi ša Ebabbarra dullu ip-pu-uš-'* 645, 4. [amêlu] *ašarûtu ša dullu ša ina muxxi bîti ša* [ilu] *Gula ip-pu-uš-su* 804, 4. *mâla ina libbi ip-pu-šú* 1030, 14. *mimma mâla êri u ṣêri ip-pu-uš-šu* Nbk. 261. 5. — [amêlu] *ṣâbê ša qašti ša dullu ina eli qu?-uk i-pu-uš* 23, 10. [amêlu] *nappax siparri ša dullu ina muxxi narkabti ip-pu-uš* 86, 5. [amêlu] *agîrê ša dullu ina muxxi mušannîtum ša Gilušu i-pu-uš* 770, 3. *zêru* — — — *ša Itti-Marduk-balâṭu iddinuma maxîri ša zêri la i-pu-šu* „des Feldes welches I. verkauft, dessen Preis aber nicht erhalten hat“ 829, 14. *ša Itti-Marduk-balâṭu maxîri ina qâtišu i-pu-šu* „aus dessen Hand I. den Preis empfangen hat“ 1031, 8. *nikasu ina pâni dânê ittî axâmeš i-pu-šú* Nbk. 116, 6. [amêlu] *šâtu ša ina muxxi Ebabbarra u bîti* [ilu] *Gula dullu i-pu-uš-šu* 795, 3, vgl. 774. 19. *nudûnu u maxâri ina muxxi kasap nudûnêa ni-pu-uš-ma* 356, 6. — Impr. *ip-ša-'* Cyr. 377, 18. — Prm. *epiš*, *epuš*, *ipšu*. *nikasu ul e-piš* 810, 6. *nikasu ul epu-uš* 642, 28. [*ni-k*]*a-su ina ittišu ul ip-ši* 376, 7. *nikasu* (*ittišunu*) *ip-šu* 164, 26; 525, 5; 786, 6; 947, 19; 991, 18; Cyr. 94, 17. *íp-šu* 234, 3; 462, 29: 557, 7; 656, 24; 658, 31; 747, 2; 753, 39; 799, 21. *íp-šú* 815, 26. *nikasu ša arxi Tašritu ul íp-šu* Cyr. 66, 9.

nikasu maxrû ittišu ul ip-šu Cyr. 344. *epiš nikasi íp-šu* 561, 4; 658, 5, vgl. 715, 13; 726, 10. *GI.MEŠ šu ina bîtišu ip-šu* Nbk. 40, 3. – Inf. *ana e-pi-šu ša šunâqu-pl. u makkasu* 121, 4. *ana e-pi-šu ša NUNUZ* (Sᵇ 297) 171, 3. *e-pi-šu ša bîti* 845, 10. *e-pi-šu nikasi* Nbk. 107, 5. *e-piš ša bîti* 231, 3. *ana e-piš iddina* zur Bearbeitung 240, 2. *ana e-piš sirâpi parzilli ša gizzi* 867. *e-piš* (*epîš*) *nikasi* 164; 276, 10; 561; 575, 15; 658; 686, 22: 753; 838, 8; 936, 9; 948, 13; 1028, 8; Nbk 254; 356, 5. – Prtc. *êpiš* (st. c.). *ṣâbê e-piš dullu* 469, 6; 906, 3; 976, 3; 988, 3; 1010, 5; 1037, 2. – Beachte noch *e-piš-na* 859, 6, *e-piš-nu* Cyr. 67, 5, vgl. *zibilnu*!
I 2 *i-te-pu-uš* – – – 837, 11. *kî lâ i-te-ip-šu* (= *ippušu*) Nbk. 119, 8; 202, 13. *ina ûmu nikasu itti Arad-Bêl i-te-ip-šú-ma* Nbk. 107, 2.

epûšu n. a. *e-pu-uš nikasi* 224, 2; 482, 9; 815; Nbk. 116, 10; 347, 19.

epšu, ipšu angebaut, gepflanzt. *bîtu e-íp-šú* 85. *bîtu e-ip-šu* 356, 6. *bîtu e-ip-šú aptu u kirûbû* Nbk. 328. *bîtu íp-šu* Cyr. 345. *zîru lâ íp-šú* Cyr. 348, 9.

êpišûtu Bearbeitung, geschr. *e-piš-MEŠ* Cyr. 304, 7.

amêlu êpišânu Schaffner? *e-pi-ša-nu* 737, 12. *amêlu e-piš-a-ni* 424, 7. (*amêlu*) *e-piš-ša-nu* 57, 9; 284, 19; 456, 5; 586, 4; 595, 3; 628, 3; 667, 4; 683, 5; 692, 9; 893, 9: 914, 3; Nbk. 1, 5; 277, 5.

êpišânûtu das Anbauen, vgl. *zâqipânûtu*. *e-piš-an-nu-tu* 79, 4.

têpišu n. a. *te-epišu ša dinâtum* 956, 2. Vgl. 815, 3.

אפת* *aptu* Anbau. *bîtu ap-tu* Nbk. 4; 164. *bîtu epšu ap-tu* (so!) *u kirûbû* Nbk. 328, 2. *bîtu ap-ti* 7.

אצן₄ *eṣu* Holz 115; 164, 8; 179; 422; 507 u. ö.

אצה* *i-ṣi u ma-a-du* 964, 7, vgl. PKA 93. *iṣ-ṣi biltu* 477, 2; 606, 5; 687, 2; 964, 2; Cyr. 188, 2; ZA III 219.

אצם₄ ? *aṣ-ṣa-mu-ú* Nbk. 332, 4.

אצפ? *a-ṣu-pa-tum* 222.

אצר* *iṣṣuru* Vogel. *napxariš 242 iṣ-sur rabû ina bît urû* 32, 5 (vgl. *ra-aṣ-ṣi* Z. 1!). *iṣ-ṣur* 233, 2; 714, 6. Geschrieben *XU* 119, 18; 399, 3; Nbk. 112, 8; 247, 10; 375, 11. *iṣṣur kil-li* Bandvogel? Nbk. 151. *XU ummu-MEŠ* 237, 3.

אקל₃ *eqlu* Feld, geschr. *A.LIB* 116; 193; 293; 437; 440 u. ö.
È.QAQ ^amêlu^ 259, 7; 579, 9.
IR ^amêlu^ 31, 7; 60, 3; 95, 17; 147, 3; 182, 2; 237, 14; 244, 18; 413, 6; 570, 15; 851, 3; 951, 19; 1000, 6; 1097, 8.

א₄רא *irtu* Brust. *ir-tum-šu-nu* Cyr. 140, 5.

ארב₅ einziehen. *ir-ru-bu* (Rel) 515, 9. *i-ru-ub-bu-ú* Cyr. 96, 6. III 1 ? *tu-še-ri-bu* Nbk. 369, 5.

irbu (vgl. *i-ri-bi u a-ṣi-tum* V.A.Th. 69, 6; *e-ri-bi qâti* 383, 7) Einkünfte, Einkommen, revenu, مَدْخُولٌ; Vorrath. (*kaspu, xurâṣu ultu*) *ir-bi* 22; 61, 4; 214, 13; 233, 4; 277; 321; 333; 341; 360, 8; 361, 2; 406; 410, 12; 411; 456; 464 f.; 532; 704. 3; 733, 4; 735; 758; 766; 782 f.; 824, 15; 831; 847, 2; 848, 7; 862; 873, 3; 889; 906; 950; 1000; 1061; 1078, 3; 1088; 1117, 11; 1133, 2. *ir-bi ša bâbi* 119, 19; 129, 2; 215; 228, 3; 262, 2; 264, 12; 284, 14; 292, 7; 302, 6; 376; 481; 856, 1029; 1033; 1058.

nîribu Eingang. *ni-ri-bi-MEŠ ša sûtum* 48, 2. *ša tarbaṣu* 48, 4. *ša kalûmi* 471, 3.

? *ar-ba-a* 297, 6. ^amêlu^ *ar-ba-a-a* 315, 8, vgl. Nbk. 287, 9. ^amêlu^ *ár-rab* 1090, 2.

ארה *urû* = אֻרְיָא Krippe, Viehstall, Stall. *bît ú-ru-ú* 32, 6; 54, 11; 207; 208; 328, 5; 332, 10; 408, 9; 699, 14; 748, 6; 797, 4; 923, 4; 940, 4; 1071, 5; 1084, 2; Nbk. 49; 213, 4; 399, 7. *bît ú-ri-e* 202, 7; Nbk 370, 6. *bît ú-ri-i* Nbk. 372, 8. *bît ur-ri-i* Nbk. 353, 7. ^amêlu^ *râb ú-ra-a-tú* (vgl. BzA I 211) Nbk. 363, 8.

^eṣu^ ? *e-ri* Nbk. 418, 2.

? *a-ra-mu* 1119.

ארה₄ *ûru* Blösse, Nacktheit der Wand eines Hauses, entstanden durch den Abfall des Bewurfes. In Häuservermiethungscontracten: *ûru išanni, ú-ru* 48, 10; 500, 8;

996, 9: Cyr. 231, 9. *ú-ri* 184, 7; 261, 7; Cyr. 177, 16. *ur-ru* Cyr. 228, 7. Vgl. II R 15, 10 b.

ארזל *ar-ṣal-la* 1067, 2. *a-ra-ṣa-al* 1081, 6.

ארך₄ II 1 ? *urrak. mimma mâla Nabû-aḫê-iddina ina libbi ittî Naṣuru u Bunânu ur-ra-ka u ukarru* „alles was N. mit N. und B. anordnet und verhandelt“ Nbk. 235, 12.

ארץ *irṣitu* Erde, Stück Landes, Acker (wie אֶרֶץ Gen. 23, 15). *ir-ṣi-tim* Nbk. 164. [*ir-*]*ṣí-tum* 165, 8. Geschr. *KI-tim* 85; 356, 7; Nbk. 4; 95, 3; 328, 3; Cyr. 345.

ארר fluchen. *arrâssu marrâtu li-i-ru-ur* Cyr. 277, 18.

arratu, irritu Fluch. *ar-ra-as-su* (= *arrât-su*) Cyr. 277, 17. *ir-rit ilâni rabûti* 356, 18.

ארש *erêšu* verlangen, bitten. *erešâtu i-ri-šu* 934, 8. *i-ri-šú* 1128, 12.

? *urâšu. ina ú-ra-šu ša Iddina-Marduk* 713; 1091; Cyr. 8; 86; 224. Vrgl. *amêlu ú-raš* Cyr. 212, 3.

e-reš-ú-tu 934, 7.

ארש₄ *iṣu iršu* Bett. *eṣu ša eli iṣu ir-šu* 115, 13; 252, 4. *iṣu iršu* (DAL 240) 206, 3; 558, 9; 660, 3; 761; 990, 11. *irbit iṣu ir-še-e-ti* 258, 8.

ארש₅ *amêlu irrišu* Gärtner. *ir-ri-šu* 167, 4; 307, 8; Nbk. 131, 4. *ir-reš* 398, 7; 786, 9. *ir-e-šu* 583, 7. *ir-ri-še-e* 398; 525, 10; 583, 10; Nbk. 131, 16; 459, 5. Geschr. *PIN* passim.

mêrišu, mirišu (= مَغْرِس) Pflanzung. *mê-ri-šu* 116, 24; Cyr. 161. *bît mê-ri-šu* 1102. *mi-ri-šu* 116, 2, 20. *mi-ri-šú* 440. *mi-ri-eš* Cyr. 3, 3.

mi-reš-tú Nbk. 361, 5.

אש *aššu* Praep. u. Conj. betreffs, damit. *aš-šú* 356, 11; 668, 18.

אשך *uš-ki-tú* (?) 569, 2. *amêlu uš-ku-ú ša imêri* Nbk. 13, 8. *uš-ku-tú ša qallati* 680, 13. *uš-ku-tum ša imêri* Nbk. 360, 5. *UŠ.KU* wird II R 31, 39 c durch *kalû ÊMÊ. SAL* d. i. עֵצֶר הנקבה erklärt. Daher ist unseres Wort wohl mit אֶשֶׁךְ Hode zusammenzubringen. Vgl. Pognon, Bavian p. 60.

? *iššakku* Priester, geschr. *amêlu SI* (BList 3385) 1090, 4. *SI* 767, 2.

אשלת *ašlâtu* Pl.: *aš-la-a-tum* 1017, 8. *aš-la-a-ta* 836, 7. Ein anderes *ašlâta* Sargon 312 u. ö.

אשמר *aš-ma-ru-ú* 241, 2.

אשן *uš-nu*?? 44, 2.

אשפ *iš?-pu* Nbk. 441, 9.

אשפר* *amêlu ušparu* (vgl. אִשְׁפָּרָא Kleiderreiniger) Weber. *amêlu uš-pár(bar)* 110, 4; 174, 7; 178, 5; 186, 3; 222, 3 *birmu*: 293, 37 *ilu Sin*; 410, 10 *ša ilu Nêrgal*: 951 u. ö.: Nbk. 109, 30 *ša Bêl*; 392, 6 *birmu*. *amêlu uš-pár piṣû* (? *UD*) 164; Nbk. 190, 3; 278, 5.

amêlu ušparûtu, Weberschaft. *uš-pár-ú-tu* 302, 2; 588, 2; 676, 8; 898, 2; 908, 4. *iš-pa-ru-tu* Webekunst Cyr. 64, 3.

אשק$_4$ *išqu* Fessel. *iš-qi* (?) Nbk. 208, 4. 13. *iš-qa-a-ta* Nbk. 226, 2. Geschr. *GIŠ.ŠUB.BA(.MEŠ)*, nach II R 39, 49 c = *isqu* bez. *išqu* (*GIŠ.ŠUB* V R 21, 23 c, BList 1428) Besitz; Etymologie wie für *qiṣru*, siehe Joh. Jeremias BzA I 288. Peiser übersetzt „Einkommen(s-Recht“) ZA III 367. *išqâti u nikasu* 380, 3, 7, 11. *išiq bîti* 1113, 13.

אשר *ašru* Ort. *a-šar* 132, 13; Nbk. 185, 12; 409, 5. *a-šar bûru* 787, 7. *a-šar maxrû* Nbk. 101, 12. *a-šar šânamma* 85, 13; 803, 11; 1116, 11; Nbk. 83, 5. In conjunctionalem Gebrauch „wo immer, wenn, wie“ 244, 15; 643, 4 u. ö. Vgl. die grammatischen Bemerkungen!

? *aš-ša-ri* Nbk. 457, 9.

אשריד$_3$א *ašarídu* Oberster. (*a-ša-ri-du* n.pr. 14, 17). Geschr. *amêlu SAG* 260, 3; 282, 24; 517, 3; 573, 11; 578, 10. *amêlu GÚ.GAL* 138, 18; Nbk. 183, 4. *GÚ.GAL.LA* 63, 4, *GÚ.GAL.LUM* 244, 4; 342, 9.

amêlu GÚ.GAL-ú-tu dass. Nbk. 347, 18.

אשר$_4$ *ešrû* (= מַעֲשֵׂר) der Zehnte, Abgabe. *eš-ru-ú* 1, 25; 2: 97; 118, 2; 119, 14; 185, 2; 270; 290, 4; 318; 362, 2; 382, 4; 384, 3; 458, 2; 462; 476, 2; 483; 505; 506; 521;

561, 7; 596; 640, 2; 659, 13; 684; 814, 5; 882; 899, 8; 902, 2; 985; 1002, 2; 1043, 2; 1071, 2; 1085, 14; 1126, 7; Nbk. 98; 131, 9; 153; 220, 12; 234, 2; 354, 2; 372; 393; 394, 2; 430, 2. *eš-ri-šu* 768, 3; 1085, 3. *eš-ru* Nbk. 278, 2. *eš-še* (radirt?) *-ru-ú* Nbk. 215, 2.

abnu *eš-ru-ú* 267.

אשת$_4$ *ištên*, f. *ištênit* eins; geschr. *ID* passim. *ištêni-tum* 990, 9, 11. *1-it* 258, 13. *ištêniš* adv. „wie ein Mann". *iš-te-ni-iš* Nbk. 164, 37. – *ištên-na-ta-'* (für *ištên A.AN*) Cyr. 211, 8.

אתד* *at-ta-du-ú* 553, 7, 12.

אתה *itti*, *itti* (את DProll. 115) 1) Adv. dazu (vgl. עם 1 S 16, 12). *it-ti-i* 128, 6; Nbk. 101, 8; 301, 24. *it-ti* 71, 7; 973, 9. Geschr. *KI* 623, 6. – 2) Praep. mit, neben, zur Seite. *it-ti* 42, 9; 50, 3; 60, 2; 65, 12; 79, 7; 95, 5; 102, 3; 178, 21; 499, 18 u. ö. *it-tùm* (?) 164. *ina it-ti-šu* 376, 6. *ana it-ti* 232, 2. Geschr. *DA* 9, 4: *bîtu ša ittî bîti* vgl. 499, 18; 258, 3 u. ö.

? *i-tum* 976, 21. *i-te-e* Nbk. 330, 7. *i-ta-am* im histor. Bruchstück Nbk. 329, 11.

amêlu ? *a-tu-ú* Nbk. 52, 20. – ? *at-tu-ú-a* 72, 7.

? *ittû* Erdpech. *it-tu-ú* 746, 13. Geschr. *ÈSIR* 478, 2; 876; 1003; 1004; 1026; Nbk. 28; 84 u. ö.

אתן *atânu* Eselin. *a-ta-nu* 436, 6. Geschr. *zinnišit imêri* 323, 4. – *a-tu-nu?* 489, 5.

אתק$_4$ *etêqu* fortrücken, vergehen von der Zeit (wie עבר). *Araxšamna it-ti-iq adî* „der Monat Marcheschwan wird vergehen, bis dass" Nbk. 42, 9. *it-te-iq?* 367, 10. *i-it-ti-qu* Nbk. 255, 10. *mimma mâla elat 144 š. k. Bêl-šunu ana etêqu it-ti-qu ana muxxi illî* „über alles was B. ausser 144 Seqel für das Unternehmen deponiert (= *ana xarrâni iškunu?*) wird er verfügen" Nbk. 300, 9.

I 2 Bed. wie I 1. *ûmu 20 ša arax Simânu i-te-it-qu adî* Nbk. 103, 19.

III 1 fortschaffen, transportieren. *ú-še-ti-iq-šu* Cyr. 12, 8.

etêqu Bed. unklar. Nbk. 300, 9. *akî e-te-qu ša Šax-rînu* 344, 3.

mâtaqu (Pfad). *mu-ut-ta-qu* 161, 5; 200. 3: 476, 11: 649, 2. *mut-ta-qu* 592, 2; 620. *mu-ta-qu* 749, 2; 859, 5. *mu-táq-qu* 683, 2.

mu-ta-qu-ú-tu Cyr. 282.

ב

בא$_4$ד, für die Grundbed. (zwischen zwei Dingen trennend oder verbindend sein) siehe Gesenius HW 95 a. Anm. u. 121 a, Anm. Siehe übrigens die „grammat. Bemerkungen“ zur Praep. *bûd*! *bûdu* ist

1) Subst.: was zwischen zwei Dingen ist, Zwischenglied zwischen zwei Personen, überhaupt Verbindung (= *riksu*), *duppu bu-da* = *uantim* 531, 722, 6. *duppu bu-da-MEŠ* Cyr. 86, 8. Dann bedeutet *bûdu* allein *uantim, rašûtu: elat 144 gur ša' bu-da maxrû* 350, 9. *25 mašixi ša ina bu-da maxrû* 747, 21. *elat bu-du-MEŠ maxrûtu* 741, 9; 1091, 6. *bûdu* – *duppu, šaṭâru: ištêu TA.A.AN bu-da-MEŠ ilqû* 827, 8. *elat bu-da-nu ša* — — — 1100, 7. *bu-da-ni L* 169, 43. Vgl. *bu-da* 164, 18. *bûdu* wird häufig als Praep. gebraucht, und es ist nicht immer leicht das Subst. von der Praep. zu unterscheiden, z. B. *bu-da ša eṭîr* 63, 5, vgl. *bu-ud eṭîr* Z. 1; *bu-ud ša* 690, 10. *kî bu-ud zitti* 17, 4.

2) Praep.: anstatt, für, als. *bu-ú-ud eṭêru* „für die Bezahlung“ Nbk. 196, 14. *bu-ud eṭêru N.N. naši* 4, 8; 15, 11; 47, 6; 63; 198, 10; 282, 9; 314, 14; 375, 17; 441, 11; 461, 12; 619, 15; 638, 10; 678, 16; 738, 4; *ina bu-ud eṭêru*: 817, 11; 932, 7; 945, 12; 1110, 9; 1125, 7. *A bu-ud eṭêru ša kaspi* (*bu-ud B*) *ina qâti C naši* Nbk. 83; 86; 356; 387. *bu-ud uškâtu* 680, 13; Nbk. 13, 7; 360, 5. *bu-ud zitti* 17, 4; 50, 2; 51; 276, 6; 552, 7; 990, 8; 1031, 4, 1111, 11; Nbk. 78, 4; 214; 246; 251; 311, 4; 361, 9. *bu-ud xilîqu* Nbk. 346, 8. *bu-ud ṭubbu ša šikari* Nbk. 233, 3. *bu-ud kaspi* 466, 10. *bu-ud kiššati?* Nbk. 342, 2. *bu-ud maṣṣarti u manûtu* 17, 24. *bu-ud mukînûtu* 343, 2. *bu-ud-su iššîma*

Cyr. 281, 6. *bu-ud sappu?* 600, 6. *bu-ud* amêlu *sixû, pâqirânu, mârbanûtu u aradšarrûtu* (bez. *amêlûti*) 40, 7; 42; 126, 6; 196, 7; 212, 7; 257, 7; 273, 12; 274, 6; 300, 6; 336, 8; 340, 9; 388, 6; 400, 8; 434, 6; 509, 8; 533, 6; 564, 8; 635, 7; 648, 5; 665, 6; 666, 7; 671, 7; 680, 7; 693, 11; 765, 8; 801, 7; 806, 7; 829, 7; 892, 6; 1020, 11; 1044, 6. *bu-ud qaqqadi kaspi* 652, 8; 1013, 12. *bu-ud ša ŠE.BAR* 690, 10. *ištên bu-ud šinî našû* „sie haften der Eine für den Anderen" bez. „der Eine haftet für den Anderen" (siehe ZA IV 66 ff. 401 die Ansichten Opperts, Peisers und Meissners über diesen Ausdruck) 11, 7; 7, 16; 45, 5; 149, 7; 309, 7; 314, 14; 354, 11; 375, 7; 461, 7; 539, 9; 553, 6; 564, 14; 584, 9; 619, 6; 621, 7; 635, 12; 638, 6; 680, 15; 750, 11; 764, 8; 907, 9; 973, 14; 977, 8; 987, 11; 1125, 11. *bu-ud šalšu* 157, 8; 515, 4. *bu-ud šêpi* Nbk. 366, 6; VR 67, 3, siehe Oppert ZA III 19 f. *bu-ud TUK* 386, 15. Vgl. noch *bu-ud* 26, 8; 324, 15; 505, 8; 952, 5; Nbk. 141, 20. *bu-ut-ti sixî* Nbk. 70, 5 var. Absolut (ohne Subst.) steht *bûd* in *N.N. bu-ud našû* 148, 9; 375, 11; 619, 10; 690, 17; Nbk. 103; 133, 7; 273, 7; Cyr. 211, 5.

bîd praep. (siehe meine Bemerkk. zu DAG § 81) statt, für, als. *bid maškâni* 65, 5; 103, 8; 344, 7; 605, 7; 668, 9, 12; 1020, 4. *bid nudunnû* 1111, 2. *bid* Cyr. 154, 8. *ana bid* Cyr. 29, 7; 61. *ina bid* 85, 13; 580, 10; 832, 14; Nbk. 320, 12. *ina bid* = *ina libbi* Nbk. 137, 11.

בא$_5$ה II 1 verlangen, abfordern (mit 2 Acc.). *amêlûtu Dummuqu* f *Qudâšu u-ba-'* 760, 17.

בא$_4$ל *bêlu, bêltu* Herr, Herrin. *be-el-šu* 738, 2. Geschr. *ÈN* 1113; 17 u. ö. *bêl eqli* Nbk. 364, 8. *bêl paxâti, piqitti* s. diese; vgl. *be-li* - - - 31, 5. *be-el-ti bîti* Cyr. 345, 27.

bêlu Spiess. *be-li* Nbk. 332.

באר* ?*bûru* ein Maass für Gemüse. *bu-rum* 100; 141; 151 f.; 169; 819; 839, 6; 943; Nbk. 290; 397; 406. Vgl. *bûlu*! *bu-ú-ru* 787, 7, 9, 10.

באר fangen, jagen. *amêlu bâ'iru* Fänger, Jäger. *ba-i-ri* Nbk. 163, 13. Geschr. *ŠÚ.XA* (BList 7244) 147, 16; 165, 24; 256, 13; 257, 17; 259, 10; 314, 3; 316, 18; 367, 14 u. ö.

באש ? *bi-i-šú* 17, 12. *ŠE.BAR be?-iš-tú* Nbk. 194, 6.

BAD.GID.DA siehe *TIL.LA.GID.DA.* – *BAD.KU* (Lesung?) 694, 7; 696, 8; 727, 2; Cyr. 304, 7. – *BAD.RAT* Nbk. 116, 9.

בוב *bâbu* 1) Thür, Pforte, geschr. *KÁ* (DAL 96) oft. *ba-ab* — — — 496, 2. *bâb nâri* 178; 193; 203; 505 u. ö. *bâb maxîri* Kaufladen (?) 238, 2; 239, 2, vgl. Asrbnpl. IX 49 und siehe *irbi*! *bâbâni* 344, 6; 912, 7. 2) Theil, Abschnitt (wie בָּבָא, باب, שַׁעַר, porta = Abschnitt, Capitel), siehe besonders 351,26–28, wo *bâbu* mit *xittu* wechselt. *1* (*maxrû*) –, *2-ú* (*šânû*) –, *šalšu* –, *4-ú*, –, *xanšu bâbu* 168, 3; 319, 3 ff.; 351, 28, 36; 365, 6, 9, 12; 398, 6; 422, 3 ff.; 476, 4; 513, 9; 529, 2; 550, 7; 557; 647, 6, 14; 821, 12, 15; 828, 3; 835, 5; 911, 5 f.; 1080, 17; 1097, 4 ff. Statt *bâb-šar* 531, 2 ist wohl *ŠE.ŠAR* zu schreiben. Dunkel ist

bâbtu (*bâbdu*). *ba-ab-tum* 32, 3; 101, 4; 243, 15; 398, 8; 414; 517; 547, 3; 742; Nbk. 285, 3; 331; 405, 2.

bâb(*KÁ*)*-tum* 66 (var. *bâb-du*); 546, 20; 924, 3. *bâb-tú* 739, 18. Vgl. *bâb tu ru* Nbk. 134, 17 mit *tu ru bâb* Z. 5 u. 14.

amêlu ba-bu-ti Kinder Nbk. 135, 29.

בול *bûlu* Gethier, Hausthier. *bu-lum* 780, 5. *bu-li-e* 1063, 13. *amêlu râb bu-lum* 273, 10, *bu-ú-ul* Nbk. 220, 6.

bu-lu ša šâmi Nbk. 309; Cyr. 41, 2 steht wohl durch Wechsel von *r* und *l* (s. DAG § 50) für *bûru* q. v.

בחל *bu-xal* männlich Nbk. 20.

בין* *bânu* geben, siehe PKA 80. 111. *i-bi-in-na-an-ni* Nbk. 78, 3. Impr. *bi-in-nim-ma* Nbk. 101, 3. *bi-in-nam-ma* Nbk. 115, 7.

ביר *bîru, bîrtu* (= בין Barth ZA III 58) Zwischenraum, als Praep. zwischen. *ina bi-ri-šu-nu* Nbk. 116, 8; 122, 7;

150, 11. *bi-rit* 552, 6; 688, 5; 1074, 4. *bi-ri-tum* Cyr. 128, 21.

בית *bîtu* m. u. f. (576, 5) 1) Haus, Tempel (oft.) *bît alpi* 496, 13; 702, 2. *bît LU.NITA* 304, 3; 357, 9. *bît bušû*, siehe *bušû*! 2) Behälter wie בַּיִת Jes. 3, 20, Nbk. 441, 2. 3) Feld vgl. בית כור, בית סאה Feld zur Aussaat eines Kors, Seas Getreide, 85; 356, 6; Nbk. 4; 164 u. ö.

bîtânu = בִּיתָן Palast? *amêlu ša eli bît-a-nu* Cyr. 311.

בכל* *iṣu ba-kil*? 218, 4,[7].

בלה *balû* Praep. ohne. *ba-lu-ú-a* Cyr. 312, 8. *ba-lu* Z. 24. ? *iṣu bu-lu-ú ša ilu Malik* etc. 163, 3 f.

בלט *balâṭu* leben. Prm. *bal-ṭu* Nbk. 403, 7; Cyr. 277. *bal-ṭa-at* 65, 16. ? *ba-al-ṭi-tum* Nbk. 134, 14.

balâṭu Leben. *bît balâṭi* (*NAM.TI.LA*) ein Tempel 477, 37.

בלכה IV 2 bundbrüchig sein. *it-ta-bal-ki-tu* Nbk. 90, 17.

nabalkattânu Bundbrüchiger. *na-bal-kăt-ta-nu* 210, 10; [1030, 10].

? *bal-kăt-ka-tum* 35, 5.

בלה* *balâtu* (ist *baltu* Fülle, Reichthum, Segen zu vergleichen?) in der Phrase *ŠE.BAR* etc. *ina balâtišu inamdin*: *ba-la-ti* 189, 5; 546, 23, 26; 766, 9?. *00 gurru ba-la-tum* 983; Cyr. 39, 2. *ba-la-a-ta* 1035, 8; 1055, 7, 9; Cyr. 157, 2. *00 gurru rîxi ba-la-tú* 729, 12 (vgl. *rîxti imitti*); *ba-la-a-tú* Nbk. 16, 10. *ina ba-la-a-tum* 1023, 2. Oft ist *ba* wie *ma* geschrieben.

בנה *ba-nu-ú* Nbk. 333, 4. *amêlu axû bani-i* 367, 4. ? *bu-un zêri* 1098, 3.

amêlu bânû Bauarbeiter. Geschr. *amêlu GIM* (LTP 179) 212, 14; 254, 11; 282, 2; 326, 5 u. ö. *amêlu râb ba-ni-e* 134, 13; 353, 10; 396, 5; 580, 14; geschr. *amêlu râb QAQ* 64, 10; 69, 10; 258, 4; 351. u. ö.

amêlu banûtu = *mârbanûtu*. *banu-ú-tu* Nbk. 346, 6; 386, 8.

tabnîtu Bauarbeit. *tab-ni-tum* 753, 27 *ša ziqratum*; 957, 2. Vgl. *tab-ba-ni-tum* 924, 5.

amêlu *mubannû* Bauarbeiter. *mu-ban-ni-ia* 579, 6. *mu-ban-ni-MEŠ* 259, 6.

בקא* *ba-qa-tum* 1030, 8.

êṣu *baq-qa-an?* 952, 6.

בקר* karpatu *ba-qar(gar)-tum* Nbk. 457, 16.

ברא *ib-ri* Speise 697, 7; Cyr. 339, 5.

? *bu-ur-MEŠ* Nbk. 224, 3. *bu-ru-ú-MEŠ* Nbk. 230, 3.

burânu: *bu-ra-ni-e* 746, 11; 748, 16.

ברה *bi-ir-ri* 258, 10. – *bir-tum ša Kunû* 934, 2; Nbk. 348, 2, 12; Cyr. 121, 5; 176.

ברה amêlu *bârû* Seher, geschr. *A.ZU* (DAL 313) 67, 21.

ברך *bu-ru-ku-ú* 537. – *ba-rak-ka-šu* 48, 5.

ברכל* amêlu *bur-kul*, Nbk. 439, 5. amêlu *bur-kúl* Cyr. 325, 5. – amêlu *bur-kúl-ú-tu* Cyr. 325, 4.

ברם (zusammendrehen). *dânê duppi ina kunûkêšunu ib-ru-mu-ma* 668, 20; 1128, 27.

birmu buntes Zeug. *bir-mu* 222, 3; 818, 5; 951, 8.

ברר *bar-ri?* 785, 3.

בשה *bašû* sein, haben. *ša ib-šú-ú bušû* ilu *Šamaš šû* 373, 11. *ib-šú-ú* 1105, 5. *mâla ba-šú-ú* 43, 7; 70; 75, 12; 344, 8; 375, 15; 581, 8; 619, 13; 1079, 7. *mâla ba-aš-šú-ú* 314, 8. Für *lâ bašê* siehe *taxxisu* etc.

III 1 machen. *paqâri ú-šab-ši* 356, 27. *ú-šab-šú-ú* (Rel.) 495, 13.

IV 1 *ibbašši* = I 1. *bûd sixî* etc. (*ša*) *ina eli amêlûti ib-ba-aš-šú-ú* (= *illû* q. v.) 126, 9; 274, 9; 300, 8; Nbk. 31, 7; 201, 8.

IV 2 *ittabši* dass. *kî sixû* etc. *ina eli amêlûti it-tab-šú-ú* 257, 10.

amêlu *ba-ša-a* 119, 6. *ba-ša-a* 666, 22.

bušû geschr. *ŠA.GA* (DAL 323 a), welches auch *makkuru* heissen kann, Habe, Schatz. 30; 357; 581; 690; 799, 16; 842, 4; 947, 8; 976; 1096, 2. *bušû* ilu – – 644; – ilu *Nêrgal* 315; – ilu *Ištar* (*RI*) 661, 6; – ilu *Bêl* 897; – ilu *Šamaš* 43, 9; 79; 172, 14; 342; 373, 2; 428; 448,

2; 483; 497, 2; 505, 2; 506; 539; 542; 599, 4; 636, 2; 643; 835; 846, 2; 883; 907, 2; 934; 936, 2; 987, 2; 1001. *bît bušû* 20; 23, 3; 236, 8; 398, 29; 458, 4; 462, 8; 469; 476, 4; 478, 4; 506, 6; 510; 513, 11; 528, 14; 599; 629, 7; 656, 6; 658, 13; 714, 2; 739, 12; 743, 8, 19; 746; 747, 5; 753, 4; 786, 7; 841; 847; 866, 6; 870, 2; 897, 6; 915; 972, 2; 998; 1035; 1037; 1049, 2; 1055, 2; 1087, 2. *bît bušû* (*rabû*) *ša ina muxxi nâri Sippar* 350; 457, 3; 482; 496, 3; 540, 5; 649, 3; 686; 932, 6; 963, 2. *bît bušû* *ilu* *Bêl* 808, 8. *bît bušû* *ilu* *Šamaš ša ina bâbi rabî ša bêlit* *ilu* *Ištar* 48. *bît bušû nidinti* (*nidinit*) *šarri* 297, 2; 318, 2; 379; 455, 3; 521, 3; 556, 3; 559, 4; 560, 3; 612, 2; 730, 7; 864, 2; 888, 4.

בתל *ba-tu-ul-tú* Jungfrau 243, 4.

בתק *batqu* Bersten (= des Hauses spec. der Wand (*ša bîti, asurrû*). *ba-at-qa* (so!) 996, 9; *bat-qa* 9, 8; 48, 9; 184, 7; 261, 7; 500, 8; 608, 9; 1030, 11. Cyr. 177, 16; 228, 8; 231, 10. *bat-qu* 239, 14.

ba-ti-qa-nu ein eisernes Geräth. 784, 19.

ג

GÛ (*GÛNU*) 216, 3: *šîm GÛ abnišu ša mandîti xurâṣi.*
GAB diš-ši? 429.

גבא *gabbi* all, alles. *gab-bi* 75, 12; 995, 7; 1030, 15; Nbk. 172, 6.

$גבא_4$ *abnu* ? *gabû* ein Edelstein. *ga-bu-ú* 612, 13; 751, 7; 938. *gab-ú* 794, 2; Nbk. 392, 2. *gab-bu-ú* 214, 3, 5; 1061, 2.

? *gi-bu-ú* 623, 7. Siehe zu *tuxalla*!

גבב *šîru ga-ab-bu* (גַּב) Rücken Nbk. 247, 4.

gu-ub-bi 807, 12. *gub-bu* 288, 9.

גבר *gabrû* Rival, Duplicat. *gab-ri kunûk maxîri* eine rivalisirende Kaufurkunde 85, 12. *gab-ri nantim* 244, 15; 832, 12. Vgl. 132, 14. 344, 17.

gabrânu dass. *gab-ra-ni-e* Cyr. 128, 26.

gi-bu-ru 1036. (V R 37, 14 d = *šuplu*). – *gi-bu-ra-ni-e* 1033, 6.

גבש *SU gab-šú-ú-pl.* 928.

GUG ^{abnu} Cyr. 116. Nach BList 11863 = *santu.*

GIG siehe *simmu*! *GIG.BI* (*UU mašixu*) 453, 5; 618, vgl. 71, 6. – *GIG.MA* 656, 4 f.; Nbk. 315, 3. Cyr. 34, 27; 336, 5 u. ö.

גג* *ga-ga* ein Nahrungsmittel 173, 5; 833. – *gug-ú* Nbk. 247, 3.

GI.GAB Nbk. 457, 4.

GI.DI siehe *takaltu*!

גדי *LU.NITA ga-du-ú* (גְּדִי) Böckchen, 375, 12, so auch 619, 11. *ga-di-i* 884, 4. *ga-di-ia* 884, 10.

גדל *gidîlu*, vgl. nh. גְּדִיל gehäuftes Maass, Maass für Gemüse. *gi-di-il* Cyr. 12; 340, 2.

גוד *ma-ga-da-a-ta parzilli ša agurru* 530, 5; vgl. nh. מְגוֹד ein Gegenstand worüber etwas behufs Trocknens ausgedehnt wird.

גוק* *gu-uq-qu-ú* 850, 2. *gu-qu-ú* Cyr. 256, 7. Eine Art Opfer, vgl. Joh. Jeremias BzA I 279.

gûqânu dass. *gu-qa-ni-e* 462, 12; 476, 25; 747, 19; 859, 3; Nbk, 1, 3. *gu-uq-qa-nie* 620, 2. Vgl. *gu-qa-pi*(?)-*e* 1055, 18.

GI.ZI siehe *kîsu*!

GAZ.ZID.DA ^{amêlu} 359, 13.

גזז *gizzu* (גֵּז) Schur. *TUK ultu gi-iz-zi ša ṣêni* 952, 12, ebenso ist 754, 2 zu lesen. *gi-iz-zu* 867, 2. *gi-iz-zi* 960, 3; Nbk. 294, 4; 296, 2. Vgl. *ṣênê gi-iz-za-ti* Nbk. 266, 8.

גזל *gu-zu-lum ša GI.MEŠ* 753, 14, 16.

גלב ^{amêlu} *gallabu* (*ŠÚ.I*, K 4378, I 62) 66, 8; 584, 17; 829, 18. – ^{amêlu} *gal-bu-tu* Nbk. 104, 4.

גלל *gallu* = גַּל Steinhaufen oder Qwelle? *axulâ gal-la ša kirib Barsip* 356, 7. *irat gal* ^{ilu} *Šamaš pixât Bâbilu* 990, 7.

גלן* ^{subâtu} *gu-li-ni-e* (Pl.) 990, 12. Vgl. גְּלוֹם, ܓܠܝܡܐ Mantel.

גלשׁ* [amêlu] *gal-a-ša* [ilu] *Adar* 536, 8. Ideogram?

גלת (siehe BList 2076) *gal-tum-pl.* 1029, 8. – [amêlu] *gal-u-ta* 478, 3. [amêlu] *gal-u-tim* 906, 5; 988, 11; 1010, 20; Nbk, 458. Vgl. 976, 19!

GIM [amêlu] siehe *bânû*!

גמל *gam-mil* 668, 9.

גמר *gamâru*, vollführen, im Verein mit einem andern Verbum adverbiel: vollständig. *alpê ina arxi Âru i-gam-ma-ru-ma iṭṭiru* 764, 12. *ŠE.BAR u šâmi i-gam-ma-ra-am-ma ina Bâbilu inamdin* Nbk. 309, 7. *ta-gam-ma-ar* 610, 7.

gamru, f. *gamirtu* vollständig, ganz. *gam-ru* 206; 243, 14; 939, 3. *gam-ri* 159, 9; 685, 2; 867, 7. *gam-ra* 545, 5. *ga-am-ru* Nbk. 426, 3, 5. *ŠE.BAR ga-mir-tum* 18, 5; 263, 5; 369, 4; 405, 6; 459, 5; 505, 6; 506, 6; 1001, 5. *gam-mir-tum* 36, 5; 352, 4; 448, 6; 907, 7. *kaspu* (*ka-sa-ap*) *ga-mi-ir-ti* (בְּכֶסֶף מָלֵא Gen. 23, 9), 116, 32. *ga-mir-ti* 85, 3. *ga-mir-tum* 178, 34. *ga-mir-tú* 687, 27. *ga-mi-ir-tim* 203, 31. *ana šîmišu ga-mi-ir-tum* 293, 30. *ga-mir* – – – 477, 24; geschrieben *BAD* Nbk. 135, 23, *BAD-tum*(*tim*) 14, 5; 132, 7; 280, 5; 445, 4; 446, 5; 720, 8. 1109, 2. *ana šîmi*(*-šu*) *gamrâtu* (DAG § 122, 3): *gam-ru-tu* 50, 8; 193, 15; 194, 4; 244, 7; 257, 5; 273, 5; 300, 5; 367, 6; 434, 4; 564, 6; 573, 4; 648, 4; 665, 4; 668, 15; 671, 6; 903, 3 (vgl. 829, 4). *ga-am-ru-tu* 116, 29; 293, 27; 477, 18; 687, 22. *ga-am-ru-tú* 178, 27; 203, 25. *gam-ru-tum* 400, 6; 509, 6. Geschr. *BAD.MEŠ* Nbk. 138, 18. *sulûpu gam-ru-tu* 254, 6; 354, 8; 622, 7; 627, 6; 916, 7. *gam-ru-tum* 71, 5.

gammaru dass. *gam-mar* 223, 7; 402, 2; 410, 8; 447, 2; 487, 2; 926, 2; 960. *sulûpu gam-ma-ru-tu* 34, 5.

gimru bezeichnet einen bei Getreide- und Gemüselieferungen erwähnten Nebenertrag der Landwirtschaft. *gim-ri* 236, 10. (*00 gur*) *gi-mir* 280, 5; 350, 7; 398, 3; 510, 5; 629, 13; 786, 8; 875, 7; 902, 4; Nbk. 18, 11; Cyr. 180, 20 u. ö. *gi-mir-šu-nu* Nbk. 347, 6.

גנג *gu-un-gu pi-in-nu* 1097, 2. Vgl. *gu-un-gu li-pi* Salmnzr Monol. I 28.

גנה *ginû* bezeichnete wohl ursprünglich ein Opferthier. Als neben die blutigen Opfer nicht-blutige in den Cultus einschlichen, bekam *ginû* die allgemeine Bedeutung „Opfer“ z. B. von Getreide, vgl. 762 mit 809 (*ginê = sattuk*). S. auch JEREMIAS BzA I p. 279! *gi-nu-û* Nbk. 247, 3. *gi-ni-e* 762 (vgl. *ki-ni-e* 44, 2); Nbk. 14, 2; 73, 13. *amêlu rê'u gi-ni-e* Nbk. 20, 7. Vgl. *GI? gudî, mûniqu* 884, 3 f, 10; *gi-na, gi-ni-e, gi-e* in *amêlu NI.SUR-ginê*.

גנן *šîru ga-an-ni* Nbk. 247, 4.

גסק* *gas(?)-qu* (*MUN*) 279, 13.

גצץ *ga-aṣ-ṣu iddâ* Nbk. 457, 8.

גקל *gu-qu-lu* 476, 7, vgl. *guqqallu* V R 38, 41 c!

GI.QAQ.SU 548, 8.

GUR (S^b 265) *ešu* 761.

גרב *gu-ru-ub-tum* 637, 5.

גרה *girû* 1) ein Gewicht für Geld? *gi-ru-û kaspi* Nbk. 195. *2 gi-ri-e k.* Nbk. 402, 16. *2 gi-ri-e-tum* Nbk. 258, 2; 271, 3. – 2) ein Maass für trockne Dinge (*šûmu*), vgl. גֵּרָיָא? *gi-rum* 107; 148, 8; 160, 2; 261, 10; 427; Nbk. 400.

GARIM (BList 10283) Determin. = *îru*? 606: *la-xa-ral* (?); 869: *xa-la-ab*; 897, 3: *raq-qa ilu Nabû* (*AN.PA*); 993, 6: *bi-ir-il*; 784, 4: *gi-lu-šu*, aber vgl. Nbk. 450, 11; Nbk. 274, 5: *GUB.BU amêlu* (?) *ša GARIM* 563, 5.

גרר *gurru*, geschr. mit Zeichen DAL 80, ein Maass für trockene und flüssige Dinge = 180 *qa*; vgl. جَرَّة Krug. passim. Ich schreibe *gur*, Gur.

גרש *šîru xi-in-ṣi* etc. *ul i-ga-ra-aš* Nbk. 247, 9. *i-gar-ra-aš* Nbk. 416, 2.

GIŠ.ŠUB.BA siehe *išqu*!

GIŠ.BAR bezeichnet eine (jährliche, *ša šatti*) Abgabe an König, Tempel; vgl. *makkasu* 197, 3; 374; 398, 8; 450; 452, 11; 455; 457; 546, 14, 21; 550; 554; 556; 559, 2; 560; 582, 5; 647; 658, 17; 691, 3; 729; 799, 10; 899,

4; 910; 911; 914; 917, 3; 919, 8; 986, 2; 999, 3; 1049; 1074, 8; 1108; Nbk. 239; 323; 370; 391, 6. *GIŠ.BAR. MEŠ* 722, 10.

גשל *gi-šil-li ša âmu 00* Nbk. 313, 5, 7, 9, 12. *gi-šil-li-e* Zz. 17, 21; *gi-šil-e* Z. 19.

גשמר *gišimmaru*, geschr. ᶦᵉˢᵘ *ŠAX*, Dattelpalme 4, 12; 103, 7; 116, 2; 132; 178; 193; 203; 293; 351, 25?; 437; 477; 687; 835, 9; 1102; Nbk. 90, 15; 135; 347 u. ö. Cyr. 160; 188; 200.

גשר *gišru* gewaltig. *bîtu ša ina qaqqadi gi-iš-ri* „ein Haus mit hochragendem Spitze“ 500.

ᶦᵉˢᵘ *gušûru* Balken (DAL 149) 66; 231, 2; 441; 500, 10; 753, 32; 1030, 13; 1036, 2; Nbk. 102.

gi-ši-ir-ri ša nâri Cyr. 23.

ד

דבב *dabâbu*, Prs. *idibbub*, Prt. *idbub*, sprechen, vor Gericht eine Klage (*dibbu*) erheben, um etwas (*ana muxxi*) streiten, Process (*dînu*) führen. *Bêl-iddina --- di-ib-[-bi] ittî N.N. ina pâni* ᵃᵐᵉˡᵘ *âšibê* (?) *ša Èsaggil i-dib-bu-ub* 102, 4. *Êa-zêr-ibni ana muxxi ittišunu ul i-dib-bu-ub* 65, 12; Nbk. 40, 11; 172, 5; 382, 17. *i-dib-bu-bu* 193, 25. *dîni ša* ᵃᵐᵉˡᵘ *qallika ša dîki ittîa lâ ta-dib-bu-ub* „betreffs deines Sclaven, der getödtet worden ist, sollst du mit mir nicht Process führen“ Nbk. 365, 6. *ana maxar --- dânê ša Nabû-nâ'id dîni id-bu-bu-ma* 1113, 8. *Nabû-gâmil ana eli šînip m. k. rašûtu ša abîšu ša eli Nadinu ittî Mušêzib-Bêl a/š Nadinu ina maxar* ᵃᵐᵉˡᵘ *šartênu u dânê id-bu-bu* 1128, 7; Nbk. 109, 6.

III 1 *ú-šad-ba-ba* 193, 25.

dabbu (*dibbu*) Rede, Klage. *da-a-bu* Nbk. 116, 8. *dib-bi* [102, 2] 356, 29; 697, 19; 1113, 8; Nbk. 247, 15; 379, 3. *dib-ba* (?) 772, 9.

dabâbu dass. *da-ba-ba* Nbk. 122, 7; 198, 9; 283, 19; 368, 6.

dabibu n.a. *da-bi-bi* Nbk. 52, 6. Nbn. 1119, 12 (?).

דגל *dagâlu* schauen; mit *pâni*: das Antlitz jemandes schauen = ihm zugehören. *i-dag-gal* Nbk. 90, 5. *id-da-gal* 380, 12. Nbk. 44, 6; 334, 18. *id-dag-gal* 697, 18. *zîru šuatim pânika li-id-gu-ul* Cyr. 337, 13. *id-dag-gal-la-'* (3 Pl. f., Pausa) Nbk. 246, 14. Vgl. *da-gàl* (Zeichen *dan, kal*) Nbk. 283, 18 (schr. *id-da-gàl?*). Ifteal *it-ti-gal-al* Nbk. 269, 4.

III 1 *ušadgil*, mit *pâni*: jemandem etwas schenken (= *nadânu*). *ana ûmu ṣâtu pânia ú-šad-gíl-ma* 356, 14. *ú-ša-ad-gíl* 697, 16. *ú-šad-gíl* Cyr. 277, 10. *ú-šad-gi-la* (Rel.) 668, 16. *ú-šad-gi-lu* (Pl.) 1128, 25; Nbk. 403, 4. *tu-šad-gíl* 65, 8, 15; Nbk. 283, 5. *tu-ša-ad-gíl* 1098, 8. *ú-šad-gìl-'* (Pl., Rel.) Cyr. 277, 6. – Prm. *šú-ud-gu-lu* 356, 25, 32. – Impr. *šu-ud-gíl-ma* 380, (10 ZA III p. 366).

abnu di gíl niš-rum (*man-dil?*) 321, 4; vgl. *abnu muxxu digili* Sargon Pr. 142.

amêlu di-gal (?) 906, 11.

דוד *dûdu* Topf. *du-ú-du ina muxxi na-ax-ma-ṣu maškânu* Nbk. 108, 7. *du-ú-du u na-ax-ma-ṣá* (so?) *maškânu* Nbk. 199. 5.

דיך tödten. *di-i-ki* getödtet Nbk. 365, 5.

דלל*, vgl. דִּלֵּל etwas anfertigen, ܐܬܕ sich beschäftigen; *dullu* Arbeit, Bearbeitung. *dul-lu dul-lum, dul-la* 23, 10; 84, 7; 86, 3; 96, 3; 119, 13; 159, 9; 195, 5; 281, 2; 284, 4; 320; 402, 2; 410, 7; 428, 5; 447, 2; 464, 7; 465, 3; 472, 2; 494, 2; 500, 9; 549, 2; 598, 6; 632; 645, 3; 673; 721; 723, 5; 734, 7; 748, 15; 770; 795; 804; 826; 878, 5; 895f.; 896; 906; 910, 913, 8; 938; 939; 947; 960; 976; 988; 993, 5; 1000, 5; 1002, 5; 1003, 4; 1010, 5; 1015; 1026, 5; 1029, 6; 1030, 13; 1036; 1037; 1080; 1133, 13 – *amêlu dul-la amêlûtu* 102, 5.

DU(.ZU) siehe *manzazu*!

דין *amêlu dânu* Richter oft. Pl. *da-a-a-ni-e* Nbk. 109. Geschr. *amêlu DI.TAR.MEŠ* 13, 2 u. ö., *DI.TAR.TAR.MEŠ* Nbk. 116, 5.

dînu Recht, Gericht, Process. *di-i-ni* 13, 12; 64, 2: 355, 12; 356, 41; 1113, 8; Nbk. 52, 6; 365, 5. *di-ni* 738, 13.

דכא* amêlu *di-ku-ú* Nbk. 120, 9. amêlu *di-ki-i* 184, 3. Vgl. nn. pr. *Di-ki-i* (803, 2) u. *Di-ki-i-tum* (270, 13).

DUK.KAN.DA 1005, 6.

דל iṣu *daltu* Thür. Geschr. iṣu *IG* 75, 8; 231, 2; 283, 2; 429, 6; 555, 4; 960, 2; 1012, 2; 1046, 3; Nbk. 129, 4. *dalat šamê ša* ilu *Gula* 1121, 12.

דלח amêlu *da-li-'* Wasserschöpfer (?) 786, 11.
da-lu-ú Nbk. 426, 5. *da-lu* Cyr. 246, 2. *da-la* Nbk. 451, 9. – *di*(?)-*li-it-tum* 258, 14.

DAM amêlu 17, 18; 464, 2. amêlu *rab* amêlu *DAM.MEŠ* 464, 6.

דמם iṣu *di-im-mu* 91, 1, 5.

דמק (*šikaru*) *damiq-tum* 747, 17; 799, 14.

דנת ?*din-it-tum* 709. *di-na-a-a-tum* 956, 2.

דנן amêlu *danni-e-a* (*ID.IG*) 578, 12, als n.pr. passim.
dannu eig. Adj. gross, gewaltig, daher Pl. *dannûtu*, dann Subst., passim mit Determ. karpatu „grosses Gefäss". In dieser Bedeutung ist das Wort aus dem Babyl.-Assyrischen in die aramäischen Sprachen und ins Arab. gewandert (דַּנָּא, ܕܢܐ?, دَنّ). (karpatu) *dan-nu šikari* [73;] 173; 600, 4; 787, 12 *malû šikari*; 815, 2; 966, 2; Nbk. 325, 6 *xipû u xalqu*: 338, 5. *dan-na* (?) 956, 3. Pl. *dannû* (DAG § 67, 5) und *dannûtu*. *130 dan-nu-u riqûtu* 572. *dan-nu-tu* 204: *riqûtu lâbîrûtu*; 254, 2; 258, 12; 335, 6; 600, 8; 761, 5; 816; Nbk. 325. *dan-nu-tú* 326; Nbk. 441, 7. *dan-nu-tum* 82, 8.
iṣu *dan-nu-ú* 761.

דפפ *duppu*, *duppatu*? Tafel, Urkunde, Brief etc. *dup-pi* 355, 12: *dîni*; 356, 21: *mârûti*: 500, 13; 668; 1030, 3; 1128, 27. *xipi dup-pi u dup-pi* 475, 2. *adî dup-pi ana dup-pi* Nbk. 207, 14; 346, 10. *dup-pi-i-ni* Nbk. 359, 9 f. Geschr. *IM* = Brief 574; 909; 975; 1038; 1134. *IM bûda* 722, 6. *IM.DUP* 85, 10; 116, 39; 132, 7; 165, 12; 178, 41; 193, 28; 203, 39; 258, 24; 293, 36; 356, 14, 17;

477. 35; 580, 8; 626, 2: *mârâtu*; 687, 34; 697, 2. *mâr-banâti*; 964, 7; 990, 21; 1031, 10 u. ö. *duppa-ta-šu* 666, 3. *duppa-ti-šu* 693, 5. Pl. *dup-pa-nu* 356, 29; geschr. *IM.ZUN* 845, 7. Vgl. unter *mênâtu*!

?*da-ap-pu* Nbk. 202, 8.

DUP ^eṣu^ (= *xandilpiru* K 40, II 57) 644, 2; 947, 4?. – *DUP.ZAG* ^amêlu^ 558, 8, 19. – *DUP?* -*ki-tum* 321, 5. – *DUP.KAN.NU* ^eṣu^ 171. – *DUP.KAN.NA* Cyr. 166, 4. Vgl. *DUP?.KAN.DU* 173, 11. – *DUP.ŠID?.DU* Nbk. 249, 35. — *DUP.ŠAK* siehe *qudmu*!

^amêlu^ *dupšarru* Tafelschreiber 33, 4; 55, 15 u. ö.

דפר *di-pa-ru* Fackel 753, 17. Geschr. *GI.BIL.LAL* Nbk. 457, 5.

דקר* angen. Wurzel für *damqaru* Feldarbeiter; ^amêlu^ *dam-qar* 612, 5; 749, 9; 887, 2.

דרד *di-ir-du* Cyr. 307, 5.

דרך *da-ri-ku* ein Product der Landwirthschaft 6, 21; 623, 8; Nbk. 432, 7. *da-ri-ka* Nbk. 347, 10. *id-ri-ka*? 571, 7.

דשׁב *dišpu* Honig. *di-iš-pi ellu* 428, 7.

דשׁשׁ ?*da-aš-ša-a-tum ša iršu ša sapâri* 206, 2.

diššu? ^amêlu^ *râb diš-ši* 64, 8; 920, 3; 1045, 3 (so?); 1128, 35. Nbk. 103, 12.

ו

$וא_3ד$?*e-da* 824, 9. ?*e-du-tum* 6, 3.

יבל tragen, bringen, wegnehmen (vom Tode). *mulâ šimtum ú-bil-ma* 356, 23. *ub-lu* 1128, 12. *ub-lu-num-ma* 13, 6. *ú-bil-lu-šu* Cyr. 332, 8. *ú-bi-el-mu* Cyr. 332, 18. *lu-ub-lu* 356, 30. *ub-lam-ma* 668, 13. *ana maxrikunu ub-la-aš* 356, 28. Beachte *kirru* etc. *ša 00 š. k. ub-ba-lu* so und so viel beträgt, werth ist 145, 2; Nbk. 307, 2; Cyr. 158, 12. *ub-bal-la* Cyr. 313, 13.

I 2 *it-ta-bal* 843, 10.

III 1 Prm. *šâbul*. *šú-bu-lu* 233, 2; 906, 11; 947, 10. *šú-bu-ul* 104, 2; 121, 8; 332, 6; 384, 13; 421, 8; 594,

8: 710, 3: 748, 3: 793, 4; 856, 7: 862, 6; 896, 4; 1063, 4. *šú-búl* 265, 11: 402, 7: 489, 12: 705, 6: 735, 5; 782, 6; 860, 2; 866, 3; 878, 6: 929, 7: 957, 4: 993, 7; 1000, 3: 1017, 4. – Impr. *šú-bi-lu* 1134, 8. *šú-bil-la* · · · · 1038, 7; Cyr 375, 8. *šú-bi-la-nu* Cyr. 369, 10.

biltu Talent: geschr. mit Zeichen DAL 78 oft. [*bi*]-*la-tum* 504, 7. *bi-il-tum* Nbk. 441. 8. *bil-tum ša xuṣâbi* 623, 7: [973, 11]; Nbk. 301, 24. *bil-tum* 824, 18. *bíl-tú* Nbk. 347, 10. *iṣ-ṣi bil-tum* 606, 5: 687, 2. *iṣ-ṣi biltu* 964, 2, so ist auch 477, 2 zu schreiben u. lesen. *iṣṣi* (*GIŠ*, V R 26, 44 e, BList 5701) *bíl-tum* Cyr. 200. *iṣṣi biltu* Cyr. 161.

ודה *âdu* Gesetz. *a-di-e ša Nabû-nâid* 197, 6.

ולד *alâdu* gebären. *tu-ul-li-du-ma* 343, 6. *mâr aššatia ša lapâni mutišu maxrû tu-li-du* 380, (7 ZA III 366). *mâra u mârta lâ tul-du* ibid. Z. 4. *ištênit mârta ú-lid-su* 356, 4.

I 2 *it-tu-la-du* 380, 7, 9.

alittu Junges (oder *âlittu* werfendes Mutterthier?). *a-lit-tum* 296; 312; 646; Nbk. 348, 7.

lidânu dass. *qimê li-da-nu* 29, 2. *kissat li-da-ni* 1055, 17.

וצא *aṣû* ausgehen. *a-ṣu-ú* 98, 3; 600, 7. *sûqu SIQQU a-ṣu-ú* eine Strasse 258, 6. *a-ṣi-tum* Cyr. 128, 21.

II 1 *uṣ-ṣu-ú* Prm. Pl. 53, 4.

ṣâtu Ewigkeit. *ûm(u) ṣa-a-tú* 356, 14; 564, 6; Nbk. 115, 13. *ṣa-a-tum* 1098, 8. *ṣa-a-ti* Nbk. 247, 13; 416, 5.

ṣitu Prössling. *ablu ṣi-it libbi* 380, 6, 8.

mûṣû Ausgang. *mu-ṣu-ú* 53, 4, 7 *ša kutal bîti*; 280, 7 *ša Barsip*; 893, 2 *ša ûmu*; 1102, 6 *ša šarri*; 1128, 16 *ša ina pu-ti-šu*; Nbk. 350, 3. *mu-uṣ-ṣu* 845, 6. *ina mu-ṣu-šu-nu ana eli palgi uṣṣû* 53, 3. *mu-ṣi-e* 664 ö.; 737, 6; 1128, 23; Nbk. 164, 5.

ורד *ardu* Knecht, Diener. *amêlu arad* (DAL 26) *êkalli* 981, 6; 1003, 4. *amêlu arad Nêrgal* (V R 44, 55 c) 149, 3; 282, 12. (*amêlu*) *arad-šarru-ú-tu* (*tú*), siehe *bûd*! *f arad-šarru-ú-tu* Nbk. 67, 8.

ardûtu Knechtschaft 1113, 8.

ארח *arxu* Monat, im Datum oft. Beachte das Adv. *arxa-a-ta-'* (vgl. *ištên-na-ta-'*) 282, 6; Cyr. 45, 6, vgl. 48, 10.

ורך *arki* Adv. u. Praep. temp. darauf, darnach, nach. 1) Adv. *ár-ki* 293, 9; 356, 37; 668, 9; 760, 5; 1111, 7; 1113, 12. *ar-ki* 697, 17. – 2) Praep. *ár-ki* 380, 6; 1048, 4; 1113, 22. *ar-ki* 184. 8. *arki* (DAL 135) 737, 11. Vgl. *ar-ku* 953, 4!

arkû, f. *arkîtu* (oppos. *maxrû*) später, zweiter. *ár-ku-ú* 170, 5; 214, 11; 854; Cyr. 332, 9. *arxu Addaru ár-ku-ú* 51, 14. *arku-ú* 688, 18. *arku-u* 835, 10. *ár-ki-tum* 57, 2; Nbk. 277, 3. *uantim ár-ki-ti* Nbk. 320. *ra-šûtu arkî-ti* Nbk. 228. 5. *ár-kǎt* 849, 12. Pl. *ár-ku-tu* Nbk. 368, 9; geschr. *GID.DA.MEŠ* Nbk. 247, 19; 416, 10. Für *GID.DA* = *arâku* (ורך II 1 *urrik*, nicht $פאר_3$ DAS p. 117) s. II R 11, 55 g.

urkû dass. *kaspu ur-ku-ú* (oppos. *maxrû*) 1024.

?*ar-ra-ka* 66, 2. – *ú-ra-ki-e* 206, 5.

ורש *amêlu ú-ra-šu* 632; Nbk. 104, 4. – *amêlu mu-ra-ši-i* 546. 27; 915, 23.

ושב sitzen, beisitzen (jurid.); wohnen. *ina duppi mârûtišu ti-ša-ab* 380, (9 ZA III 366). *ina bîti uš-ši-bu* Nbk. 137. 11. Prm. *ašib*, *ašbu*. *Balâṭsu ana amêlu šibûtu ina uantim ša Nabû-axê-iddina a-ši-ib* 194, 8. *Rîmût ana amêlu mukinnûtu ina libbi a-ši-ib* 681, 8. *Mušêzib-Marduk ina bîd aš-bi* 231, 21. *Nabû-axê-iddina ina libbi aš-bi* 755, 8. *ummu ša M. ana šibûtu ina libbi aš-ba-at* 903, 8. *f Burâšu ana amêlu mukinnûtu ina libbi aš-ba*[*-at*] 1111, 16. *bîtu ša ina libbi a-šib* 1047, 12, *aš-bu* Nbk. 350, 4, 11, *aš-bu-'* 1030, 5. *ana amêlu mukinnûtu ina libbi aš-ša-bu*[*-ú*] (DAG § 53 c.) 508, 15. Ptc. *a-ši-bat* Nbk. 247, 7. *amêlu âšibûtu* (*TIL.LA.MEŠ*) *ša Êsaggil* 102, 4.

ušâbu n. a. Beisitzen, Beisein, vgl. *manzazu*! *ina* (*lâ*) *u-ša-bi ša* (eines Mannes) 65, 9; 957, 2; Nbk. 101, 13. *ina u-ša-bi*(*bu*) *ša* (einer Frau) 65, 24; 67, 14; 178, 47; 270, 13; 313, 21; 314, 25 *aš-a-bi*; 433, 12; 437, 11; 697, 28; 700, 11; Nbk. 135, 41; 138, 21; 166, 14; 198,

17; 328, 16; 374, 37; 377, 18. *a-šab-bu* Nbk. 72, 20. Vgl. *aš-ša-bi-e*? 26, 14.

ašbu n. a. dass. *ina aš-bi ša* ^{f} *Damqâ* Nbk. 67, 15.

ašbûtu Bewohnung. *aš-bu-ú-tu* 261, 4.

šubtu Wohnung. *šub-tum* 694, 7; 696, 8. *šú-bat-MEŠ* 283, 8, 11. *šú-ba-tum ša marri* 753, 32. Geschr. *UNU* (S^{b} 190) 553, 8, (DAL 123) 103, 15, *KI.KU* (BList 9824) im Tempelnamen *Šubat-tašilti* Nbk. 247, 12; 416, 4.

šibûtu Beisitzen, wechselt mit *mukinnûtu*. ^{amêlu} *ši-bu-ú-tu* 194, 7, vgl. oben zu *ašib*! *ši-bu-tu* 903, 8; Nbk. 104, 14.

ושר demüthig s.; davon (?) ^{amêlu} *a-ša-ru-ú-tu* 804; vgl. *ṣâbê* Z. 18.

יתר überschüssig s. *kaspu mâla it-ti-ru* [*u*] *ma-aṭ-ṭú-ú kî maxîri*[*šunu*] *axâmeš ippal* 50, 16. *zêru immašaxma mâla it-te-ru u maṭ-ṭu-ú kî maxîrišunu axâmeš ippalu* 477, 33. *mimma ina êri u ṣêri ina muxxi Bêlšunu ina muxxi it-ti-ru axâtašunu* Nbk, 300, 7. *kasap rixtu šîmi zêri ša ina mišxat i-ti-ru* Cyr. 320, 8. *ša ina mišxatum i-ti-ru* Cyr. 346, 4. *it-ra*? 280, 7.

atru Ueberschuss, in der Phrase: *00 m. k. kî atri iddinsu*. *at-ri* (*ru*, *ra*) 116, 29; 132, 5; 178, 28; 193, 5; 203, 26; 477, 19; 687, 23; Nbk. 4, 13; 164, 26; Cyr. 188, 24; 345, 26. Geschr. *DIR* (II R 11, 65 e = *u'attar*) Nbk. 135, 20. *a-ta-ar* V R 67, 1, 25. *adi at-ri* Cyr. 161, 35. ?*a-ta-ri*? 324, 16..

utru (*utûru*?). *ina ú-tur-šu-nu* Nbk. 51, 4. *ina ú-tur* Cyr. 148, 7. *ina ú-tir* Nbk. 261, 6, so auch Nbn. 466, 7.

^{iṣu} ?*attaru* (vgl. ^{iṣu} *attarâti* Sanherib VI, 56, Karren? Bezold KB II 113). ^{iṣu} *at-ta-ri ša* ^{ilu} *MIR* (*NITA*). *RA. GAL* 1012, 4.

ז

זבל *zabâlu* tragen, bringen. *idi-pl.* ^{amêlu} *amêlûtu ša ŠE.BAR ana bît bušû iz-bil-lu-nu* „Lohn der Mannen, welche Getreide nach dem Speicher gebracht haben“ Cyr. 24. 6. Vgl. *zi-bil-nu* 23, 12; Nbk. 174, 3!

zabbilu eine Geräthschaft; vgl. זְבִילָא Schaufel, ܙܒܝܠܐ Korb, زبيل Fraenkel, Aram. Fremdw. p. 78. *zab-bi-lu* 604, 13; 895; 1119, 3 *ša šingu*. *zab-bíl-lum* Nbk. 225. *zab-bíl-lu* Cyr. 369, 9; 371, 10. *za-ab*[*-bíl-li*] 220, 1, 4. *zab-bíl* Nbk. 433, 7. *zab-bi-la-nu* 89, 6. *zab-bíl-la-nu* Nbk. 433, 5. Vgl. *zi-bíl-li* Nbk. 178, 2.

ZID.DA (*KU.DA*) siehe *qimê*!

זיב fliessen vom Pech. ?*za-bu-ú* Nbk. 433. 7. *mu-zi-ib-bi* 961, 4. *mu-zi-ib-tum* 876, 11.

זוז *zâzu* theilen, zutheilen. *i-zu-zu* Nbk. 135, 5. *i-uz-za-zu* Cyr. 168, 5. *ta-zi-zi* 65, 12. *ana zitti za-a-zu* 776, 12. II 1 *ú-za-'-i-zu* 787, 6. *ú-za-i-zu-ma* Cyr. 128, 3.

זין* *zittu* Theil, Antheil. *zi-it-ti ša Dânu-šum-iddina ina bíti u kaspi ânu* 85, 8. Geschr. *XA.LA* 6, 2; 9, 5; 50, 2; 51; 157, 5; 169, 22; 232, 2; 244, 12; 251, 7; 276, 6; 351, 26, 35; 356, 38; 380, 10, 14: *bêl zitti-zu*: 466, 8; 515, 4, 11; 522, 7; 531, 5; 552, 7: 760, 9; 776, 5, 12; 787, 6, 8; 791, 8; 990, 8; 1031, 4; 1111, 11; 1123, 10; Nbk. 214; 235; 246; 251; 283, 15 u. ö. *XA.LA-ti* 17, 5.

זכה *zakû* rein s.; einer Verpflichtung ledig s. (Peiser KA (81) 85. Prm. *zaki* : *kî lâ uktinnuš za-ki* „wenn er ihm die Verpflichtung nicht auflegt, ist er der Verpflichtung ledig“ Nbk. 125; 266, 7. (*lâ* fehlt!); 366, 10 (dito). *za-ku* Nbk. 52, 12. Inf. *ana za-ki-i* Cyr. 302, 10.

זכה II 1 erlangen (nh.) machen, geben (?): $^1/_3$ *m. k. xubûlu I. ana É. elat šîm bíti uz-za-ak-ka* 633, 6. Vgl. 954, 2 (?)!

ZA.KUR KUR.RA 349; 637, 4, vgl. *TUK*– –.

זכר *zakâru* sprechen; schwören (= *saqâru*). *ana lâ enê nîš Nabû u Marduk ilânišunu u nîš Nabû-kudurri-uṣur šarri bêlišunu ištêniš iz-ku-ru* Nbk. 164, 37; 416, 11. *nîš ili u šarri za-kar* Nbk. 122, 8.

I 2 *izzakar*. *šum nišê ilâni iz-za-kar* Nbk. 116, 10. *nîš Marduk* etc. *iz-zak-ru* (Pl.) Nbk. 247 21.

זלא* *zal-lit-tú u gizzâti ša ṣêni* Nbk. 266, 9.

זלל *SU zal-lu* 1034. *SU zal-la-MEŠ* Cyr. 148, 5. *SU za-al-la* Cyr. 214. *SU zal-la-ni* 836, 5.

זמר *amêlu zammarê* (*LUB.MEŠ*) *ša šarri* 264, 10.

זקף *zaqpu* gepflanzt. *zaq-pu*(*pi*) 43, 6; 116, 2; 165, 4; 178; 193; 203; 437; 477; 580; 678; 760; 964. *za-aq-pu* 116, 10; 687, 2. *za-qip-a-ni* 435, 2 (so!), 5.

zâqipânûtu Bewirthschaftung. *za-qip-an-nu-tu* Nbk. 115, 12. Vielleicht ist diese die Lesung des Ideograms *amêlu NU.GIŠ.ŠAR-ûtu*.

זקר *ziqurratu* hochragender Tempel. *zi-qur-ra-tum* 223, 3. *ilu ziq-qur-rat* 428, 5; 1046, 4; Nbk. 306, 3.
ziq-ra-tum dass. 753, 27 f.
ilu ziq-qù-ra-nu 1036, 4.

זרא$_4$ *zêru, zîru* (זרע) Saat, Aussaat, Saatfeld, geschr. *ŠE.ZIR* 65, 6; 116; 132 f.; 165, 4; 178; 193; 203; 226; 293; 307, 7; 327; 372; 418; 437; 440; 442; 451, 13; 462; 477, 25; 525; 552; 576; 577 f.; 580; 605; 678; 687 f.; 690; 718; 756; 760; 787; 829; 835; 837; 964; 990; 995; 1021; 1031; 1098; 1102; 1111; Nbk. 36; 90; 93; 115; 135; 141; 206; 251; 267; 311; 444; 453; Cyr. 3; 26; 99; 124; 130; 160; 173 f.; 188; 225 f.; 230; 264; 308 f.; 320; 323; 336 f.; 345 f.; 348; 360.
amêlu za-ra-a-a 235, 2. — *za-ra-tum* 558, 22.

זרם* *za-ra-ma-tum* 558, 21.
?*zir-mu-ú* ein Geräth 258, 36. *karpatu* ?*zir-mit-tum* Cyr. Cyr. 140. 4.

זתך* *amêlu za-tak-ku*? 1055, 11.

ח

חבא (verbergen, verwahren). *amêlu xubâ ša kurummâti šarri* der Verwahrer des Speisenvorraths des Königs (?). *xu-ba-a-a* 357, 5, 21; 546, 3, 15; 630, 13; 662, 7. Vgl. *amêlu* ?*xu-ub* · · · · 1122, 10.

חבא erlöschen, Prm. *xi-bi* wechselt mit *xi-pi* q.v.

חבל *xi-bil-tum* 689, 2; 940, 14.

xubullu Zins. *xu-bul-lum* 36, 7; 112, 5; Nbk. 119, 3; 133, 6; 197, 7; 420, 5. Geschr. *XAR.RA* 9, 7; 15, 5 u. sehr oft.

חבשׁ (?פ) *xu-bu-šu* 1097, 4.

חבץ *xu-bu-ut-tum* 324, 5. *xu-bu-ut* .... 387, 15.
xubuttatu. xu-bu-ut-ta-tum 618, 8; 659, 27; Nbk. 89, 4. 258, 2. *xu-bu-ut-tu-tu* 183; Nbk. 73; 200. *xu-bu-tu-tu* Nbk. 46, 5.

XU.GAQ ^amêlu^ 228, 8; 889, 2; Nbk. 43, 7; 162, 2.

חדה *xûdu* in *ina xûd libbi* von freien Stücken, freiwillig (synon. *ina migir libbi*). *xu-ud* 39 f.; 65; 75, 14; 113; 126; 196; 212; 257 f.; 273 f.; 300; 336; 348; 388; 400; 434; 509; 533; 564; 615; 626; 635; 648; 665 f.; 671; 680; 693; 697, 12; 765; 801; 829; 990; 1020; 1044; 1083; 1098. *xu-di* Nbk. 207, 4. *xu-du* 648; Nbk. 117. *xu-ud-di* Cyr. 277, 2.
xa-di-e Cyr. 361, 8. *xa-di-it* (?) 939, 2.

חוט *xa-u-ṭu* 88, 2; 118, 4; 119, 5; 190, 7; 279, 7; 432, 4; 545, 7; 591, 5; 966; 1007; Nbk. 208, 3; 334, 4; 369. *xa-ṭu* 345; Nbk. 247, 6; Cyr. 97, 4.

חושׁ hell, rein s. (ZBPS 6, Anm. 2). ? *xa-aš-tum ša dannûti* 600, 8. Vgl *xaš*(?)-*tum* 1060, 8.

חזז *xa-zu-zu* 580, 2; 720, 6, nach Cyr. 130, 7 n.pr.

חזן ^amêlu^ *xazânu* Stadtherr. *xa-za-nu* 108, 8; 920, 2; 1019, 2; Nbk. 131, 21.
^subâtu^ *xu-za-ni-e* 320, 6 f., 10.

חחר ^amêlu^ *xu-xar* Vogelfänger (?) 381, 9.

חטט *xaṭṭu* Stab, geschr. ^iṣu^ *XAT ša* ^ilu^ *Anunitum* 489, 11.

חיס* *i-xi-is-su* (*šû imêrê raqûtišunu*) 916, 17. Vgl. *i-xa-i*(?)-*sa-sa* 787, 16.
? *xis*(?)-*su* 467; 664, 3.

XAL ^amêlu^ 123, 8. ^amêlu^ *rûb* ^amêlu^ *XAL.MEŠ* Nbk. 234, 3. = *bârû* Seher?

חלא* *xi-li* 679, 5 (Impr.?); 764, 12.

חלב II 1 bedecken, *u-xal-lab* 48, 11.

ṣubâtu naxalabtu Gewand. *na-xal-ab-tum* 78, 21, vgl. Zz. 6 f., 10, 12, 14, 17. Geschr. *TUK GÙ.UD.DU* Cyr. 7. u. ö.

חלחל *xal-xal-la* (*qimê*) 92, 2; 767, 9; Nbk. 427, 2. Vgl. ZBPS 59.

חלל höhlen. *iṣu xul(l)ânu* (*eššu, lâbîru, pitû ša ilu N.N.*) Opfergefäss. *xu-ul-la-nu* 78, 3, 8; 115, 5, 12; 143; 164, 14; 660; 694, 4; Nbk. 312. *xu-la-nu* 137; 252; 696; 848, 4.

xi-il-la-tum 664, 5.

חלץ *GÙxal-ṣu* 195, 2. *iṣu GÙxal-ṣu* Cyr. 7. *xi-il-ṣu* 737, 3; 1060, 4.

xi-la-ṣu Cyr. 279, 3.

חלק zu Grunde gehen, beschädigt werden; fliehen. Prt. *ix-li-iq-ma* 697. 6. *ṣâbê ša ultu šutâm šarri ix-li-qu* Cyr. 276, 4.

xalâqu 1) Flucht, Ausreissen, geschr. *XA.A* 1113, 17. 2) Vernichtung. *xa-la-aq-šu* Nbk. 247, 18; 416, 9; geschr. *XA.A* Nbk. 125, 15; 198, 8; 283, 20; 368, 8. *xal-laq-šu* Cyr. 183, 26.

xi-li-qu Flucht Nbk. 346, 8.

xalqu beschädigt. *xal-qa* 579, 2. *xal-qu* Nbk. 325, 6. *zêru xal-qa* Cyr. 348, 8. *ṣâbê xal-qu-tu* Cyr. 292.

חלר *xalluru*. *00 š. k. xal-lu-ru* 1019, 5; 1075, 9 f., 12, vgl. Z. 16. Nbk. 373, 7, 12.

חמא *xi-mê-tum* (= חֶמְאָה) Nbk. 188, 2; Cyr. 327, 5.

iṣu xi-mi 172, 9.

חמץ *šîru? xi-in-ṣi* Nbk. 247, 9.

na-ax-ma-ṣu Nbk. 108, 7; vgl. 199, 5.

חמש *xummušu* das Fünftel (חֹמֶשׁ), und gebraucht wie *suddu'* q.v. *xum-mu-šu* (*kaspi*) 98; 522; 677, 2; Nbk. 33 (var.); 258; 271, 2; 308, 6; 373, 6; geschr. *5-šu* 1075, 9, 20; Nbk. 358, 9 u. ö. *kaspu ša ina 1 š. 5-šu* Nbk. 357, 6; 408, 15; – *5-'* Nbk. 377. Vgl. *5-'-ú* Nbk. 13.

xanšâ funfzig. *amêlu ràb 50-e* 480, 10. Vgl. *50-e* Nbk. 131, 10, 12.

חנד* ?*xi-in-du* Nbk. 10, 2.

xa-an-du XU Nbk. 451, [1,] 9, vgl. Nbn. 537, 6 *xa-an-du-ú-nu*(?). *xandû* s. BList 2515 f.

א₄הפ zerbrechen, brechen, vertilgen. *ša riksu i-xi-ip-pu-ú* 697, 21. Prm. *xi-pi* in der Bemerkung *xipi eššu* „zerbrochen, neu" Nbk. 403, 8; Cyr. 312, 25. *xi-bi*(*pí*?) 75 ö.; 212, 9; 475, 2 f.; 687, 33; 891, 3.
II 1 Prm. *xu-up-pu-ú* 784. 10. *nantim maxrêtum xu-up-pa-'* 587, 6; Nbk. 116, 12; 172, 17; 309. 10.

xipû zerbrochen. *xi-pu-ú u xalqu* Nbk. 325, 6. *xi-pa-a-ta*(*ti, tum*) 311, 8; 605, 10; Nbk. 42, 25; 60, 7; 65, 8; 302, 12; 426, 11.

xapû (*xabû*?). *xa-pu-ú ša êgiri* 292, 5. *xa-pu-ú* Nbk. 457, 18 ein Gefäss (?), vgl. Jensen KB II 225. Vgl. *xa-pu uxinu* 354, 12; [7, 15]. *3 gur xa-pu uxinu* Cyr. 333, 19.

הצב *xuṣâbu* bezeichnet einen Theil des Ertrages der (Dattel-)Ernte; vgl. *xiṣbu* Fülle u. خصب proventus ubertas. *xu-ṣa-bi* 117. *biltum ša xu-ṣa-bi* 623, 8; 973, 11 (*xu-ṣab*); Nbk. 301, 24; 347, 11; 364, 7.

הצן *xa-ṣi-na-a-ta* (Pl.) Axt (חֲצִינָא) Nbk. 92, 3.

חצן *xuṣṣu* „der Anbau, der neben dem Hause ausgestreckt ist" nach 499, 18: *xu-uṣ-ṣu ša itti bîti kâri ṭipû* (טבה). *bît xu-uṣ-ṣu* 845, 5. Vgl. nh. הַצִּצְתָּא, צִיץ u. אַפְּצָא!

הצר *xaṣâru* entweder „das Grüne" (vgl. חָצִיר, خضر grün s.) oder „das Pflücken" (Peiser; vgl. خاصر, تَخَصَّرَ manu reprehendit). *ina arxi Araxšamna* (*Tašrîtu*) *ina xaṣâri ina mašîxi ša 1 pi šulûpu inamdin: xa-ṣa-ri* 6, 8; 504, 5 (obs. *ina xaṣâri ina eqlišu*); 623, 4; 875, 5; 973, 7; Nbk. 347, 7 (*ultu xaṣâri*); 364, 6; 432, 5. *xa-ṣar-ri* 627, 7.

XAR ^{abnu}, siehe *šêmiru*! *XAR* pl. Cyr. 276, 2.

א₄הר graben. Inf. *xa-ru-ú* Nbk. 90, 13. *xa-ri-e ša xur-ri* 728, 3. *xirûtu i-xi-ir-ri* Cyr. 200, 6. *i-xi-ri-ma* Cyr. 126. 6.

xa-ru-ut-tum (*ša eqli*) 578, 7; Cyr. 200, 7. *xi-ru-ti* 578, 8, vgl. Nbk. 202, 10. *xi-ru-ú-tu* Cyr. 200, 6. *xi-ri-tum* 483, 4. *xi-ri* 703, 7. *la xi-ri* Z. 5 f. Cyr. 371, 9. *la xi-ru* Nbk. 202, 3, vgl. Z. 10. *xi-ru-*[*tu*?] *la xir-tum* (?) 673, 15.

חרב *xu-ra-ba* 117, 2.

חרגל* *xar-gál-lum* Nbk. 451, 4.

XAR.XAR amêlu 600, 4; Nbk. 137, 15.

חרץ *xa-ri-ṣu* Canal 781, 16 ff.
xariṣu in der Phrase *ana šîmi xariṣu* (*xarîṣ*), oppos. *ana šîmi gamrûtu*. Peiser übersetzt „Unter Anzahlung“, ZA III p. 84 Anm. 3. *xa-ri-ṣu* 635, 5; 756, 9. *xa-ri-iṣ* 40, 4; 59, 9; 126, 4; 196, 5; 212, 5; 248, 12; 274, 4; 336, 5; 348, 5; 388, 4; 666, 5; 680, 5; 693, 8; 765, 6; 801, 4; 806, 5; 829, 4; 892, 4; 964, 11; 1020, 10; 1044, 4.

חרר *xar*(?)*-ri* 720, 6; 829, 11, vgl. 837, 6; Nbk. 168, 9. *xar*(?)*-ru* 753, 16; Nbk. 427. *xar-ra* Cyr. 130, 6. *xur*(?)*ri* 728, 3.

חרר *xarrânu*, geschr. *KAS* mit Dualzeichen, Weg, Strasse; Unternehmen, Geschäft. *xarrân šarri* (*ša kišâd nâri* ilu *Bânitum*) 116, 8; 178, 10; 193, 5; 203, 9; 760, 7; Nbk. 374, 4. *xarrân Kiš*(*ki*) 133; 760, 7. *xarrân* – – – 553, 7. (*kaspu*) *ša xarrân N.N.* 4, 3; 19, 5; 34, 8; 63, 11; 112; 123, 5; 282, 22; 666, 21; Nbk. 32, 15; 258, 10; 269, 2; 271, 5; 272, 7; 290, 3; 309, 9; 356. 6. *kaspu ša N.N. ana xarrâni iškunu* 199, 4; Nbk. 88, 5; 300, 5, vgl. 409, 8. *ana xarrânu* 572, 7; 601, 4; 652 f., 6; Nbk. 64, 6; 216, 4; 261, 4. *ina xarrâni* 787, 11. *xarrânu ša N.N.* Nbk. 116. *ummu xarrâni* Nbk. 429, 5. Siehe auch 477, 11.

חשב *xa-aš-bu*(*pu*) Nbk. 240, 2.

חשה? *xu-še-e* (*parzilli, xurâṣi*) 558, 15; 924, 2; Nbk. 23, 2. Vgl. *xu-šê-e* Asrnzrpl. II 133. Sms.-Rmn III 17.

חשח *xi-ši-ix-tum* Bedarf 929.

חשר *xu-ša-ri ša alpi* Nbk. 81, 2.

חתחר* *xa-at-xu-ri* Nbk. 180.

חתן amêlu *xa-ta-ni* Schwiegersohn Nbk. 342, 3.

ט

טא$_4$ם *ṭêmu* Nachricht. *ṭe-e-mu* Nbk. 460, 13. *ṭe-e-mê* Cyr. 370, 16. *ṭe-mê* Cyr. 376, 19.

טוב *ṭâbu* gut (von Oel und Wein); geschr. *XI.GA* [60;] 283; 600, 4, 9; 612, 16; 787, 12; 815, 2; Nbk. 233, 3. *TUK ṭa-ab-tum* ein Kleid 258, 9.

ṭâbtu f. zum vorig., als Subst. Wohltath; Süssigkeit. *amêlu ša ṭa-ab-ti-šu* 1048, 17; geschr. *amêlu ša MUN-ZUN(-šu)* 479, 4; 741, 11. *00 mašixu MUN.ZUN* (Honig?) 113, 4; 173, 6; 850; 1084, 3. *bît MUN* Nbk. 441 2. *bît MUN.ZUN* 1017, 6. *MUN.ZUN e-li-e* 925, 3. *MUN* Nbk. 447.

ṭubbu ? *ṭu-ub-bu* 119, 2, 5, 21; 1095, 2, 4. *ṭú-ub-bu ša šikari* gute Qualität Nbk. 233, 7.

טחח* *ṭu-ux-xu-ú* 119, 3.

טפא$_3$ ausbreiten. Prm. *ṭi-pu-ú* (Rel.) 499, 19, siehe *xuṣṣu*!

י

יא$_4$ר *?âru* ? *xurâṣu ana pitqa ša a-a-ri* 591, 2; 1081, 2, 5; 1097.

יד *idu* Hand; Handschlag zur Bekräftigung einer Verabredung, eines Vertrags (vgl. יָד Esr. 10, 19); dann a) das Vertragsinstrument, so Pl. *idâtum* 1128, 11: *riksu u i-da-tum*; b) die materielle bez. geldliche Grundlage des Vertrags: 1) Lohn, Gehalt *i-di* 27, 3; 171, 6; 210, 6; 284, 31; 403; 676, 16; 810, 7; 843, 7; Nbk. 285, 8; Cyr. 278, 4. *i-di-MEŠ* Cyr. 24, 4. 2) Frachtgeld, Miethgeld; auch Vergütung für verpfändetes Gut. *i-di êlippi* 401, 2; 782, 2; 862, 2; 913, 5; 1019, 5; Nbk. 282, 4; Cyr. 55; 343. *i-di amêlûti* 182, 5; 340, 6; 655, 8; 803, 7; 1116, 6; Nbk. 197, 6. *i-di imêri* 1092, 2. *i-di bîti* (bez. *bîtâti*) 9, 6; 48, 7; 77, 6; 184, 5; 201; 224, 3, 8; 228; 234, 7; 238, 3, 6; 239, 4; 247, 3; 261, 6; 264, 4; 299, 5; 319; 428; 439, 2; 499, 6; 500, 3; 597, 5; 608, 3; 703, 2; 728, 2; [752, 6]; 824, 16; 827, 4; 845, 4; 891; 967;

996, 6; 1030, 6; Nbk. 88, 8; 133, 5; 137, 10; 142, 9; 172, 9; 350; 445 2; Cyr. 1, 3; 43; 163; 177, 8; 228; 231, 13; 234; 274; 349, 12. *i-di biltum* 824, 18. *i-di-e-MEŠ* 651, 3. Vgl. *ID(idu).MEŠ* 327 7. *idâti* Seiten des Feldes 824, 22.

ידא₄ *idû* kennen, wissen. *lâ ti-i-di* 1134, 6. Vgl. ?*i-du-ú* Nbk. 409. 6!

III 1 *ušêdi* wissen lassen, verordnen in Donationen. *ina duppîa ú-še-di-ma umma* 356, 14. *ina libbi ú-še[-di]* *umma* 380, 4; Nbk. 403, 6. *nu-še-di* 356, 23. *ina nantimšunu ú-še-du-ú* Cyr. 332, 13.

יום *ûmu* Tag. *ûmu ṣâtu* 356, 14. *ša ûmu* 364, 7. *ûmu rûqûtu* 380, 2 u. ö. In conjunctionalem Gebrauch: *ûmu mâla* so lange als 65, 16; Nbk. 283, 9. *ûmu*, *ûmu ša* und *ina ûmu* als, wenn (= *kî*, vgl. 803, 11 mit 1116, 10). *ûmu* 85, 12; 380, 5; 803, 11; Nbk. 101, 10. *ûmu ša* 313, 11; 1031, 8; Nbk. 193. *ina ûmu* 231, 16; 573; 679; 682; Nbk. 107; 283, 17; 361; 390 (so!). *ûmu-šu* (= *ûmu šû*?) 803, 12.

ûmu-us-su täglich 682, 6.

ימן *imittu* f. 1) die rechte Hand. *šîru imitti* (*ZAG.LU*) *qâti* (*ša alpi u kalûmi*) Nbk. 247, 11; 416, 3. 2) nicht ganz deutlich ist die Bedeutung dieses Wortes in folgenden Verbindungen: *sulûpu i-mit-tum* (*ša N.N.*) 6; 7, 4; 435, 8; 627; Nbk. 364; 432. *i-mit-ti* Nbk. 347. *ZAG* 351; Nbk. 243. *ZAG.LU* 74; 354; 623; 973. *sulûpu i-mit-tum ša eli nâri* 353. *sulûpu i-mit-tum kišâd nâri Šamaš* 781. *sulûpu* (*rîxti*) *i-mit-tum ša šatti* 309, 10; 715, 12. *ZAG.LU* 47. *ŠE.BAR i-mit-tum ša N.N.* 835; 1021. *i-mit-tú* Nbk. 210. *ZAG* Nbk. 131; 453. *ŠE.BAR qaqqadu i-mit-ti* Nbk. 330. *šamaššammu i-mit-ti* 644. *ZAG* 883; vgl. 791: [*šamaššammu i-*]*mit-tum*. *00 mašîxu ribxu i-mit-tum* 486, 2. *sulûpu ina mašîxi ša i-mit-ti* Nbk. 436, 10. *ZAG* Nbk. 132, 7. *00 mašîxu ša ZAG* 162, 2; Nbk. 238; 274. *rašûtu ša i-mit-tum* 148, 10. *ana i-mit-tum illikkû* Cyr. 121, 4. — *imittu* scheint wie טוֹבָה im Bh. das Gut, Güter zubezeichnen und zwar spec. den noch nicht eingeernteten Jahreswuchs. Oder muss man im Hinblick auf 103, 12: *sulûpu ina elî gišimmari im-mi-i-di* (א$_4$מד) annehmen, dass *ZAG* bez. *ZAG.LU* durch Verwechselung zwischen **imidtu* und **imintu* für *emêdu* gebrauch ist? Vgl. auch Peiser KA 100!

ינק saugen. (*kalûmu*) *mu-ni-qu* 619, 11; 884, 3, vgl. 375, 13.

ישה haben. *N.N. rugummâ ul i-ši* 116, 33; 203, 32; 293, 31; 477, 25; 668, 17; 687, 28; Nbk. 4, 19; 135, 24; Cyr. 188, 29; 345, 32. *i-šú-ú* (Pl.) 178, 35; 772, 10; Cyr. 161, 45. *i-šú* Nbk. 164, 31. *mârbanûtâ lâ i-ši* 1113, 19.

ית* *âtu* Pron. pers. 1.P.Sg. *ia-a-tú* 356, 4, 19. *ia-tu* 679, 5 (?).

כ

KA ša šatti 353, 16. amêlu *KA ša bâbi* 116, 15.

KU.Ú 265, 12; 361, 9; 694, 27; Nbk. 313. Cyr. 230, 3.

KIB iṣu siehe *ribxu*!

כבב iṣu *kab-bu* 606, 10, vgl. Nbk. 364, 6. iṣu *kabbu*? 125, 2.

כבד *kab-du* (sic!) Schwer (opposit. *gallal* leicht) Cyr. 369, 8. 370, 18; 374, 12; 376, 9.

כבה* iṣu *ku?-ba-a-tú* 329, 3.

KI.BIL.BIL 546, 25.

כבס iṣu *kibsu* ein Tempelgeräth; vgl. כֶּבֶשׁ Fusschemel. *kib-su* 115, 6; 125; 137; 143; 146; 164, 10; 179; 349; 492; 507; 694; 848; 1090; 1121; Nbk. 312, 7.

כבר iṣu *kab-ba-ri* 163, 2; 164, 12.

KAB.ŠAR(.ŠAR) amêlu 25, 2; 99, 3; 1065, 11, 14, vgl. 136, 10. amêlu *KAB.ŠAR.RI.* Cyr. 300, 8.

KI.GURUŠ amêlu, siehe *amêlûtu*!

KU.DU Nbk. 135, 28, siehe *ŠÚ.DU*!

כדן ? *kudinnu* jung. *mârê kud-din-ni-pl.* 65, 10. (*alpê*) *kud-din-ni(-e)* 357, 4; 546, 2, 6; 841, 5. *kirru kud-din-nu* 915, 5.

כדר *ku-da-ra-a-ta* 793, 2? Nbk. 433, 1, 6.

כוז ? *ma-ka-su* Nbk. 168, 6.

כון I 2 *ik-te-ni* = II 1 Nbk. 52, 4.

II 1 zeugen, Zeugniss ablegen über etwas, mit *eli* oder Acc., bezeugen. *ûmu 00 A* *amêlu* *mukinnišu ana ašri B ibbakanma ana C ú-kan-ni, ša* etc. 26, 6 f; Nbk. 183, 6; 227, 5: *ú-ka-an-šu* 365, 3: *ú-ka-nu*; 366, 5; 419, 4: *ú-ka-a-nu. Zêrêa u Nabû-šum-lîšir kaspa ina pâni dânê ú-kín-nu* 13, 10. *ša Bêl-rîmanni elišu ú-kín-nu umma* 1048, 8; vgl. 1060, 3.

II 2 *uktîn*. Bed. 1) wie II 1; 2) (gerichtlich) auflegen. *kî* *amêlu* *mukinnu [a-]na Šamaš-mudammiq uk-ti-i-ni* Nbk. 104, 7. *uk-tin-nu* 361, 4. *kî A B uk-tin-nu* Nbk. 227, 9 f; 266, 7. *kî uk-tin-nu-uš* Nbk. 183, 8, 11; 361, 11; 363, 10; 365, 8, 11; 366, 10; 419, 7. *ûmu* *f* *Amtîa ana Nâr-Sin tu-[uk-]tin-nu umma* 679, 4.

kînu = *ginû* q. v. *ki-ni-e* 44, 2.

amêlu *mukînu* Zeuge. *mu-kín-nu(ni)* häufig. *mu-kín* 153, 5. *mu-DU* 378, 8; 959, 8. *mu-kín-ni-e* 5; 68; [69;] Nbk. 124, 5; 342; 344; 439. *mu-kín-MEŠ* Nbk. 276, 5.

amêlu *mukînûtu* Zeugniss, Zeuge. *mu-kín-nu-tu* 343, 2; 442, 6; 508, 15; 1111, 16; Nbk. 183, 13. *mu-kín-nu-ut-su* 1113, 25. Vgl. *mu-kín-ni-tum* 681, 7.

כוס (*işu*) *kâsu*. *ka-a-su* 258, 11; 761, 3 *siparri*. *ka-su* 258, 13. *ka-si-e ša libinâti* 264; Nbk. 30, 7.

kîsu, geschr. *GI.ZI* (V R 32, 64 d. BList 2434) 856, 3.

כור* (קִיר DAG 50*) *kâru* Wall, Mauer, Veste. *ka-a-ri* 234, 8; 629, 5; 821; 993, 6; 1000, 3. *bît ka-a-ri* 499. *amêlu* *piqitti ša kar-ri* 268, 4, 7. *kar-ri Sippar* 690, 6. *amêlu* *râb kar-ri* 106, 3; Nbk. 194, 11. *amêlu* *râb kar ša Uxu*(?) Nbk. 40, 8.

כור *kâru* (כֹּר) Maass für trockene Dinge. *ka-a-ri* Nbk. 357 f; 384; 397, 2; 400, 2. Vgl. *qaqqad ka-ri-e* 251 und den Amtsnamen *râb ka-a-ri* („der über die Maasse gesetzt ist" DProll. 113) 30, 3; Nbk. 357, 3. Vgl. auch *kâru*, *karru* Mauer!

? *ki-i-ri* 950, 3. *ki-ru* Cyr. 269. *ki-ir* (= כִּיר Pfanne?) Nbk. 457, 16.

כזב *kuzbu* Fülle, geschr. *XI.LI* Nbk. 247, 8 u. 416: *šîru kuzub da-mu* (*xi-li-da-mu*?)

? *ki-zib* Nbk. 334, 13.

כי *ki* 1) Adv. demonstr.: so, also, folgender Maassen; dient zur Einführung der directen Rede nach Verbis des Schwörens (wie כִּי Gen. 22, 16). *ki-i* 45, 7; 83, 3; 197, 7; 849, 4, 13; 954, 11; 964, 14; Nbk. 42, 8; 103, 19; 120, 3 f.; 258, 9–11; 307, 8; 428, 7. — 2) Praep.: wie, als, gemäss 17, 4; 50, 17; 116, 23, 25, 29; 178, 25; 293, 4 u. ö. *ki-i pî* 50, 6; 178, 28; 715, 13 u. ö. — 3) Conj. temp. u. cond.: als, wenn. *ki-i* 102, 5; 230, 5; 257, 8; 380, 8; 441, 7; 514, 17; 580, 6, 8; 655, 6; 669, 10; 715, 20; 722, 10; 742, 8; 772, 14; 807, 9; 830, 14; 832, 10; 897, 8; 916, 5; 987, 10; 1057, 6; 1113, 26; 1116, 10; Nbk. 26, 6; 32, 4; 45, 6; 46, 6; 52; 56, 5; 65, 4; 66, 4f.; 83, 5; 86, 6; 103, 6; 106, 5; 119, 7; 183, 8, 11 f.; 188, 12; 194, 5; 195, 8; 197, 10; 202, 12; 246, 10; 265, 7; 309, 6; 317, 5; 350, 9; 359, 5; 361, 11; 365, 8; 366; 10 f.; 379, 5; 406, 8; 419, 7; 436, 8.

kîma Praep.: wie, gemäss, anstatt. *ki-ma* 116, 51; 203, 52; 356, 39 u. ö. *kim-ma* 440, 20.

kî'am (DAG § 11) Adv.: folgender Maassen, vor *qibû*. *ki-a-am* 243, 2; 854, 3; Nbk. 265, 3 u. ö.

כיז ^{amêlu} *kîzû* (ܟܝܙܐ) Knappe, Handlanger. *ki-zu-ú* 23, 8; 237, 16; 317, 3; 469, 7; 876, 7; 976, 7; 988, 6; 1010, 9; 1037, 5; Nbk. 148, 15.

KI.KI' KA.NI ^{bîtu} d. i. *šubat tašilti* „Wohnung der Lustbarkeit“, ein Tempel, siehe *šubtu*!

כלא zurückhalten, ausschliessen; beschützen, siehe die „Grammat. Bemerkk.“ zu DAG § 94, Anm. *Abkallu u Iqîšabal ablê ana axâmeš ul i-kal-lu-ú* Nbk. 135, 50. *ul i-kil-li* 437, 16.

(^{bît}) *killu* Gefängnis (כְּלָא). ^{amêlu} *râb bît kil-li* 25, 3; 214, 8; 292, 3 (so!); 318, 4; 743, 23; 1049, 9. *bît ki-il* 510, 5. *bît kil-li-tú* Nbk. 16, 5.

kîlu Fessel. *ki-la* 425, 2; vgl. *ki-lum* V R 47, 56.

kilîtu Wall. *ki-la-a-ta Bâbilu* 1102, 8. *ki-la-a-tum ša nâri* Nbk. 251, 4.

? *kal-lu* 761, 5. *kal-la* — — — Nbk. 202, 11. *ka-al-li-ka* Cyr. 332, 16. *kal-la-nu* 402, 3; 496, 16; Nbk. 412, 8.

kallâtu (כַּלָּה) Schwiegertochter. *kal-lat* 253, 9.

כלה *kâlu* ganz. *kal šatti* Nbk. 247, 3. — ? *kal-tú* 329, 2.

כלך *kalakku* Vorratshaus für Getreide, Datteln, Viefutter etc. (*bîtu*, *bâb*) *ka-lak-ka* (*ku*) 14, 5; 175, 3; 205, 6; 352. 5; 446, 5; 448, 6; 539, 8; 542, 5; 554, 15, 18; 629, 6; 634, 6; 787, 14; 799, 20; 822, 10; 871, 2; 899, 5; 1001, 5; 1059, 7; 1129; Nbk. 72, 5; 343, 5; 373, 5.

kal-ku 301, 3, vgl. 871, 2.

כלכל *kúl-kúl-lu* Nbk. 426, 2.

KI.LAL bed. Gewicht bez. dagewogen. Lesung wahrscheinlich *šuqultu* q. v. 10; 84, 4; 118, 2; 121, 3; 159, 2; 163, 2; 190, 2; 222; 223, 5; 292, 2; 301, 2; 310, 10; 320; 337; 339, 2; 402, 2; 432, 2; 487, 2; 502; 537; 545, 5; 555, 2; 571, 2; 590, 2; 673, 4; 707; 726; 778; 826, 5; 867, 4; 926, 2; 939; 960, 2; 1015; 1043; 1046; 1067, 4. *KI.LAL-šu* (sein Gewicht) 331, 2, so ist auch *KI.LAL.BI* zu lesen 116, 23, 25.

כלל *šuklulu* vollkommen, erwachsen (oder = fehlerfrei?) von Rindern. *šuk-lu-lu* 54, 8, 11; 127, 3 f.; 272; 332; 387; 699, 4; 923, 2; Nbk. 140; 213; 304; 399.

I. כלם II 1 zeigen. *adî âmu 00 duppi bu-da ša sulûpu ú-kal-lam* 722, 8. *ana N.N. ú-kal-la-mu* 715, 11. *ú-kal-lam-ma* 309, 9. *Nabû-axê-iddina riksi u kaspa dânê ú-kal-lim* 13, 9. *tu-kal-lim-mu* Cyr. 332, 20. *mârbanûtka kul-lim-an-na-a-šu* 1113, 16.

II. כלם klein s. (DProll. p. 99). *kalûmu* Junges spec. Schaf, Lamm. *ka-lu-mu* 490, 14 (nach Z. 1 = *LU.NITA* s. ZA IV 266). *LU.NITA ka-lu-mê-e* Nbk. 412; Cyr. 216; 273.

? *a-kal-lam-mu*? Nbk. 426. 3.

כמת *kimtu* Familie. *kim-ti* 116, 35. *ki-im-ta* 687, 29. *ki-im-tum* 293, 33; Cyr. 188, 31; 345, 33. *kim-tum* Nbk. 4, 21; Cyr. 3, 19; 161, 46. *ki-im-tim* 178, 37; 203, 34. Vgl. *IM.RI.A*!

kûmu Adv. u. Praep. an Stelle von, anstatt. *ku-mu* 629, 9: Nbk. 420, 4. *ku-um* 72, 12; 243, 14; 356. 31: 437, 14; 515, 7; 553, 11; 845, 9: 1128, 25; Nbk. 265, 10. *ku-mu* (St.c.) 43, 8; 253, 10; 273, 8: 452, 4, 9: 462, 23. *ku-ú-mu* Nbk. 40, 8. ? *ku-um-mu* 1133, 3. *ana ku-mu* 668, 14.

כמה *ku-max-pl.* 1116, 5.

KU.MAL ^amêlu^, siehe *agîru*!

כמן* *ka-man*? 739, 6.

כמר *nakmaru* ein Tempelgeräth (= מִכְמָר Netz?). *na-ak-ma-ru(ri)* 104, 6; 545, 2. *nak-ma-ru(ri)* 146, 5: 669, 2; 845, 9; Cyr. 265. *na-ka-ma-ru* 252, 6.

KÍN.GÍ.TA ^amêlu^ *ša ašarêdi* Nbk. 342, 9. *mu'irru*?

כנד ? *kan-da-a-nu* Nbk. 371, 2, 4. – *kan-dum (tum)* 108, 3.

כנת* *ka-na-a na-a-a*?? Nbk. 432, 3. ^amêlu^ *ki-na-a-a* 811, 5, vgl. 259, 2. *ki-na-a-a-tú* 9, 9, vgl. 720, 16!

כנז* *kan-su?-ú* Cyr. 234, 4.

כנך *kanâku* verschliessen, siegeln, durch den ^amêlu^ *kâniku* (Notar) ein gerichtliches Instrument über etwas aufsetzen lassen. Prt. *iknuk*: *ultu muxxi ša duppi mârbanûtu ik-nu-uk* 697, 6. *ina xâd libbišu ik-nu-uk-ma* 258. 20. 356, 13, 18. *ana šumišu ik-nu-ku* 85, 10; 964, 8. *ik-nu-ku-ma* 165, 9. *ik-nu-uk-ku-ma* 293, 7; 697, 14. *ik-nu-ku-ú-ma* (DAG § 53 d) Nbk. 334, 3. *ik-ku-nu-uk-ma* Cyr. 332, 7. *i-uk-nu-ma* Cyr. 277, 9. 11. *tak-nu-uk-ma* 65, 7; Nbk. 283, 3. *tak-nu-ku-šu-ma* 1113, 12. *tak-nu-ka-an-ni-ma* 1113, 21. *tak-ka-nu-uk-ma* Cyr. 368. 3. Perm. *ana kaspi ka-na-ak ardu anâku* 1113, 24. *mimma ša kan-gu-ma* 356, 25. Impr. *ku-nu-uk-ma* 380(.10 ZA 366).

IV 1 *ik-ka-na-ak-ma* (*kunûk apiltum*) 50, 15.

kanâku Inf. I 1. *ina ka-nak duppi šuatim* 178, 41; 193, 28; 203, 39; 258, 24; 990, 21. *ka-na-ku* 116, 39; 477, 35; 687, 34. *ina ka-na-ku pi duppi* 293, 36. *mâr? ka-nak bâbi* Pförtner 558, 17, vgl. n. pr. *ka-nak bâbi* (990, 31). – *ka-nak-kan* Cyr. 277, 20.

kunûku Siegel, geschr. *aban duppi* 116, 51; 178, 56; 190, 3 u. ö. *ku-nu-uk maxîri* Kaufbrief 85, 12. *kunûk apiltum* 50, 15. Vgl. 190, 3!

kingu (vgl. *kingu ša bâbu* NAD p. 581). *ina ki-in-gi-šu* 830, 13.

kangânu. kan-ga-nu ša ši-da-tum 258, 16; Nbk. 441, 4. *ișu kan-gan(kan)-na* 761, 2, vgl. *kan-gan-an-nu-MEŠ* 258, 15.

כנן *ki-nu-nu?* 357, 15.

KA.NU.SUR.SU.DU? 776.

כנש *ki-in-šu i-kan-ni?-šu* Nbk. 202, 8. – *ka-an-šu* 237, 18.

כסה *kasû* ein Nahrungsmittel. *00 mašixu ka-si-i-a* 269, 3, 5; Nbk. 12, 2, 9; 25; 194, 18; 233; Cyr. 169, 11; 204; 355. *kas-si-ia* 787, 14.

ișu kussû Sessel. Geschr. *GU.ZA* 761; Nbk. 441, 5.

kusîtum Kleidung. *ku-si-tum* 78, 5; 465, 4; 547, 5; 751, 3; 938, 2; Nbk. 2.

ki-si-it-tum 1099, 16.

כסכר *kiskiru* (vgl. *kiskirru* II R 30, 20 h) ein Nahrungsmittel. *ki-is-ki-ru(ri)* 214, 14; 908. *ki-is-ki-ir* 968, 3. *ki-is-ki-ir-ri* 658, 2, 9.

כסל *kas-sal?* 361, 10.

כסן* *ki-sin?* 980, 2.

כסס *kissatu* – nh. כִּסָּא, כִּסְתָּא Viehfutter (*ša alpê, sîsê, kalûmê* etc.) *ki-is-sa-tum* 732, 3; Nbk. 331, 3. *kis-sat-tum* 1009, 5. *ki-is-sat* 277, 2; 357; 528, 10; 546; 915; 988; 998; [1055, 16]; 1085. *kis-sat* 101, 2; 364; 398, 26, 33; 414, 2; 546, 12; 629, 6, 10; 766, 3; 841.

כסף *kaspu* (f. *kaspi gamirti* 85, 3; *maxrîtum* 815, 16) Silber, Geld. *kás-pa (pi, pu)* 193, 19, 27; 293, 35; 356,

33: 1102, 10. *kas-pá?* 324, 8. *ka-sa-ap gamirtu* 687, 27: Nbk. 164. 30. *ka-sap* 193, 26: 356, 6; 1102, 9. Ideographisch geschr. sehr oft.

KIP ^(eṣu), s. *rikxu!*

מכפ* ^(amêlu) *mukap(p)û ša lubûsi* (*u eṣi?*) Kleidermacher? *mu-ka-pu-ú* 115, 2. *mu-kap-pu-ú* 222, 4. So wird auch das Ideogram ^(amêlu) *KU.KAL(.KAL)* zu lesen sein 137, 9: 179; 415, 8; 467, 7: 507: 629, 13; 1090, 3; 1101, 8.

כפל* *kip?-pa-al-la* 105, 7.

כפן (^(eṣu)) *kapnu* (*ša karâni*). *kap-nu* 218, 5: 606, 4 f: 869, 3 ff.

כפר *ka-pa-ri* (*parzilli*) 558, 20; vgl. *ka-pa-ra?* 823, 4.

kupru Pech. *ku-pur* 428, 4; 478; 746, 13; 897; 947, 7: 1003; 1004; 1026; Nbk. 28; 84. Vgl. *ku-pu-ru* 530, 2! Ideografisch (*ESIR.UD.A* (sic!), vgl. DAL 277 unten) 947, 3, 1133, 3; Nbk. 457, 8.

כפש *ku-up-pu-šu* (*ša AŠ A.AN*) Nbk. 457, 19: vgl. nh. כּוּפְשׁ Behältniss mit breitem Rande.

^(ṣubâtu) *kupšu* (*ŠAQQAD.* BList 8863) Nbk. 307.

tak-pu-uš-tum Cyr. 128, 14.

כפת *ku-up-pu-ut-ta-tum* (*00 mašixi*) 476, 26; 739, 5.

כצה* *ku-ṣu-ú* 677, 3. — *ki-ṣu* 699, 24.

KUR von unbekannter Lesung 842, 4; 1005, 7 (^(mâtu) *ṣi-mi-ri?*, vgl. KA 581); 1022, 23; Nbk. 280. 6. — *KUR-du(da)* s. *maṭṭu!* — *KUR-qa* · · · 233, 15; 417, 16.

כרב *karâbu* segnen. *ik-ru-bu* im Briefe 1038, 4.

ka-ri-bi (*niqê*) Nbk. 247, 3.

כרב *kirubû* Grundstück, vgl. כְּרוּבָא Juchert. *ki-ru-bu-ú* 116, ö.; Nbk. 328, 2. *ki-ru-ba-a* Nbk. 95, 3. Vgl. *ki(?)-ru-bu* 79; *ki-ri-i-bu-ú* Cyr. 331, 10.

כרבל ^(ṣubâtu) *karballatu*. vgl. כַּרְבְּלָתְהוֹן Dn. 3, 21, Mantel. 2-*TA* ^(ṣubâtu) *kar-bal-la-a-ta* 824, 14. 8-*TA* *kar-bal-la-a-tá* 1024, 3. Vgl. *karbal* NAD p. 604 u. ^(eṣu) *kar-bal-lu-tá* Cyr. 183, 17.

KUR.GI.MEŠ Nbk. 167, vgl. 889, 3! - *KUR.GI.NU* ein Vogel 913, 3 f.; 915, 17; 998, 18; Nbk. 145; 154; 331, 3; 405, 4. Vgl. Winckler KS 212 b: *kurku* Huhn (Pognon)!

כרה II 1 1) austilgen, vernichten: *Nabû dupšar Èsaggil ùmêšu arkûtu li-kar-ri* (zum Sinn des Fluches s. Peiser ZA III 74) Nbk. 247, 20; 368, 9; 416, 10. *li-kar-ru* (Pl.) Cyr. 183, 27. Ob *ta-kàr-ru* 67, 10 hierher gehört? - 2) verhandeln(?), vgl. תִּכְרוּ Hi. 6, 27. *mâla N.itti N. ar-raka u ú-kar-ru-ú* Nbk. 235, 12.

kirû (*GIŠ.NISIGU*, DAL 111) Pflanzung, Garten 116; 132; 178; 193; 203; 247; 327, 8; 437; 477; 687; 964; Nbk. 90; Cyr. 160; 188. *kirû-tú* 85.

? *ki-ra-a-tu* 98, 2.

? *ku-ur-ru* 345, 3. - *ku-ú-ri* Nbk. 40, 8. - *ku-ri-e* Nbk. 418, 2.

KUR.NU.MÈ.E 571, 36 f., 40, 45.

כרך *ki-ir-ka* - - - Nbk. 369, 2. - *mu-ka-ri-ku* 761, 4.

כרם *ka-ra-am* Cyr. 364, 4, 9.

kurummatu, die wahrscheinliche Aussprache (s. ZBPS 42; 117. BzA I 280 f.) des Ideograms *ŠUK(.ZUN)*, Speise, Nahrung, Unterhalt (vgl. z. B. *ŠUK.ZUN u mu-șiptum* 65, 17 mit *akâlu u mușiptum* 572, 13). *ŠUK* 168, 6; 361, 8. *ŠUK.ZUN* 20, 12; 23, 7; 24, 3; 25; 35; 62; 65, 17; 99; 136, 11; 237; 264, 10; 278; 279, 14; 284, 5, 28; 288, 12; 317; 357, 21; 361, 5; 370, 4; 376, 3; 401, 8; 407, 3; 409, 9; 411; 445, 7; 452, 7; 458, 6; 464; 469, 6; 496, 5; 510, 7: 417, 3; 518, 8; 525, 28; 527; 546, 14; 554, 17; 594, 3; 630, 10; 636, 7; 642, 8; 647, 11; 651, 7; 662, 8; 676, 4; 686, 15; 697, 3; 729, 10; 734, 6; 743, 9; 747, 10; 773, 3; 774, 21; 805; 811, 5; 824, 2; 834; 840; 844; 885, 6; 886, 14; 889, 2; 898, 4 f. (obs.!); 899; 906; 908, 5; 909, 6; 915, 21; 949; 925; 976: *ŠUK.ZUN.MEŠ*; 986; 988; 1010, 3; 1037; 1040; 1043, 5; 1065; 1122, 4; 1129, 3. Nbk. 11, 9; 16, 8 u. ö.

כרן *karânu* Wein. *ka-ra-nu* 606, 6 f. Ideografisch 218; 247, 11; 279, 8; 486 *inbi*; 582, 4; 606, 4 *ellu* 779; 869; 1023, 6.

KUR.RA *ṣubâtu* ein Kleid 1 ö; 228, 9; 290; 651, 9, 11; 661, 2; 662; 703; 723; 814; 824, 19; 896; Nbk. 106; 183. 6, 8; 333; 337; 415. Vgl. *amêlu* *rê'u KUR.RA* (= *šîsû*?, siehe die Ausführung Delitzsch' BzA I 206) 932, 11 und *TUK.ZA.KUR.KUR.RA*!

כרף* *kár-u-pu-ú âṣû* 600, 7. — *amêlu* *ràb ku-ru-up ša mê* Cyr. 379, 3.

כרר = כרה II 1: *Nabû ûmmušu arkâtu i-kar-ir* Cyr. 277, 19.

כרר *kirru* Lamm. *LU* 546, 5. Als Ideogr. oft.

כרש *šîru pî* (*KA*) *kar-šu* (= כְּרֵשׂ) Nbk. 247, 5.

mu-kar-ri-šu Nbk. 369, 3; 371, 7, 10.

KAŠU mit Dualzeichen 570, 7 f.; vgl. *xarrânu*!

כשד *kašâdu* gelangen. *ina maxar dânê ik-šú-du-ma* 495. 14.

ku-uš-du? 69, 6; 451, 13?

ki-šad(?) 1049, 8, 10, vgl. 1055. 12.

כשך *kišukku* (= *kilu* V R 47, 56 Fessel. *ki-šuk-ku* 159, 3; 310, 2, 8, 11, 13. *ki-šuk-ki* 761, 4.

כשכש* *amêlu* *kaš-ša-na-ši-šu* 238; 239, 2. Vgl. *amêlu* *ša-na-ši-šu*!

כשר *amêlu* *ràb ka-šír ku-max-pl.* 1116, 5.

ku-ša-ri? 84, 6; 451, 13?

ku-uš(dur?)-ri 119, 10; 121, 3 *ana epišu ša šanâqu*: 673, 6 *ša še-e-nu*; Nbk. 208, 2; 371, 5.

KU.UT *amêlu* bezeichnet einen Tempeldiener. (*ašlaku* DProll. 67.) 78; 131, 10; 143, 7; 155, 7; 203, 40 u. ö. — *ṣênu* *KU.UT.MEŠ* Nbk. 312, 5.

כתה *kitû* ein Kleiderstoff. *ki-tu-ú* 117.

כתל *kutallu* Wand, Umzäumung des Ackers. *ku-tal-la* 79, 3; 233, 3. *ku-tal* 53, 5, 7; 130, 6; 135, 2; 327, 11, 13; 423, 2; 571, 3; Nbk. 40, 5.

כתם IV 1 *ik-kat-te-mu* bedeckt werden 572, 14.

כתן (bedecken). *kitinnu* (vgl. كَتّان, ܟܬܢܐ) Lein? *OO m. ki-tin-ni-e* 291: 460, 1, 4; 879; 929, 2. – *ki-tin-tum* Kleidung 889, 3.

כתף *amêlu kàt-ta-pi-e* = nh. כַּתְּפָא Träger, Nbk. 116, 3.

כתפל* *kăt-pal-la-tum* ein Geräth 258, 35.

ל

לא *lâ* Neg.: nicht 13, 5: 65, 9: 102, 5; 230, 6 u. ö. Beachte *ša lâ* als Praep.: ohne, ausser (wechselt mit *elat* (s. schon ZA IV 70). *2 m. k. ša la xubûlu* (vgl. II R 12, 40 b) Nbk. 47, 4. *ša la Bêlšunu kaspa A. AN manma ul inamdin* Nbk. 48, 12. *ša la dîni* Nbk. 52, 6. *ša la kaspi maxrî* Nbk. 55, 7; 72, 4. *ša la nikasi* Nbk. 125, 4. *ša la mukînûtu* Nbk. 183, 13. ⅓ *š. k. ša la 3 m. 12 š. k.* Nbk. 185. *qaqqad kaspi ša la A B ana C ul inamdin* 67, 11; 584, 12. Vgl. 122, 9; 324, 2; 799, 15, 17; Nbk. 379, 6.

לאה stark s., wollen; sich gefallen lassen, im n. pr. *I-li-'-bulluṭu-Marduk* (829) „Marduk hat das beleben sich gefallen lassen." So ist auch 903: *DA-bulluṭu-Marduk* zu lesen. *DA* ist nicht verkürztes *ṭâbu* (so DAG 80*) sondern Ideogram: *DA* V R 21, 45 c (BList 6650) = *lâ*. velches nach DProll. 134 zur Wurzel לאה „wollen" hört, also *DA* = *leû*.

lû 1) Conj. oder 85, 12 f. *lû – lû* „sei es – sei es" 934, 6: Nbk. 309, 6. – 2) Wunschpartik. 380, 8; Nbk. 460, 3 u. ö.

littu (*lîtu*) (Wild-)Kuh. *lit-tum 3-tum 2-tum mârat šatti* 54, 4; geschr. *LID* 599, 8. *alpu LID* 639, 14; 646, 2 *ṣaxirtum mârat šatti*; 670, 4; Nbk. 132, 2; 348. Vgl. n. pr. f. *Li-'-i-tum* = לֵאָה (787, 9)!

לבב (DProll. 89) *libbu* 1) Herz, in der Phrase *ina xûd libbišu*, siehe *xûdu*! Vgl. *šîr libbi ṣixri* (*LIB NIGIN*) Nbk. 247, 4. 2) Inneres, Mitte. *lib-bi* [*ša eqli*] 578, 7. *adî lib-bi arax Addaru* 575, 16. *ina lib-bi* dort, darin, davon 17,

10, 12; 20, 14; 23, 6; 44, 4 u, ö. *lib-bi* dass 566, 8. Vgl. die grammatischen Bemerkk. zu DAG §§ 78–80.

libbû (*eqli*). *lib-bu-ú* Nbk. 374, 5. *libbu-ú* 116, 9; Nbk. 164, 5; Cyr. 345, 10.

lib-bi lib-bi 271, 1, 6, 11; 385, 1, 6; Cyr. 333, 16 Vgl. *lib lib* 240.

לבן Ziegelstreichen. *li-bi-en ša libnâti* Nbk. 245. 2.

libittu Backstein. *li-bit-tum* 256, 6. Pl. *libnâti* 231, 2: 256; 264; 423, 4; 428, 9; 500, 9; 1078, 6.

lu-ub-bu-ni-e 322, 4.

לבר* *labîru* (nicht *labiru*, s. sofort; vielleicht *lâbîru*, vgl. Haupt BzA I 324 f.) alt. *la-bi-ri* (*ru*) 143, 3; 254, 2; 673, 10; 973, 2. *la-bir-ri-*(*ru*) 252, 5; 507, 4[,5]; 941; Nbk. 312, 13, 19; geschr. *BAD* 548; 694, 9 ff.; 696, 8 ff.; Pl. *la-bi-ru-tu* 149; 204, 2; 326, 2; 335, 7. *BAD.MEŠ* 802, 9.

lubâru Prachtgewand (V R 28). *lu-ba-ru*(*ri*) 284, 10. 26; 789; Nbk. 4, 13. *TUK lu-ba-ri* Nbk. 305, 3. *lu-ba-ri ša bêlti bîti* Cyr. 345, 26. *lu-ba-ri* Cyr. 161, 36.

לבש sich kleiden. *subâtu lubâšu*, *lubuštu* (*lubultu*) Kleid. *lu-bu-ši* 697, 4. *lu-bu-uš-tum*(*tu*) 174, 2; 410, 10; 532, 2; 697, 7; 754, 6; 788, 2; 794, 6; 879, 4; [979, 2]; 1015; 1088, 2. *lu-bul-ti* Nbk. 87, 5. Geschr. *KU.ZUN*(= *lubušu* V R 28, 58 g. BList 10631) 78, 4, 15; 320, 3, 8; 415, 5; 723, 2 f.; 726, 3; 826, 3; 880, 2; 929, 2; 1015, 4 ö.; 1061, 4; Nbk. 2, 2.

לין *la-a-nu* 10; 119, 10.

לול *subâtu lu-lu* ein Kleid Cyr. 191, 9; 202, 7; 253, 6. Vgl. לוּלָאוֹת Schleife!

ליר* *li-i-ri*? 558, 12.

LA.Ú.TA amêlu (verschrieben?) 1098, 5.

LU.KUL(*ZIR*)? 477, 11.

LAL: *ûmu 21 LAL* 30, 17; 190, 9; 233, 17; 284, 16; 304, 5; 382, 7 u. ö. – *kaspu ina pitêqu LAL* 598, 4. *rebâtu LAL kaspi* 173, 7; Nbk. 302. *xummušu LAL* 1075, 18.

LAL.DI: *5 š.* [*ina pi-te*]-*qa LAL.DI* 749, 4. *suddu' LAL. DI k.* Nbk. 65, 6; 112. *3 rebit 1 š. pitqa LAL.DI* Nbk. 454, 2. *rebâtu LAL.DI* Nbk. 137.

LAL.KI, wie das vorherg. wahrscheinlich = *šuqultu* dagewogen (= *KI.LAL*; vgl. PKA 92, Anm.). *00 š. LAL.KI k.* 90. 2; 384, 6: 418, 6; 650; Nbk. 272.

למד II 1 lehren, unterrichten. *ú-lam-mad-su* Cyr. 64. 6; 248, 6; 313, 7: 325, 9.

II 2 dass. *ul-tam-mad-du-uš* Cyr. 248, 6. *ul-tam-mi-du-uš* Cyr. 325, 11. [*ul-tam-*]*mi-di-šu*? 172, 13.

למה *limîtu* Umkreis, Gebiet. *li-mi-tum* 165, 11; 486, 3; Nbk. 398, 6.

? *lim-mé-e*(?*kal*?) Nbk. 156, 4.

למת* *amêlu* *la-mu-ta-nu* Diener 174, 5; 302, 5. *lam-mu-ta-nu* Nbk. 207, 2, *la-mu-tu* – – – Nbk. 377, 5. Vgl. 1098, 5(?). Ein wort *lâmu* Diener (PKA 113) kommt in den Contracten nicht vor, siehe unter *šalâmu*! Unseres Wort *lâmutânu* ist wahrscheinlich ein mit der Collectivendung *-tân* (DAG § 80 d.) von לאם gebildetes Abstractum, gebraucht wie *amêlûtu*.

LU.NU vorläufig von unbekannter Lesung 1113, 4.

LU.NITA bezeichnet Schaf, m. u. f.; vgl. *kalûmu*. 207 f.; 229; 249: 265; 272; 296; 303 f.; 324; 328; 332; 342; 363; 366; 368; 371; 373; 375, 12; 387; 401; 408; 462, 22; 471; 490; 523, 7; 546; 557, 6; 561, 9; 562; 589; 594; 619, 11; 707; 732 f.; 736, 13; 744; 766; 780; 841; 847; 915; 948, 7; 998, 10; 1054, 6; 1096; 1107; 1117, 13; 1130, 8; Nbk. 49; 74; 76; 80; 181; 247; 275; 333; 353; 388; 396; 412; Cyr. 1; 5; 9; 13; 18; 22; 31 f.; 53; 57; 81; 122; 125; 135 f.; 150; 152; 158; 216; 247; 250 f.; 273.

לפת (zusammenfügen, umfassen); *la-pa-a-ta ša dalâti* 283, 2. *la-pa-tú ša šamê* ibid. Z. 5.

na-al-pa-a-ta (Pl.) Nbk. 92, 6. Vgl. *nalpatu* K 4378, III 44!

לפן *lapâni* (*la* + *pâni*) = *pâni* q. v.; bei *abâku, maxâru, našû* wie *ina qâti* = von. *la-pa-ni* 312, 4; 702, 4; 708,

7. *la-pâni* (*ŠI*) 119, 16; 173, 12; 245, 2; 279, 3; 422; 530, 3; 562, 2; 571, 31; 589, 2; 646; 3; 702, 4; 824, 17; 854; 904, 3 u. ö. *la-pan-na-ni* 411, 5.

לקא₃ *laqû* nehmen, empfangen. Prs.: *nikusê ša abîšu i-liq-qi* 380, 8. *axîšu ana mârûtu i-liq-qi-e*[*-ma*] 380, 10. *ul i-liq-qa-'* 380, 13. *ittî 1 š. 1 pi akî xubulli kaspi i-laq-qi* — — — „für je 1 Seqel soll er 1 Maass als Zins des Geldes nehmen" 103, 14. — Prt.: *il-qi* 1048, 11. *nudunnû il-qi-e-ma* 356, 4. *šîm bîtišu ina qâti Bêl-riṣûa il-qu-ú* (Pausa) 50, 13. *il-qu-ú* (Rel.) 293, 7, vgl. 40, 10? *ištên A.AN šaṭâri* (*bu-da-MEŠ*) *il-qu-ú* 224, 12; 601, 15; 760, 25; 827, 8; Nbk. 334, 19. *ni-il-qa-am-ma* 356, 20. — Prc. *lu-ul-qi-e-ma* 380(, 7 ZA III 366). — Inf. *ana lâ la-qi-e* 380(, 13 ZA III 366).

I 2 *il-te-qi* 518, 14. *il-te-qu-ú* 518, 18. *ana lâ enê ištên A.AN il-te-qu-ú* 787, 26. *ištên TA.A.AN šaṭâri il-te-qu-u* 956, 7; 967, 9. [*il-*]*te-qu-nu* (Rel.) 811, 7. *ana lâ enê gabrânê il-te-qu-ú* Cyr. 128, 26.

II 2 *ul-te-iq-qa-a* 964, 16.

IV 1 *il-la-qu-ú* (*ištên A.AN šaṭâri*) 243, 18.

? *li-qi*(*ki*)*-ia* 748, 16.

לקם* *amêlu liq-qam* (*ur-gam*) 37, 5.

לרן* *lu-ri-in-du* 218, 6; 582, 4?; 606, 10 f.; Cyr. 272. *lu-ri-in-da* 709, 2. *lu-ri-in-nu* 869, 5. Vgl. n. pr. *Lu-ri-in-di-ia* (906, 4). *iṣu lu-ri-in* — — — Cyr 197.

לשן* *lišânu* Zunge. *li-ša-nu xurâṣi 1 m. KI.LAL-šu* 331.

לתן *amêlu la-ta-ni* Diener, Sclave? Nbk. 72, 8; 368, 3.

לתק* *ṣubâtu il-ta-pi* 703, 5.

מ

MU amêlu, Lesung unsicher, bed. Diener, vgl. *amêlu qallu amêlu MU* 336, 4; Nbk. 420, 4. 175, 6; 212, 4; 225, 2; 236, 2; 336, 4; 499, 2; 579, 5; 618, 13; 802, 14; 886, 10; 1088, 5; Nbk. 311 *ša êkalli*; 313 3 *ša Šamaš*.

amêlu MU-ú-tu dass.?. vgl. PKA 95! 49, 12; 156. 3; 475, 3; 886, 6; 984, 2; Nbk. 18. 9. *amêlu MU-tu* 780, 4. *MU.MEŠ – šuatu* 258, 24; Nb. 135, 30; Cyr. 3, 23; 277, 20.

מאד *mâdu* viel. *ma-du-ti* 1113, 17. *ma-du-tú* Nbk. 329. 18. Vgl. *i-ṣi u ma-a-du* 964, 7!

$מא_4ה$ *mê* Unterleib zur Aussenseite, wie מֵעַי Ct. 5, 14. *mê-e ša Šamaš* 826, 5.

$מא_2ר$ *amêlu ma'irru* Gesandte. Geschr. *KÍN* (Vgl. V R 39, 34 c.) Nbk. 109. 4.

$מא_2ר$ *mâru* Sohn, *mârtu* Tochter. *ma-ru(ri, ra)* 243, 5; 343, 6; Nbk, 70, 3. *mar-ti* 243, 10. *mâr* (St. c.) in *mâr 6 arxê* 772, 5; *mâr šatti* 617, 4; 659, 3; 699, 15 f. u. ö.; *mar šipri* 362, 4 u. ö. *mârat šatti* 646, 2, 7; *mârat 5 šanâti* 509, 4. *mar-tum 3 šanâti* Nbk. 100, 3. – ? *ma-a-ri ša xêri* 451, 13.

mârûtu Kindschaft. *ma-ru-tu* 356, 20. *mâru-ú-tu* 380. 10; 626, 2.

mâr-banî an Kindes Statt angenommener, Adoptivsohn. *mâr-ba-ni-i* 1113, 4, 15, 18. *bît mâr-ba-ni-i* 380, (3 ZA III 366).

amêlu mâr-banûtu die Handlung durch welche jemand zum *mâr-banî* gemacht wird, bez. ein Sclave aus dem Sclavenstand entnommen und zum Adoptivsohne oder Client seines Patrons gemacht wird, Clientelschaft. *mâr-ba-nu-tú* 1113, 16. *mâr-ba-nu-tu* Nbk. 203, 6. *mâr-amêlu βa-nu-tu* 892, 8. *mâr-βa-nu-ú-tu* 533, 8. *mâr-QAQ-MEŠ* 1020, 12; Cyr. 146, 6. *amêlu mâr-QAQ-ú-tu-šu* 697, 3. *amêlu mâr-QAQ(-ú)-tu* oft, siehe unter *bûd*! *mâr-QAQ-ú-tú* 388, 7. *mâr-ba-nu-ut-ka* deine Clientelurkunde 1113, 16. *mâr-ba-nu-ta-a* 1113, 19.

מגג ? *man-ga-ga* (vgl. V R 26, 47 g: *iṣu man-ga-gu*) ein Product der Landwirthschaft 385 ö.; 623, 7; 973, 9. Mit dem Determ. *amêlu* (?) 271 ö.

מגר *magâru* gnädig s., billigen. *N. amât B. mârišu iqbušu lâ im-gur* „N. billigte nicht was sein Sohn zu ihm gesprochen hatte“ 380(,12 ZA 366).

migru n.a. *ina mi-gir libbi* (= *ina xûd libbi*) 356, 12; 892, 2. *mi-gi-ir* 806. 2. *mi-ig-ru* Cyr. 368, 5.

מדד messen. IV 1 *im-man-da-du* 111, 7.

amêlu mandidi (Form فعّيل?) Vermesser (PKA X). *man-di-di* 81, 4; 102, 10; 199, 10; 297, 13; 468, 15; 506, 10; 540, 4: 757, 2; 934, 16. Als n.pr. passim.

amêlu mandidûtu dass. *man-di-di-ú-tu* 630, 10; 898, 8; Nbk. 284, 2.

מי *mê* Wasser. *šikari rêštû ša lâ mê-e* 764, 6; 799. 15. 17. *šaqû ša mê-e* Nbk. 90, 15. ?*mê-e* 437, 15. ?*mê-e šênu* 824, 13. *SU mê šênu* 566, 8; Nbk. [165;] 173. 1, 5; *še-ên*. Vgl. *amêlu râb mê-mê ša Bêl* 955, 4; *rab mê-e* 481, 2.

מול *mâla* (מוּל) Praep. für, als. *ma-la* 9, 5; 13, 10; 157, 4; 251, 7.

מות *mîtu* todt. Geschr. *BAD* 303. *mit-tú* (?) 208, 2. *mi-tu-tu* (Pl.) 1130, 19. *mit-tu-tu* 1130. *mit-ú-tu* Cyr. 292, 2; 332, 8.

mitûtu Tod. *mi-tu-tu* 1048, 5; 1113, 22; Nbk. 346, 9.

מזא* *nam-zu-ú parzilli* 761, 6.

מחח *muxxu* Praep. auf, über etc. *mux-xi* 821 u. ö. *ina mux-xi* oft, vgl. *ina eli*! *ana mux-xi* 961, 4. *ultu mux-xi* 17, 2. *ultu mux-xi ša* Conj. nachdem 697, 5 u. s. w.

מחל* *amêlu max(?)-xal-a-a* Nbk. 80, 3.

מחץ *i-max-xa-aṣ* Nbk. 202, 9. *ma-xi-iṣ pu-ti-šu* Nbk. 134, 4. *ma-xi[-iṣ], pu-tú-šu* Nbk. 24. 3.

mixṣu? *mi-xi-iṣ* Nbk. 2, 6. *mi-ix-ṣi tenû* Cyr. 241. [*mi-ix*]-*ṣu tenû* 78.

מחר *maxâru* empfangen, kaufen. Prt. *kaspa im-xu-ru* (*adi 12 TA.A.AN itanappal*) 116, 37; 178, 40; 203, 37; 293, 35; 477, 31; 687, 32; Nbk. 4, 25; 135, 31: 164, 35; Cyr. 161, 47. 188, 33; 345, 34; dass *imxuru* hier nicht als Modus relativus aufzufassen ist, zeigen die absoluten Formen *im-xu-ur* 1102, 10 u. *im-xur-ma* 193, 27; Cyr. 3, 22. *ša ana kašpi im-xu-ru* 44, 3; 85, 4; 132. 7; 293, 6;

323, 3; 580, 5; *im-xur-ru*: 1060, 11; 1111, 10. *im-xur-šu* 26, 6. *im-xu-ru-uš* 442, 8. *in-xu-ru* Nbk. 333, 8. *nim-xur* 356, 10. – Prm: *ma-xir* (*xir, xi-ir*) 27, 6; 116, 37; 178, 39; 193, 26; 203, 3; 293, 35; 418, 6; 515, 6; 521, 9; 570, 9; 668, 17; 687, 31; 755, 12; 768, 11; 810, 8; 814, 7; 870, 4; 978, 5; 1004, 7; 1051, 6; 1122, 4; geschr. *ŠI-ir* 885, 3. *kaspa* etc. *A ina qâti B ma-xir* (*xir, xi-ir*) 51, 7; 59, 8; 95, 10; 131, 5; 133, 6; 134, 9; 171, 8; 177, 8; 383, 9; 386, 3; 470, 4; 478, 10; 524, 5; 536, 6; 566, 11; 603, 8; 632, 8; 657, 8; 716, 6; 727, 5; 741, 7; 742, 5; 827, 7; 832, 8; 838, 8; 888, 6; 959, 3; 962, 7; 967, 6; 1048, 14; 1068, 8; 1077, 8. *max-xir* 157, 7, 13; 849, 17. *OO m. k. ina qâti A B šîmi eqlišu kasap gamirti ma-xir* (*ma-xi-ir*) „so und so viel vollwichtiges (?) Geld, den Preis seines Feldes, hat B aus der Hand A:s empfangen" 116, 33; 193, 20; 203, 3; 293[,31;] 477[,26]; 687, 27; Nbk. 4, 18; [135, 23;] 164, 30. Cyr. 188, 28; 345, 31. *kaspa A ina qâti B ana našuttum* (*ina qibî, urâšu*) *ša C maxir* 392, 10; 444, 5; 516, 7; 757, 6; 820, 5; 1100, 6; geschr. *ŠI* 701, 6. *kaspa A ina qâti B ana eli C maxir* „so und so viel Geld hat A aus der Hand B:s als Schuld lastend auf C empfangen" (das Schema des babylonischen Wechsels) 270, 13; 669, 9; 688, 9; 900, 5. *max-ru* (Rel., pass. Bed.) 133, 4; *max-ra* 470, 7; 489, 7. f. *max-rat* (act. Bed.) 390, 13; 1008, 5. Pl. *ma-xir-'* (act. Bed.) Nbk. 14, 6. *kaspa A u B ina qâti C max-ru-ú* (*max-ru-'*) 44, 11; 160, 10; 90, 6; 372, 6; 391, 11; 418, 11; *ma-ax-ru-'*; 518, 21; 843, 9; vgl. 986, 7. *max-ru* Cyr. 161, 45. *max-ri-i* (DAG § 91) 845, 12. *bîd maškânu max-ru-ú* 344, 7. *max-ru-nu* (Rel.) 1, 19. *max-ra-'* (act. Bed.) 147, 15. Nbk. 334, 11; Cyr. 236, 10. – Inf. *ma-xa-ri* (vgl. *nadânu*) 356, 5; Nbk. 10, 2. – Ptc. *ma-xi-ir* 178, 7. 203, 6. I 2 *im-ta-xar* 85, 7.

maxru Vorderseite. *maxar, ina-, ana maxar* Praep. vor. *ma-xar* 512, 2; *ma-xar-šu-nu* 13, 6; 1128, 9. *max-xar-šu-nu* 234, 12. *ina ma-xar* 355, 12; 359, 6; 633, 10; 668, 22; 1113, 6; 1128, 5. *ana ma-xar* 495, 13; 668, 13; *ana max-ri-ku-nu* 356, 28.

mixir? qimê ša mi-xir 658, 1, 8; 746, 6; 773, 3; Cyr. 162. *ina ba-la-tum ša mi-xir* Cyr. 39, 3. Vgl. *mi-xir(? šír)-ú-tu* Nbk. 49.

mixirtu, St. c. *mixrat*, *mixirrat*, Praep. gegenüber, vor. *mi-ix-rat* 116, 3. *mi-ix-ra-at* 293 2; 477, 3: 687, 2; Nbk. 206. *mi-xir-rat* 193, 2. Vgl. *mi-xír-tum* Cyr. 311, 12.

maxîru u. a. Kauf; Kaufpreis. *kunuk ma-xi-ri* 85, 12. *bâb ma-xi-ri* 238, 2; 239, 2. *ma-xi-ri* 339, 26; 687, 21; 807, 9; 829, 14; 837, 8; 1000, 2(-*ru*); 1031. 7. *ma-xi-ri-šu-nu* 477, 34. Geschr. *KI.LAM* (BList 9803) 103, 13; 116, 28; 132, 10: 165, 12; 178, 26; 193, 14; 203, 24: 247, 6; 323; 5; 421, 6; 580, 8; 659, 2: 689, 3; 711; 837, 14: 936, 5. *KI.LAM-šu-nu*(?) 50, 17.

max-xu-ru Cyr. 136.

maxrû, f. *maxrîtu* (oppos. *arkû*) erster. früher. *max-ru-ú* 4. 13; 50, 11; 103, 8; 224, 10; 228, 5; 350, 10; 376, 5; 406, 2; 470, 5; 600, 10; 605, 7; 671, 21; 675, 14; 872, 2. *max-ru-u* 51, 4. Geschr. *ŠI-ú* 131, 13; 214, 11 u. ö. *max-ri-i* Nbk. 55, 7. *max-ri-tum* (*tim*, *ti*) 116, 16: 138, 8; 189, 2; 242, 3; 253, 5; 256. 7; 286, 5: 311, 8; 348, 11; 480, 9; 523, 6; 576, 5; 577, 5; 600, 18; 610, 2; 678, 17; 813, 5; 815, 16; 820, 6; 844, 2; 875, 9; 1008, 6; 1057, 8; geschr. *ŠI-ti* 427, 9. *max-ru-tú* 531, 2. *max-ru-tu* 686, 8; 741, 9; 965, 3. *max-ru-tum* [114, 4;] 727, 6; 762, 3. *ŠI-ú-tu* 49, 14; 162, 4; 935. *max-ri-e-tú* (*ti*, *tum*) 325, 6; 344, 10; 395, 7; 587, 6; 802, 8; 808, 7. *max-ri-tum-MEŠ* 369, 8. Vgl. *maxru-ut-tum* Cyr. 29, 6!

amêlu *mâxirânu* Käufer. *ma-xi-ra-nu* 193, 7: 477. 7; Nbk. 4, 4; 374, 2.

karpatu *namxaru* Opfergefäss (LTP 125). *nam-xa-ru* 787, 13; Cyr. 183, 18. *nam-xar-ri-MEŠ* 258, 13.

מטא, für die Bedeutung beachte II R 11, 67f, wo *umatti* hinter *umalli*, *urada*, *u'attar* steht, und in den Contracten die Verbindung mit *ittiru*; die Grundbed. wird „kommen zu (wie aram. מטא), hinzukommen“ sein: II 1: vermehren.

Vgl. ZBPS 93: *maṭâ* schwach sein, was kaum richtig sein kann. *i-ma-aṭ-ṭu-ú* 715, 17. *in-ṭu-ú* Nbk. 166, 13. *mâla itteru u maṭ-ṭu-ú* 477, 33. *mâla ittiru* [*u*] *ma-aṭ-ṭú-ú* 50, 16. *ma-ṭu* 88, 6. ? *in-ṭa-nu(ni)* 519, 6; 1057, 7.

I 2 *indaṭu*. Phrase: *00 š. k. ina ṭubbu* (*u-mu, pitêqu*) *in-da-ṭu* 119, 2, 8; 150, 4; 431, 4, 11; 489, 3; 519, 4; 1095, 4. *in-da-aṭ-ṭu*(?) Nbk. 208, 12.

maṭṭu Ueberfluss, reichlicher Vorrath(?). *xurâṣu, kaspu ina maṭ-ṭa Ê.DUL* (*pitqa*) *šakin* [150, 6;] 331, 5; 1090, 5, 10, 15; 1095, 6; 1121, 11. *xurâṣu ultu maṭ-ṭu ša pitqa ana dullu našâ* 96, 2; Nbk. 158, 2. *ultu maṭ-ṭa* 537, 2. Vgl. *ištên maṭ-ṭa* (*mad-da?*) *gal-la* ··· 558, 22!

מין *mi-nam-ma* warum Cyr. 328, 8.

מכא* *ma-ka-a-ta* Nbk. 312, 6.

מכל ? *ma-kal-lu-ú* Nbk. 202, 2; 246, 3.

MA.KAN.NA (*DUP*) 167, 3; *GIŠ.DUP.MA.KAN.NA* 947, 4; Cyr. 175, 3. K4378, V6 = *makkanîtu*.

מכס *makkasu* Abgabe (מֶכֶס). *00 mašîxu* (*sulûpi*) *makkasu* (*ina sattuk*) *ša arxi, ina GIŠ-BAR. ma-ak-ka-su* 33, 7; 49; 84, 6; 114, 2; 121, 6; [138, 10;] 156, 3; [159, 4;] 192; 365; 374, 19; 491, 2; 563, 2; 582, 3; 673, 10; 724, 3; 759; 886, 2; 911; 965; 1027, 2; 1051, 2; 1089; Nbk. 168, 9; 255, 4; 338, 2. *ma-ak-kàs-su* Nbk. 23, 4. *ma-ka-su* Cyr. 50, 2.

ma-ak-su-tum 1074, 9.

מלא voll s. Prm. *mal-la* Cyr. 371, 12.

malû (מָלֵא) voll. *dannu ma-lu-ú šikari* 787, 12.

mâlu Fülle, so viel als, alles was. 26, 5; 79, 6; 199, 5; 309, 8; 466, 5; 477, 33; 500, 10; 572, 8; 653, 6; 715, 14; 796, 8; 966, 9; 1030, 8. Nbk. 216, 4; 235, 6. *ma-la bašâ* 43, 7; 75, 12; 314, 8; 344, 8; 375, 15; 581, 7; 619, 13; 1079, 7. *ûmu ma-la* so lange als 65, 16; Nbk. 283, 9.

? *mul-li-e* 64.

tamlû Terrasse. *tam-lu-ú* Cyr. 371, 11.

מלח *amêlu malaxu* Schiffer. *ma-la-xu* 116, 44. *ma-la-xu-MEŠ* 1019, 11. Geschr. *MA.LAX* 17. 4.

amêlu malaxûtu dass. Geschr. *MA.LAX-ú-tu(tú)* 968, 4; 1129, 11. *ma-la-xu-ú-tu* Cyr. 304.

מלך I 2 *im-tal-ku-ma* sich berathschlagen 13, 10: 1128, 12. Cyr. 332, 24.

מן *mannu* Pron. wer (jeder?). *man-nu* 69, 6; 720, 10; 787, 8; Nbk. 116, 9. Vgl. 324, 2! *man-ma* (*šânamma*) irgend ein (anderer) 67, 14; 380, 12; 1047, 13 u. ö.

mimmu, mimma irgend einer, irgend was, alles; als Subst. Besitz. *mim-mu(ma)* 15, 7; 26, 23; 59, 9; 65. 18; 85, 12; 199. 5; 314, 7; 344, 8; 356, 24, 33; 375, 15; 572, 8; 581, 7; 619, 13; 653, 6; 715, 14; 796, 8; 1079, 7. *mim-mu-ú* 720, 15. *mim-ma pâqirânu(?)* 756, 13.

מנה *manû* zählen, zutheilen; veranschlagen, schätzen. *mâla ina libbi ippušu ana eli Iddina-marduk i-man-an-nu* (sic!) 500, 11. *i-man-ni* Cyr. 177, 12; 255, 10. *i-man-nu-ú* 608, 8. *i-man-ni-ma inamdin* 256, 5. *i-man-ma-ni-ma inamdin* 600, 5. – Prm. *êlippu ša ana ½ m. k. ma-na-a-tu* 776, 4. *ša šimišunu ana 1 m. k. ma-nu-ú* 776, 3; 815, 4, 15; 966, 2. *man-na-ta* Cyr. 247, 7.

manû gezählt. (*ša*) *arxu ma-nu-ú* Nbk. 17. 6; 189, 5. *14 m. 17 š. ma-na-a-a-ti* 164, 21. Als Subst. Mine = 60 Seqel; *ma-ni* 468, 4. *ma-ni-e* 67. 4; 176, 5; 282, 5; 308, 5; 314, 19; 316, 4; 404, 5; 426, 5; 438, 6 u. ö. *ma-na* häufig.

mînu. Zahl(?). *1 m. k. ša ina mi-i-ni-šu* 515. *mi-i-ni ša kaspi* Nbk. 345, 24.

mi-nu-ú eššu 525, 14; 1075, 19. *mi-nu-ú* Cyr. 377, 14. *mi-na-a* Cyr. 377, 8.

ma-nu-tu ša pîlu 17, 25.

mênûtu Zahl; so lese ich (vgl. auch Strassmaier ZA IV 127) das Zeichen *MÈŠU* (DAL 168), passim mit phonet. Complement *-ti(tú)* versehen, in der Phrase: *ŠE-BAR* etc. *ina eli ištênit* (*ištên*) *MÈŠU(-ti, tú, tum*) *inamdin* 7, 12; 263, 7; 307, 6; 344. 5; 354, 9; 369, 6;

405, 7; 497, 7; 623, 5; 740, 7; 808, 4; 819, 5; 875, 6; 973, 8; 1059, 6; Nbk. 347, 9; 432, 5. Vgl. aber 666, 3; 693 5; 1074, 2! Sehr beachtenswerth für die Lesung ist ebenfalls der Ausdruck: *adi duppi ana duppi* (*naši, iṭṭir*) Cyr. 322, 5 und siehe unter *duppu*!

מסס *subâtu* *mas-si* Cyr. 4, 6; 232, 26; 253, 7; 259, 5. Vgl. *subâtu* *mas-si(-gu)* Nbk. 87, 4!

מצה *karpatu* *namṣîtu* (s. II R 20, 44). *nam-ṣí-tum* 258, 16; 278, 14; 787, 13; Nbk. 441, 7. Cyr. 183, 18; 355, 7. *nam-ṣa-tum* 258, 12.

מצר *amêlu* *maṣaru* Wächter. *ma-ṣa-ar* 52, 13. *ma-aṣ-ri ša bîti bušû* 866, 9. Geschr *ÊN.NUN* 622, 3; 803, 18.

maṣṣartu Wache. *ma-aṣ-ṣar-ti* 17, 24; Nbk. 134, 4.

miṣru. *miṣir* Grenze; Land Ägypten. *mi-ṣir* 17, 2; 79, 2; 103, 5; 214, 3; 553, 8; *abnu gabû ša* 751, 8. *šarru mi-ṣir* im hist. Bruchst. Nbk. 329, 15.

amêlu *mi-ṣir-a-a* Ägypter Nbk. 274, 4. Als n. pr. häufig.

מקת *la-am-qu-tu* Cyr. 332, 27.

III 1 *ú-ša-an-qa-at* 553, 11; 807, 9.

mu-qut-te-e Ansprüche 13, 10. *mu-qu-tu-ú* Cyr. 332, 26.

šunqûtu. *šú-un-qu-tú ipšu* 715, 13. *šú-un-qu-ut-tu itti axâmeš itepšû* Cyr. 338, 8.

MIR *amêlu* 888, 3.

מרס *mir-su ša bâbâni* 912, 6. *mê-ir-su* Cyr. 327, 6.

מרץ ? *mur(xar)-ṣi* 600, 6. Vgl. *mur(?)-ṣu û(tam)-mu* 699, 21.

מרק* IV 1 *im-mar-riq-qi?* Nbk. 64, 22.

מרר *marri*, Pl. *marrâtu*, wohl nicht zu trennen von ܡܰܪܳܐ, מָרָא, مَرّ, μάρρον, ital. marra, gall. marre, Beil, Hacke von Eisen. *mar-ri* 220, 1, 4; 752, 4; 753, 32; 784; 878, 2; Nbk. 13, 2; 204, 2; 225, 2; 413; 433, 2. *mar-ri-e* 529. *mar-ri-MEŠ* 571, 2. *mar-ra-a-tú(ta)* 530, 2; 810, 2; 982, 2; Nbk. 285, 2; 433, 9. *mar-ri-a-ta* Nbk. 245. *mar-rat-pl.* ZA IV p. 138.

marru bitter, gewaltig. *arrâššu mar-ru-tu* „seine gewaltige Flüche“ Cyr. 277, 18.

משח *mašâxu* messen. *zêri ittî axâmeš lâ im-šú-xu* 293, 9. – Prm. *maš-xu* Nbk. 19, 8. *maš-xa-tum* 350, 3; 1049, 2. IV 1 *im-ma-ša-ax-ma* 477, 32. *im-ma-ši-ix-ma* 293, 10. [*i*]*m-maš-šax-ma* 1102, 11,

mi-iš-xi 643, 5.

mišîxtu, Pl. *mišxâtum* Messung. *mi-ši-ix-tim* (*ti*, *tum*, *tú*) *marrîtum*, *šânîtum ša eqli*) 116, 11, 16, 20; 178 ö; 203, 10, 18, 16; 687, 17. *mîš-xat-tum* 835; 1021; Nbk. 450; 453. *mîš-xat*. Cyr. [34; 90;] 99; 173; 225 (so!); 226; 320, 8; [336]. *mîš-xa-tum* Cyr. 346, 4.

mašîxu Maass. *iṣu ma-ši-xu* 206, 8; [393, 4]. *ma-ši-xu*(*xi*) 23, 2; 28; 38; 49; 114; 136, 7; 144; 155; 156 u. ö. *ina ma-ši-xu ša* (*1 pi*) *ša šarri* 6, 8; 7, 11; Nbk. 273, 17; 347, 8: 424, 7. *ina ma-ši-xi ša Šamaš* Nbk. 63, 2; 73, 11. *ina ma-ši-xi ša Bêl* Nbk. 50, 3. *ina iṣu ma-ši-xu ša Šullumu* (des Verkäufers) Nbk. 152, 5. *kî ma-ši-xi-šu-nu* 477, 34. *ma-šix* (DAL 28) Nbk. 131, 4, 8 f.; 132, 7, 9; 157, 4; 169, 2; 249, 6 u. ö. *ma-še-xi* 973, 8.

amêlu mâšexu (?) im Canalnamen: *nâr amêlu ma-še-xu* 478, 6 (so); 483, 3.

? *na-an-šú-xu* ein Geräth 558, 11.

משך *mašku* Haut 776, 2. Vgl. *SU*!

משל *mišlu* Hälfte, Mitte (des Jahres); *mi-šil* 38, 2; 48, 13; 49, 10; 299, 6; 476, 16; 597, 11; 662, 12; 737, 7; 798; 929, 2; 962, 2; 996, 11; 1051.

MAŠ.MAŠ.ŠÚ 850, 3.

משר II 1 verlassen, zurücklassen. *ú-maš-šar* 17, 12; 738, 12; Nbk. 246, 10. *ú-maš-ša-ar* 184, 13.

II 2 *un-da-aš-šar* Cyr. 183, 10. *tu-un-da-šar* Cyr. 337, 17.

maššartu Ablauf (des Monates, *ša arxi*). *maš-šar-tum* (*ti*) 28; 111, 5 f.; 219, 4: 237, 24; 311, 4; 357; 18;

361, 3; 747, 15, 21; 799; 814, 6; 1055, 14. *ma-aš-šartum* 346, 5; 630, 5. *ina ma-aš-ša-ra-a-ta-šu* Cyr. 374, 10.

משש* *maš-ši* 466, 16. *maš-še-e* 557, 13; 1006, 12. *má-še-e* 562, 15; siehe zu *taxxisu*!

מות *mutu* Mann, Ehemann. *mu-tu* 671, 18. *mu-ta-a* 356, 21. *mu-ti-iá* 356, 5. *mu-ti-šu* 375, 9.

מות* *mâtu* Land, oft. *šarri mâtâti* 822, 4, in den Tafeln Cyrus' immer als Titel des Königs. *ma-a-a-ta-ti* Cyr. 175, 2.

מתמה *matêma* wann nur immer, mit Negat.: niemals. *ma-ti-ma* 116, 35; 178, 36; 203, 33; 293, 32; 477, 27; 668, 18; 687, 29.

? *mu-ut-ta-tum* 284, 10; 349, 2. Vgl. V R 37, 46 c!

נ

נאד *nâdu* = נאד Schlauch. *na-a-da* Nbk. 211, 5.

$נאר_2$ *nu-ú-ru* Licht (einer Lampe) 777, 4; Cyr. 279, 5.

נבא *nabû* nennen. *maxîri im-bi-e-ma* 116, 28; 193, 14; 203, 24; [293, 26;] 477, 16; 687, 21; Nbk. 4, 11; 164, 24; 374, 8; Cyr. [3, 12;] 161, 42; 188, 22; 345, 24. *imbê* (BList 2290)-*ma* Nbk. 135, 17. *ša Rîmût šunšu im-bu-ú* 697, 2.

amêlu *na-ba-a-a* 391, 14.

נבז *nu-ba-zu* Nbk. 168, 5.

נבח *ṣubâtu* *nibixu, nibxu* ein Götterkleid. *ṣubâtu* *ni-bi-xu* 78, 20. *ni-bi-xi ša ilu Šamaš* 547, 4. *ni-ib-xi-šu* 954, 2. Siehe BzA I 290!

נבל *nab?-li-i ša daltu* 429, 5. *nab-li-šu* 882, 3.

נבס *na-ba-su* Wolle 78, 7. Vgl. *TUK*!

נבר *ni-bir-tum* Cyr. 331, 1, 10; vgl. נִיבְרָה Schrober!

נבת* *nu-bat(pít, mit)-ta-tum* (Pl.) 351, 26. *nu-bat-tum* Cyr. 372, 12. Vgl. Delitzsch BzA I 231 f.!

? *nu-ub-tum* Nbk. 39, 7; Cyr. 158, 12; 228, 10. *nu-ub-bu-tú* 9, 9.

נגא hell s., davon (s. HAUPT BzA I 160, unten) *šangû* Priester, passim.

נגה *nagû* Ortschaft. *na-gi-i nisûtu ša kirib tamdim* Nbk. 329, 17.

נגל* *ta-an-ga-lu-ú* 84, 4.

NI.GIŠ, siehe *šamnu*!

NU.GIŠ.ŠAR [amêlu] d. i. *zikar kirî* „Mann des Gartens" (*NU* = *zikaru* II R 7, 1 c). 232, 2; 578, 5; 691, 2; 770, 9; 1127 u. ö.

NU.GIŠ.ŠAR-û-tu Bewirthschaftung, Nbk. 90, 2; Cyr. 200, 3; 230, 5.

נגר [amêlu] *nangaru* (BList 11165) = נַגָּרָא 85, 4; 237, 8; 317, 4; 376, 3; 411, 4; 416, 4; 462, 9; 546, 24; 612, 17; 647, 11; 680; 729, 10; 743. 9; 808, 13; 816, 13; 951, 5.

nangaru Wassercanal (נִיגְרָא) zur Berieselung des Feldes (?). *nan-ga-ri* 203, 2; 578.

נדה werfen, anlegen. *simêrê parzilli id-du-uš-šu* Cyr. 281, 3. *na-du-u* 559, 8.

? *mandîtu* (*ša abni, kaspi, xurâṣi*). *man-di-tum*(*tú, ti*) 190, 2; 216, 3; 501; 719, 2 f.; 1012, 3; Nbk. 421. — *man-di-i*? 537, 3.

נדה sich entfernen, fliehen. *2 xalâqa ultu bîti* (*bid*?) *bêlia ad-di-ma* 1113, 17.

נדן *nadânu*, Prs. *inaddin, inamdin*, (*iddan*), Prt. *iddan, iddin, idin*, geben, verkaufen. Prs. *i-na-ad-di-in* 299, 8; 396, 7; 553, 5; 609, 12. *ina-ad-din* 282, 7. *i-na-ad-di-nu* (Pausa) 309, 7; 476, 29. *i-na-ad-da-aš-šu* 1031, 12. *i-nam*(*nan*)*-din* 4, 6; 6, 10; 8, 4; 12, 6; 14, 6; 15, 7; 18, 7; 19, 5; 26, 14; 36, 6; 44, 14; 47, 5; 66, 6; 67, 14 u. ö. *i-nam-di-in* 71, 6; 1056, 7. *i-nam-din-nu* (Pausa) 30, 8; 210, 6. *i-nam-di-in-'* (Pausa) 100, 6. *i-nam-din-su* Nbk. 86, 5. *i-nam-da-aš-šu* Cyr. 230, 9. *i-nam-da-ma* 772, 10. *ta-nam-din* 82, 7; 463, 5. *ta-nam-din-'* (Pausa) 442, 10. *a-nam-di-nu* (Pausa) 197, 10. Pl. *i-nam-din-nu* 149, 6; 152, 7; 205, 6; 655, 6

u. ö. *i-nam-din-nu-'* (Pausa) 11, 7; 103, 4; 375, 6; 542, 6; 619, 5; 621, 7; 715, 16; 803, 13; 916, 9 u. ö. *i-nam-din-'* (Pausa) 7, 16; 314, 13; 461, 6. *i-nam-di-'* Nbk. 345, 8-10.

Prt. 1) *id-dan-nu* (Pausa, Rel.) 60, 5; 98, 5; 164, 11; 772, 16; Nbk. 309, 6. *id-dan-nu* 164, 15, 17. *id-da-aš-šu* 442, 5; Nbk. 115, 13; 368, 6. *id-da-aš-ši* 51, 5. *i-da-aš-šu-nu-tu* Nbk. 78, 4. *ta-ad-da-aš-šu* Nbk. 101, 6. *ad-dan-ka* Nbk. 265, 7. *ad-da-šu* Nbk. 460, 12. Pl. *id-dan-nu* 314, 18; 428, 15; 439, 4; 784, 8; 982, 4; 1002, 5 u. ö. *id-dan-nu-'* (Pausa, Rel.) 368, 9; Nbk. 26, 6. *id-dan-na* (DAG § 90, c) 355, 13. – 2) *id-din* 17, 16; 50, 8; 58, 2; 79, 6; 85, 11, u. ö. *id-di-in* 257, 7; 299, 6; 313, 11; 434, 6 u. ö. *i-din* 56, 4; 73, 3; 80, 3; 94, 3; 157, 8; 295, 5. *i-di-in* 157, 3; 173, 10. *idd* (*SE*)-*in* (was auch *nadin* sein kann) 1, 18; 28, 2; 31, 2; 35, 4; 37, 5 u. ö. *iddi*(*SE*)-*na* (*nu*, Pausa, Rel.) 22, 14; 25, 4; 29, 4; 49; 344, 18; 672, 4; 673, 2; 676, 2 u. ö. *SE* 1058, 4, 11 u. ö. *id-din-nu* 2, 3; 17, 9; 95, 13; 273, 7; 410, 2; 1019, 6 u. ö. *id-di-nu* 13, 5; 59, 4; 165, 9; 171, 5; 265, 7, u. ö. *idd*(*SE*)-*in-nu* 281, 5. *id-di-id-ma* 697, 7. *id-din-šu* Nbk. 4, 14. *id-di-in-šu* 687, 23. *id-din-su* (so!) 116, 29; 193, 15; 195, 4; Nbk. 164, 26. *id-di-is-su* 203, 26. *id-di-is-su-nu-tim* 178, 28. *ta-ad-din* 533, 6; 671, 7; 1043, 6. *ta-ad-di-nu* 310, 9; 1020, 8. *ta-ad-di-nu-ma* 343. 7. *ta-ad-din-nu* 283, 12 [16: *ta-ta*(rad.)-*ad-din-nu*]. *ta-ad-di-nu-uš* 1113, 14. *ta-ad-di-na-an-ni* 1113, 22. *ad-din-ma* 13, 5. Pl.: *id-din-nu-'* 635, 7; 680, 6; 756, 6; 990; 6. *id-di-nu-'* 336, 7. *id-di-nu* 13, 6; 668, 21 u. ö. *id-din-nu* 718, 4; 1015, 2. *id-din-'* 693, 10. *iddi*(*SE*)-*nu-niš-šu* 451, 14. *id-di-na-'* (Rel.) 147, 6. *id-di-nu-nu* Cyr. 332, 13. *ni-id-din-ka* 720, 9. *ni-id-di-din-ma* 356, 9. – Prc. *lid-din* 574, 10; 905, 4; 917, 4; 919, 6; 922, 7. Cyr. 370, 15. *bîlu lid-da-aš-šu* Cyr. 371, 8. *lu-ud-dak-kan-ma* Cyr. 337, 12. *lu-ud-din* Cyr. 26, 9. *lud-din* Cyr. 170, 7. *lid-di-nu-num-ma* Cyr. 170, 5.

Prm. *nadin, nadnu*: *na-din* (pass. Bed.) 85, 8; 116, 37; 178, 39; 193, 26; 203, 36; 244, 11; 293, 34; 465, 6; 668, 17; 858, 8; 1102, 9. *na-di-in* 277, 30; 496, 8. *na-di-nu* 701, 18. *na-di-ni* 273, 11. *na-ad-nu* 126, 12; 194, 5; 270, 8; 274, 12; 356, 36; 720, 8; 801, 14; 1113, 10. Je nach dem Zusammenhang ist *SE-in(nu, na)* als Prm. oder Prt. zu lesen, siehe zu Prt. *SE-na-tum* (Pausa.) 357; 525, 23. *SE-na-at* 510; 629, 9; 841, 2; 915, 2; 998, 2. *na-ad-na-ta* (Rel.) 576, 9; 577, 8. Pl.: *SE-nu-'* (Rel.) 441, 13. *na-ad-na-a* 687, 31; vgl. *nadna-'* 490, 3. *nadna-a* 824, 17. – Impr. *id-din* 243, 5. *i-din* 909, 5, 9: 975, 7. *i-dí(din)-in* Cyr. 286, 8. – Ptc. *nâdinu*: *na-di-nu* (St. c.) 116, 5. *na-din* (*eqli, šêm*) 116, 18; 260, 14; 311, 10; 388, 6; 391, 16; 437, 5; 440, 19; u. ö. *na-di-in* 293, 46. *amêlu* *na-di-na nudunnû* 1113, 27. Pl. *na-di-ni-e* 178, 48, 55. – Inf. *na-da-nu* (*u maxâri*) 356, 5: Nbk. 10. *na-da-nu* 697, 3.

I 2 *ittadin* geben. *it-ta-din* 10, 8; 21, 3; 33, 8; 59, 11; 93, 5; 108, 6, 9; 118, 6; 167, 6 u. ö. *it-nan-din* (?) Nbk. 70, 4 var. *ta-at-ta-an-na-an-ni* f. (mit Suff 1 P. Sg.) 1113, 20. 1 P. *at-ta-din* (?) 70, 2. Pl. *it-ta-dan-nu-'* 756, 12.

IV 1 *in-na-am-din* Cyr. 302, 10.

nadnu? *ana SE-nu* 177, 7. *00 š. k. ša nad-na* 659, [16,] 22, 26.

nidintu 1) Gabe, Schenkung. *ni-din-ti* Nbk. 247, 15. 2) Abgabe, Steuer. *bît ni-din-it šarri* 297, 2; 318, 2; 350, 21; 521, 4; 559, 5; 560, 3; 612, 2; 730, 8; [864, 2]; *ni-din-tum(šarri)* 379; 455, 3; 556, 3; 888, 5; 1103, 14.

nâdinânu (Form wie *mâxirânu, êpišânu*) Verkäufer. *na-di-na-nu* (St. c.) 518, 17.

nudunnû Mitgift (= שִׁלֻּחִים 1 K 9, 16). *nu-dun-nu-ú* 65, 7; 165, 7; 243, 10; 313, 9; 348, 14; 755, 10?; 817, 2; 1111, 2; Nbk. 161, 2; 198, 5; 254, 3; 283, 8; 350, 4; 369, 4; Cyr. 111, 8; 128– 130; 154, 2; 183, 19; 332, 7. *nu-du-nu-ú* 258, 17; Cyr. 143, 5. *nu-dún-nu* (?) 75, 21. *nu-dún-nu-ú* Nbk. 91. *nu-dun-na-a-a* 356, 4. *nu-*

dun-na-a 356, 22. *nu-dun-ni-e* 165; 243, 13; 348, 7; 1113, 11; Nbk. 265, 7; 368, 6; Cyr. 168, 4; 198. *nu-du-un-ni-e* Nbk. 403, 5. *nu-dun-ni-e-a* 356, 6.

ma(n)dattu, madâtu Abgabe; Lohn (*ša gallu*). *man-da-at-ti(ta, tum)* 169, 20; 475, 12; [610;] 679, 6; 682, 8; 803, 13; 838, 10; 959, 4; 1116, 12; Nbk. 193, 5. *man-da-tum* 858, 5. *man-da-ta* Nbk. 390, 4. *ma-da-a-ta* 1076. Pl. *man-da-at-ta-ti* (DAG § 69 Anm.) 573, 8.

? *in-da-nu* 519, 6. *in-da-ni* 1057, 7.

נדף: ? *ni-id(it, iṭ?)-pi* 84, 7. *ni-id-pu*(?) 1007, 3.

נוח: II 1 *tu-ni-xi* im hist. Bruchst. Nbk. 329, 7.

נוט: *nûṭu* = نُوط corbeille de dattes. *nu-ú-ṭu* 31, 3. *SU nu-ú-ṭu* Nbk. 173 (schr. *SU* statt *ZU*!); 211, 4; 402, 13. *SU nu-ṭa-nu* (Pl.) 824, 11; Nbk. 383, 2.

נול* *nu-li dib-bir* · · · ? 227. *na-al dar* 431, 9.

נזז: stehen. *iz-zi-zu*(?) 1102, 2. *iz-zi-iz-zu* Nbk. 135, 3. *ni-iz-zi-iz* Cyr. 302, 9.
III 1, stellen, einsetzen. *ú-ša-zi-zi* Cyr. 364, 9. *uš-zi-zi* Cyr. 332, 19. *dânê maxaršunu uš-ziz-zu* 13, 6. *ina duppânišunu uš-ziz-zu* 356, 35. *ša ina epîš ša duppa-ti* (?) *šú-uz-zu-zu* 936, 10. *ú-šú-uz* (DAG § 100, p. 276) 1113, 26. *ú-šú-zu-uz* Nbk. 235, 13. *ú-šú-uz-zu* Cyr. 248, 4.

manzazu, die wahrscheinliche Lesung des Ideograms *DU* bez. *DU-zu* in der Phrase = *ina DU(-zu) ša N.N.* (eines Mannes; vgl. *ašâbu*!), Beisein, Vorstand (?). *DU* 278, 5; 444, 6; 657, 8; 1024, 5, 9. *DU-zu* 10, 9; 21, 5; 33, 5; 48, 15; 79, 9; 109, 8; 113, 11; 134, 10; 160, 12; 170, 9; 174, 8; 206, 9; 207, 3; 208, 3; 228, 10; 233, 14; 236, 17 (!); 242, 8; 245, 9; 255, 5; 297, 9; 321, 7; 401, 7; 402, 8; 435, 8; 469, 11; 478, 11; 489, 13; 496, 7; 548, 5; 557, 7; 562, 10; 636, 9; 637, 7; 658, 26; 716, 7; 741, 10; 754, 9; 784, 14; 815, 22; 824, 24; 866, 7; 872, 7; 898, 3; 911, 13; 939, 5; 941, 4; 988, 9; 1010, 18;

1017, 11; 1018, 4 (?); 1092, 5; 1100, 9. – *man-za-al-tum* Cyr. 304, 8.

נחל: *na-xa-lu-ú-tu* Cyr. 355, 6.

נחס: (für diese Wurzel vgl. Delitzsch BzA I 201! *i-ni-xi-is-'* V.A.Th. 73, 48 wird in PKA 109 unrichtig zur Wurzel אחז geführt). *ittišunu i-na-xi-su* ... 715, 11. *mâla ina nantimšunu i-na-xi-su-nu akî nantim ša B. u N. immaruma* 715, 18. *ana eli axâmeš ana elî dibbi ša bîti ul i-na-xi-su* Cyr. 128, 25. ½ *m. k. i-ni-xi-is* Nbk. 51, 6. *ana kutalla i-ni-xi-si* Cyr. 376, 18.

I 2 *it-te-ix-si* 119, 4 (*1 m. 10 š. ṭu-ux-xu-ú*); Cyr. 368, 8.

III 1 *ú-ša-xi-su* Cyr. 1, 7.

na-ax-su-tum? Nbk. 199, 5, vgl. 108, 7!

mu-ni-xi-is 234, 11.

נחר: *na-ax-xir* 787, 14. – *ni-ix-ri-in(?)gal-la* 1121, 9.

נחש: *amêlu nu-xa-a-šu* 153, 7.

נחת: *nu-ux-xu-tu* 750, vgl. 368! Cyr. 275, 2. Siehe BList 9076! – *na-xa-tú*? 88, 3.

ניר: *ni-i-ri* 186, 8. *ni-ri-e* 281, 13.

נכל: arglistig s. I 2 *niklu ana eli at-ti-ik-lu* 964, 15. *nik-lu* 964, 14. [*ni*]*k-li-šu ša qâti* 1113, 5.

נכם: aufhäufen. *nakimtu*, geschr. *ID.QU* (K 40, III 11) 686, 24 Vorrath.

נכס: *ik-ki-is-su* Cyr. 331, 8.

nikasu Güter, Schätze (= נְכָסִים); Lieferung, Erlegung, Leistung (schon Peiser ZA III p. 370), „Rechnung"? *ni-ka-su* Nbk. 125, 4. [*ni-k*]*a-su ina ittišu ul ipši* 376, 6. Geschr. *NIN.ŠIT-ka-su ul epiš* 810, 5. *NIN. ŠIT* (*ittišunu*) *ipšu* 164, 26; 234, 3; 462, 29; 525, 5; 557, 7; 656, 24; 658, 31; 747, 2; 753, 39; 786, 6; 799, 21; 815, 26; 947, 19; 991, 18. *nikasu ul epu-uš* 642, 27. *Kalbi-Marduk ina pidni-šu nikasu* (so!) *ittî Š. êpuš* 95, 5. *nikasu i-la? ip-su* 476, 31. *epêš* (*epâš*) *nikasi* (*qatâ*) [63, 12;] 164; 224, 2; 276, 10; 482, 9; 561; 575, 15; 658; 686, 22; 753; 815; 838, 8; 1028, 8; Nbk. 254; 347, 19; 356, 6; 373, 14; Cyr. 31; 357, 2. *epiš nikasi ša arxi* Nbk. 388, 41. *isqâti u nikasu-MEŠ* 380, 3, 7, 11. *nikasu* 668, 4; Nbk. 107, 2; 116, 5, 10; 119, 3; 283, 2, 10, 18; 334, 18; 361, 8; 403, 2, 10. amêlu *rab nikasu* (II R 31, 84) 387, 16; 780, 2. 847, 6; Nbk. 98, 3.

NINDA (Zeichen S^b 197). (*alpu*) *NINDA* 202; 272, 4; 639, 10; 642, 17; 659, 11, 25; 699, 4; Nbk. 114, 2; 132, 16; 213, 5; 348, 6. *LU NINDA* Nbk. 275.

NUNUZ eṣu (S^b 297) 171, 3.

NIN.ZUN, siehe *akâlu*; ein Maass 116; 178, 11; 203; 687 u. ö.

NIN.ŠIT, siehe *nikasu*!

נסח: herausreissen; von einer gemachten Donation durch spätere Verfügungen etwas wegnehmen. *nisxu ul i-na-as-sa-xi* 113, 10. *nisxi ana muxxi ul ta-na-as-sa-xi* 65, 19. *na-as-xu* Nbk. 402, 6, 8. *na-sa-xu ša askuppati* Cyr. 329, 2.

nisxu n.a. *ni-is-xi* 65, 19; 113, 9 f; 525, 23; 1047, 10. *ni-is-xu* Nbk. 66, 8; 209, 4; 402, 7; 459, 17. *ni-is-xu-tum* Nbk. 402, 4 f.

nu-us-xi-e ša udî bîti 1119, 4.

amêlu *na-si-xu* 597, 17.

נסך: *i-na-as-su-uk* hinthun (*ana xarrâni*) 966, 11.

נסב: ? *nisippu* ein Maass für flüssende Dinge (*šamni*). *ni-sip-pi* 185; 798. *ni-si-pu* 108, vgl. 1064. *ni-sip* 232 (so!); 322; 329, 1, 7; 334; 698; 821 ö.; 957. Vgl. *ni-si-pi*? 245, 6!

NI.SUR amêlu 762, 3; 792, 2; 809; 901, 9; 1060, 15; vgl. 612, 18. amêlu *NI.SUR-ú-tu* 424, 2, 8; 712, 2; 940, 9; 970, 3; Nbk. 349, 4; 362, 4. amêlu *NI.SUR ginê*, geschr. *NI.SUR gi-na* 63, 19; 313, 16; 597[,3], 4; 697, 23; 755, 14; 772, 20; 802, 4; 815, 24; 853, 2; 994, 3; 996, 5; 1091, 9, *NI-SUR-gi-ni-e* 346, 4; 390, 5, *NI.SUR gi-e* 391, 2. amêlu *NI.SUR sattuk* Cyr. 349, 3. – Auf Grund der Gleichung *Marduk-šum-uṣur* amêlu *NI.SUR-gi-na* 597, 3 = *M.*

amêlu qêpu 845, 2 scheint *amêlu NI.SUR = qêpu* zu sein. *NI. SUR ginê* ist also ein Tempelbeamter, dem die Leistungen für das Opfer im Tempel übergeben werden. Peiser KA 115 giebt als Bedeutung „Feinschmied" (?) an!}

נסא$_4$: *nišû* entfernt. *na-gi-i ni-su-tú ša kirib tamdim* im hist. Bruchst. Nbk. 329, 17.

?*nisûtu* (*u salatu*) männliche' (und weibliche). *ni-su-tu* 116, 35; 293, 33; 687, 30. *ni-su-tú* 178, 37; 203, 34. *ni-su-tum* 193, 23. *ni-su-ti* 477, 28.

נפח: *amêlu nap-pa-xu* Schmied 86, 2; 666, 13. *napparu* (BList 6726) 89, 3; 118, 5; 119, 6; 220, 3 u. ö.

נפשׁ: hauchen. *na-pi-šu* n.a. 929, 3.

napištu, Pl. *napšâti* Seele, Leben, lebendiges Wesen (von Menschen u. Thieren); geschr. *ZI.MEŠ*, von Menschen 381, 19, von Thieren 54, 6; 312, 2; 646, 7; Nbk. 348, 9. *nap-ša-ti* Nbk. 365, 7.

amêlu ?*im-pu-ši-ia* 855, 8.

נצב: *in-ṣab-tum* Ohrgehänge. Cyr. 381, 10.

נצר: bewachen, hüten. *i-na-aṣ-ṣar* 578, 8; Cyr. 200, 7; 230, 10. *i-na-ṣa-ri* (Rel.) 574, 9. *iṣ-ṣu-ru* (*maṣṣartum*) Nbk. 134, 6. — Inf. *na-ṣa-ru* Nbk. 90, 14.

נקה: opfern *iq-qi* Nbk. 247, 16; 416, 8.

niqû Opfer, Opferlamm. *niqû* 387, 4. *alpu niqû* 699. *LU.NITA niqû-MEŠ* 332, 2; 401, 3; 504. *niqû-MEŠ* 265, 8.

נשׁ: (DProll. 163 f.) *nišu*, Pl. *nišê* Leute. *nišê bîti* = *amêlûtu* 39, 3; 40, 3.

נשׂא: *našû* heben, erheben, tragen (eine Last, Verpflichtung); führen, bringen; nehmen, empfangen (Geld, eine Waare); davontragen, gewinnen. Prs. *i-na-aš-ši* 26, 11; 309, 9; 515, 10; 966, 12. *nantimšunu i-na-aš-ša-'*. Nbk. 57, 10. *kaspu mâla i-na-ša-a* Nbk. 350, 15. *kaspu mâla Rîmût ultu pâni Nabû-eṭir i-na-aš-ša-a* Nbk. 188, 8. Mit *bûd* für etwas verantwortlich sein, für etwas haften: *bûda eṭêr ša k. N. i-na-*[*aš-ša-am-ma*] 63, 7, vgl. 945, 13. *i-na-*

aš-ša-am-ma inamdin 197, 4; 609, 11; 715, 10; 1032, 15; Nbk. 246, 8. *ta-na-aš-ša-am-ma tanamdin* 442, 9. *a-na-aš-ša-am-ma anamdin* 197, 9. Pl. *ša i-na-aš-šú-u* (gewinnen) *axâtašunu* Nbk. 58, 6. *i-na-aš-šú-nu* (Rel.) 63, 12. 746, 14; Nbk. 235, 9. – Prt. *A 00 š. k. ina qâti B iš-ši* Nbk. 62, 5. *amêlu abba-pl. bûdsu iš-ši-ma* Cyr. 281, 7. *iš ša-a* 453, 7. *ša ina qibî B lapâni C iš-ša-a* 702, 5. *iš-ša-'* 68, 5. *iš-ša-am-ma ukallim* 13, 8. *iš-šú-u* (Rel.) 14, 7; 571, 15; 1094, 3. *iš-šú-ú* (Rel.) 277, 8; 298, 8; 373, 5; 452, 8; 528, 15; 570, 2; 690, 9; 753, 4; 838, 3; 1048, 7. *taš-ša-a* 310, 9. *ta-aš-ú* (Rel.) Nbk. 342, 4. *aš-šú-ú* (Rel.) Nbk. 265, 11. Pl. *iš-šú-ú* (Rel.) 656, 17; 1008, 8. *iš-šú-'-ma* 755, 6. *iš-šú-nu* (Rel.) 695, 5. *ša ultu pâni I. iš-šú-num-ma* 356, 16. *kaspi ša ultu pâni I. ana niš-ri niš-ša-am-ma* 356, 9.

Prm. *A bûd eṭêri ša B na-ši* 63, 5; 198, 10; 282, 12; 314, 16; 375, 19 (so!) 1110, 10. *na-aš-ši* 47, 7, vgl. 262, 7. *bûd amêlûti N.N. na-ši* 42, 7. *bûd amêlu sixî pâqirânu aradšarrûtu u mârbanûtu ša ina eli amelûti illâ N.N.* (der Verkäufer, oder der Sclaven verpfändet oder der von diesem bevollmächtigte) *na-ši* [40, 11]; 126, 10; 212, 10; 257, 8; 273, 15; 274, 10; 300, 9; 340, 11; 388, 9; 400, 11; 434, 9; [509, 11]; 648, 7; 665, 9; 666, 11; 806, 10; 829, 9; 892, 11; 1044, 9. *bûd qaqqadi kaspi N.N. na-ši* 1013, 13. *bûd ša ŠE.BAR N.N. na-ši* 690, 12. *Šum-iddina bûd mukînûtu na-ši* 343, 9, vgl. 600, 8. *bûd maṣṣarti N. na-aš-u* (Pausa) 17, 26. *bûd na-šú-u* 148, 9, *na-šú-ú* 375, 11; 619, 10; 690, 17. *na-šú-ú* (Rel.) 738, 5. *ša ina qâti, lapâni N.N. na-ša-a* (pass.) 161, 3; 245, 5; 259, 3; 421, 3; 708, 8; 821, 2, *na-ša-'* 478, 11; 481, 3; 854, 2; 904, 5; 928, 4; Nbk. 158, 3. *na-aš-ša-'* 876, 2. *bûd sixû* etc. *A* (die Verkäuferin) *ina qâti B* (Käufer) *na-ša-tum* Nbk. 201, 10. *f Gagâ bûd eṭêr ša kaspi na-ša-ti* Nbk. 379, 10. *ŠE.BAR ša ina qâti N.* [*ana*]? *kaspi na-ša-a-ta* 23, 5. *ša la*[*pâni*] *Mušêzib-Bêl na-ša-a-ta* 166, 3. *Tašmêtum-rê'ûa bûd eṭîru ša kaspi na-ša-a-ta* 479, 11. *bûd sixû* etc. *f Bâu-bêl-bîti na-ša-a-ta* 533, 12; 1020, 14. *na-ša-a-tú* 801, 10.

ŠE.BAR na-ša-a-tum 629, 5(*na-šá-a-tum* Z.7). *bûd eṭêri A u B na-šú-ú* 466, 11; 817, 12; 932, 11, *na-šú-u* 15, 12; 461, 13. *bûd sixi A u B na-šú-ú* 196, 13; 336, 12; 635, 11; 671, 14; [680, 9;] 693, 15; Nbk. 67, 10; 97, 13, *na-šú-u* 564, 14; 756, 14. *ištên bûd šânî na-šú-ú* 7, 17; 11, 8; 45, 5; 205, 7; 309, 8; 314, 14; 375, 7; 539, 10; 553, 6; 584, 10; 619, 6; 635, 12; 638, 6; 680, 15; 750, 11; 764, 8; 907, 9; 977, 8; 987, 12, *na-šú-u* 354, 11; 564, 15; 611, 10; 973, 14. *na-aš-šú* ··· 275, 6. *na-aš-šú-ú* 621, 8. *na-šu* 149, 7. Vgl. *na-šú-ú* 558, 8; 784, 4; 869, 6; 945, 13, *na-aš-šú-ú* 876, 12, *na-šu-nu* (Rel.) 662, 4. *na-ša-nu* (Rel.) 290, 5; 530, 4.

I 2 *it-ta-ši* Nbk. 119, 10. *it-ta-ša-a* (Rel.) Nbk. 188, 12. *it-ta-ša-am-ma* Nbk. 246, 11.

III 2 ?*ištašši*. *âmu Dâgil-ilâni aššatu šânîtu iš-ta-aš-šú-ú* Nbk. 101, 11.

IV 1 *in-na-aš-šú-ú* 50, 14.

IV 3 *it-ta-na-aš-šu* 854, 7.

nîšu n.a. Erhebung scil. der Hände = Schwören; vgl. bh. נָשָׂא = schwören. *nîš* St. c. bei Verbis des Schwörens wie das deutsche „beim Namen“. (DAG § 138). *niš* Nbk. 122, 8; 247, 20. *ni-iš* Nbk. 164, 36.

nâšûtu Auftrag. *nâšûta alâku* im Auftrage gehen, ein Geschäft verrichten. *ina na-aš-ut-ti(tum)* = *ina qibî*) 85, 5; 132, 8; 134, 3; 160, 8; 177, 3; 392, 9; 444, 3; 516, 4; 570, 14; 572, 12; 701, 4; 713, 5; 755, 3; 757, 2; 820, 2; 1008, 3; Nbk. 139, 5: 261, 8; 381, 15; 420, 6. *na-aš-ut* 192, 2. *na-aš-ut-ta(tum) alâku* 210, 4; 572, 12; 653, 11; 1013, 11; Nbk. 261, 8; 408, 11. *ina na-aš-ši-ut-tum* 55, 8.

נשק *niš(?)-qa ša šuqultum* 406, 3; vgl. *pil-qu ša šuqultum* Nbk. 414, 2. — ?*maš-ša-qa*?-*MEŠ* 258, 34.

נשר *niš-ri* 118, 2; 356, 9, vgl. 276, 5. *niš-rum*? 321, 4.

nušurrû Abstrich, Abzug (BzA I 292), Auspfändung (?): *amêlu rêšûtu nu-šur-ru-ú ina libbi išakkanu* Nbk. 265, 8.

Vgl. *ša niširta irṣiti šuata ina libbi eqli annî išakkanu* III R 43, III 22.

NI.TUK amêlu (= *NI.SUR?*) 607, 2. *NI.TUK-ú-tu* 607, 7.

ס

SU (= *mašku* Haut), Determinativ vor den Namen verschiedener aus Haut gemachten Geräthe; siehe *zallu, mašku, mê, nûṭu, nakrimânu, šibbu, šalṭu. SU-MEŠ* 1000, 4.

סבך *sa-ba-ku* Cyr. 373, 16.

סבס amêlu *sa-ab-si-nu-tu* 172, 3, 7: *qatîtim* q.v.

סבכר* *si-ib-ka-ru-ú?* 301, 2.

סבר ṣubâtu ?*si-bi-ri-it* 10, 4. – *si-bi-ir* Cyr. 153, 2. ṣubâtu *us-bir-ri* – – 119, 22.

סגז *si-gi-iz-zu* Cyr. 163, 6.

סדד* II 1 *su-di-da-aš* Impr. 2. P. Pl. Cyr. 377, 21 steht vielleicht für *šuddidâš* „erweiset ihm Liebe!“

סדה* *kaspu ša ina 1 š. su-ud-du-'* Nbk. 76, 6. 1/3 *4 š. su-ud-du-' LAL.DI k.* Nbk. 112. Geschr. *6-'* Nbk. 65, 6; 68, 5 u. ö; Nbn. 830, 6. Auf Grund dieser Stellen und eines Vergleichs der Phrase PKA XI 8: *bûd su-ud-du u maṣartum* mit Nbn. 17, 24 f: *bûd maṣṣarti u manûtu* scheint *sadû?* = *manû* = zählen zu sein, so schon PKA 97. Haben wir hier ein von dem Zahlwort 6 denominirtes Verbum, eigentl. = sechsten, dann = zählen? Vgl. *xummušu*!

סדר *si-id-ri* 768, 4.

סום* *sa-a-mu* 489, 4, 8.

סוסו (DProll. 128) *sîsû* Pferd. *rê'u si-si-i* 474, 11; Nbk. 4, 29. *rê'u si-i-[si-i]* 601, 12. Geschr. *imêr(?) KUR.RA* 1034, 8 u. ö. Vgl. *rê'u KUR.RA* 932 (u. DELITZSCH BzA I 206.

סוק *sûqu* Strasse. *su-ú-qu* 75, 9; 493, 6; 787, 15: *uantim ša sûqu*; 934, 7. *su-ú-qu siq-mu-rat nâri* Cyr. 345, 15.

su-ú-qirapši Nbk. 164, 18. Geschr. *SILÛ qa* ··· Nbk. 328, 8. *SILÛ* 838, 3. *SILÛ SIQQU* Nbk. 156, 3. *SILÛ SIQQU a-ṣu-ú* 258, 6. *SILÛ pa-šú-ú* 1128, 22. *itti sûqi-šunu ûṣû* und *lâ ûṣû* Cyr. 128, 10, 12. *sûqu qat-nu* ···· Cyr. 361, 7. *sûqu rapšu* ilu *Adar* Cyr. 268, 7.

סוית ?*su-ú-tum* 48, 2 ist wohl falsch geschr. statt *šú-ú-tum*.

סחח (amêlu) *sixû* Empörung des Sclaven, das Entfliehen (s. Oppert ZA III 20. 178). Belege siehe unter *bûd*! Beachte *sixi ša ina muxxi êlippi illû* Cyr. 310.

?*si-xu* 1055, 17, vgl. 7, 3? – *su?-xu* 661, 8. – amêlu *su-xa* (Ideogr.?) 1039, 20. amêlu *su-xa-a-a* 63, 17; 1125, 14.

סחן *TUK si-xu-nu* Nbk. 305, 2.

sa-ax-xa-na 1067, 5.

?*su-xi-in-du(di)* 228, 4; 673, 15; 1047, 6; 1048, 1, 11.

סחף ?*na-as-xa-pu* Nbk. 402, 14.

סחר sich jemandem zuwenden mit Ansprüchen. Inf. *sa-xa-ri-im-ma* (= *târu, dabâbu, ragâmu*) 668, 18.

sa-xir-tum 764, 6. *sa-xir-ra-a*[*-ta*?] 884.

karpatu *sax*(?)*-xa-ri* Nbk. 457, 14.

סכך *sikkatu* ein eisernes Geräth, Pflugsterze(?). *sik-kat-MEŠ* 168, 2, 4; 571,[6,]10; 778, 5; Nbk. 208, 6. *sik-kăt-ti* Nbk, 418, 3. amêlu *râb sik-kăt-MEŠ* 1099, 2.

סכל *si-kal-li-tum* ein Geräth 258, 35.

amêlu *sukkallu* ein Gerichtsbeamter. Geschr. mit Zeichen DAL 171, 1113, 7. amêlu *suk-kal-tum* Cyr. 128, 15.

סכן *si-ki-mu-nu* Nbk. 299, 2.

?*suk-kan-nu* 1099, 16.

סכף *as-ku-up-pa-tum* Oberschwelle Cyr. 329, 3.

סכר iṣu *sik-ku-ru* Riegel 75, 8.

?*us-ka-ru(ri) ša* ilu *A.A* 190, 5; 195, 3. Vgl. Nbk. 280!

סלל *sellu* mit dem Determinativ(?) *GI* = d. i. *qanû* Rohr = סַל „aus Rohr geflochtener Korb". *si-el-lu ša tabilu* 239, 16.

סלף *sulûpu* Dattel; geschr. *KA.LUM(.MA)* 4; 6 f.; 11; 20; 33 f.; 45; 47; 49; 52; 70 f.; 74; 95; 100; 103, 12: *ina eli͏̮ gišammari immidî*; 111; 114; 135; 142; 149; 175; 191 f.; 205; 219; 233; 237; 246; 254; 260; 268; 297 f.; 303; 309; 317; 344; 346; 351; 353; 357; 365; 370; 374 f.; 382; 384; 401; 430; 435; 446; 448; 450; 452; 455; 457 f.; 463; 469; 473; 493; 502; 504; 523; 550 f.; 554; 559 f.; 570; 574 f.; 582; 587: 599 f.; 604; 612; 616; 619; 622 f.; 625; 627; 636; 638; 642; 647; 655; 659; 676; 678; 686; 690 f.; 701; 715; 722; 724; 729; 736; 743; 748; 753; 774; 781; 787; 802; 808; 824; 851; 864; 868; 870 f.; 874 f.; 877; 886 ff.; 902; 904; 905; 907–912; 916 f.; 919–922; 925; 930 f.; 936 f.; 941; 966; 968 f.; 976; 993; 995; 997; 999; 1010 f.; 1017; 1027; 1035; 1038; 1073; 1075; 1118; 1122; 1125 f.; 1129; Nbk. 11, 19; 24; 35 f.; 56; 59; 66; 72; 132; 149; 157; 163; 168; 191 f.; 233; 239; 243; 248; 267; 281; 298; 301; 303; 320; 333 f.; 336 ff.; 341; 347: 355; 364; 373; 376; 378; 382; 398; 428; 432; 436; 443; Cyr. 14; 25; 28; 31; 35; 60; 68; 72; 74 f.; 78; 82; 85; 91 f.; 94; 113; 123; 125; 147; 149 f.; 162; 176; 178; 180 f.; 184; 200; 215; 217; 230; 233; 236; 244; 256; 280; 286; 288; 316; 331; 333; 335; 359; 370; 374; 376.

סלק *si-il-qa-a-tú* (*u šikaru*), vgl. סִילְקָא, سِلْق Spinat, bez. Rübe (FRAENKEL Aram. Fremdw. 143) 386, 12.

סלת* *salatu* weiblich; vgl. *nisûtu*! *sa-la-tu* (*ia*, *ti*, *tim*, *tum*) 116, 35; 178, 37; 203, 34; 293, 33; 477, 28; 687, 30. *sa-lat* 193, 23.

סמד ?*si-in-du* 644, 2.

סמה *amêlu simmu* Blinder, geschr. *GIG* (BList 9238) 161, 8; Nbk. 190, 4.

סמר *simêru* Fessel. *si-mê-ri-e parzilli* Cyr. 281, 3, 8.

סנה *sûnu* Lenden; mit und ohne das Determinativ *subâtu* ein Kleid der unteren Theile der Götter(-Statuen). *su-ú-nu ša ilu N.N* 320, 11; 826, 12; geschr. *ÚR* (DAL 127) Nbk.

87, 3. *su-un-ni-e* 320, 9. *su-ni-e* 694, 26; 1121, 5. *ÚR.MEŠ* 726, 6; 826, 6; Nbk. 312, 24. Vgl. *su-un* 848, 12.

סנח *sa-an-xu* eine Steinart? 190, 3, 4.

סנן *si-in-nu* 973, 7. *sin-ni* 799, 11.

סנסן *sissinnu* (סַנְסִנִּים) Dattelrispe. Phrase: *sissinna(šu)(ul) êṭir*. *sis-sin-na* 6, 10; 623, 9. *sis-sin-nu* 309, 9; 715, 20; Nbk. 36, 3 (*5 gurru s.*); 243, 7; 347, 18. *sis-sin-ni* (*6 gurru*) Nbk. 267, 8; Cyr. 124; 174, 2; 180, 18. *gur sis-sín-ni* (so!) Nbk. 398, 11.

ספא *su-pi-e* 1018, 3. Futter?; vgl. bh. מִסְפּוֹא!

ספח *su-up-pu-xu-tu* 293.

ספן *sa-pan appari* (*21 gurru*) Nbk. 131, 11. Vgl. *sapanni apparu* K 503, 8 und Delitzsch BzA I p. 241!
?*su-pan-du* 159, 7.

ספף *sappu* = סַף; *karpatu sappatu* Gefäss, Maass für Wein. *sap-pa-tum* 247, 8, 11; 279, 8, 10, 17; 334, 2; 428, 6; 866, 4; 1013, 6; 1088, 4. *karpatu sap-pa-tum* 779, 3. *karpatu sap-pa-a-tum* Nbk. 441, 9. *karpatu sap-pat* 743, 14. *sap-pat* 1016. *sap-pat-MEŠ* 481, 10. Vgl. *sap-pu murṣi*? 600, 6. *sap-pu ša dannûtu* 258, 12. *sap-pi* 259.

ספר *sa-pa-ri* Netz? 206, 3.

amêlu si-pi-ru ein Beamter des Königs und anderer. *si-pi-ri* 44, 3; 184, 4; 245, 9; 270, 5; 458, 11; 478, 12; Nbk. 217, 3. *si-pir-MEŠ* 297, 4; 581, 4. *amêlu râb sip(šip?)-pir-ri* Nbk. 372, 4.

si-ip-ru in der Phrase *bûd sixû* etc. anstatt *aradšarrûtu* Nbk. 201, 8. *si-pir-tum* Nbk. 299, 3.

siparru Bronze geschr. *UD.KA.BAR*, oft.

na-as-pa-ra-an-na Cyr. 84, 3.

סקק *saq(šaq)-qa* (= שַׂק?) 624, 4.

סרח *is-sa-ar-xu* (*maxîru*) 323, 5. Vgl. n.pr. *Nabû-anakatum-si-ri-ix* (1054, 3)!

סרפ *sirâpu* ein eisernes Geräth (*ša gizzi*), Scheere? *si-ra-pu* 258, 15. *si-ra-pi* 872, 2.

si-ir-pu dass. 960, 3.

סרק *ta-sa-ra-qu* 16, 1. *ta-sar-ra-qu* Z. 9.

SU.TAB.BA, siehe *takaltu*!

סתנו *iltânu* (אִסְתָנָא) Norden. Geschr. *šâru SI.DI* 116, 8; 178, 3 u. ö.

סתך *sattuk* (*ša arxi*) monatliches Opfer. *sat-tuk* 28; 38, 3; 49, 4; 136, 7; 144; 155, 7; 162, 3; 168, 6; 175; 200; 236; 328, 7; 338, 4; 342, 7; 428, 6; 476, 3; 488, 2; 491, 3; 496, 11; 521, 5; 535; 556; 565; 586; 595; 614; 620; 628; 631; 649; 658, 7; 667; 672; 683, 3; 692; 704; 706; 711, 5; 737; 739; 743; 746, 4; 759; 775; 777, 10; 799; 809; 814; 833; 850; 852; 859; 885; 886, 9; 893, 5; 894; 901; 912; 914; 918; 942; 948, 7; 952; 965; 970; 972; 985, 2; 994; 1011, 7; 1035, 10; 1041; 1051; 1055; 1060; 1087, 7; 1093; 1094; 1096; 1107, 8.

פ

PA [amêlu] ein Tempeldiener 49, 13; 175, 5; 236, 2; Nbk. 288, 3; 313, 4.

פא₄ל III [II] 1 (DAG § 106) *ušpîl* tauschen (*uš-pi-lu* V.A.Th 67, 21). *šupîltu* Tausch. *šú-pil-tum(ti)* 205; 448; [463;] 616, 1, 5; 629; 907; 999. Vgl. 446 *šú-pil[-tum]*; Nbk. 72: *šú-pu-ul-tum*.

פגל *pa-gal-tú* 327, 7.

פגר *pagru* (*ša alpi, LU.NITA*) Körper. *pag-ri* 304, 2; 670, 4.

פדן *pidnu*; geschr. *GIŠ.DA* (K 4378, I 58) 95, 5; 219, 2; 289; 558, 11; 945, 11. *pi-da-nu* 394, 2; 431, 6, 12; Cyr. 31, 3; 140, 7.

פדר fett s. ? *tap-di-ri* (*alpu*) Nbk. 74; 213, 3. *tap-di-ir* Nbk. 132, 12.

פו *pi* Mund; Rede, Wortlaut; Mündung. *pi-i mu-ša* — — — 553, 9. *pî(KA)* *ša duppi* 293, 36; 668, 16 (*pi-i*). *ki pi-i* (= *kî*) gemäss 50, 6; 193, 15; 279, 5; 566, 9. *kî pi* 178, 28. *pi-i šulpi* 4, 12; 103, 7. *pî karšu* Nbk. 247, 5.

? *pûtu*? *mușû ša ina pu-ti-šu* 1128, 17. Vgl. *pu-ut-tu* Nbk. 105. *pu-ti-šu* Nbk. 134, 4. *pu-tú-šu* Nbk. 24, 4. *pu-ut-su* Cyr. 128, 12.

פיד ? *pa-a-da* (Adj.) Nbk. 433, 3, 4.

פיש ? *pi-i-šú*? 103, 8. — *pa-a-šu* Nbk. 92, 4.

פית *pîtu* ein Maass für Gemüse (*šûmu*). *pi-i-tu*(*ti*) 17, 7, 10 u. ö.; 130; 134; 169. *pi-tum* 663, 5; 933. *pi-it* 122, 2.

פחא *pixâtu* Bezirk, Gebiet; Herrschaft. *pi-xat* 112, 13; 178, 2; 193, 3; 437, 3; 440, 2; 990, 8; Nbk. 168, 2. *pi-xa-at* 203, 2; 293, 2; 477, 3. Geschr. *NAM* 116, 3; 964, 2. *amêlu bêl NAM* 362, 3; 452, 7; 985, 2.

amêlu ? *pí*(*bi*)-*xi-e ša êlippi* 180.

פחד *puxâdu* Zicklein. *pu-xa-du-MEŠ* 490, 3. *LU puxâdu* (BList 5489) Nbk. 247, 10.

פחר II 1 versammeln. *amêlu šibûtu ša êri ú-pax-xi-ra-am-ma* Cyr. 329, 4.

puxûru Gesammtheit? *pu-xu-ru* Nbk. 104, 14. *pu-xur-ru* 958, 3.

napxaru Gesammtheit. *nap-xar* (*nikasišu*) Nbk. 403, 2. — *napxariš*(?) Adv. in Summa, geschr. *PAP* und mit Zeichen DAL 283, oft.

פחר *amêlu paxâru* = nh. פֶּחָרָא Töpfer. Geschr. *DUQ.QA.BUR* (VR 32, 18 e. BList 5898) 14, 4; 64, 18; 147, 18; 177, 10; 335, 10; 336, 17; 357, 16; 404, 4; 414, 6; 495, 25; 580, 3; 665, 6; 803, 19; 854, 15; 1025, 3; 1125, 15.

amêlu ? *pí*(*bi*)-*a i-ru* 348, 17.

פטר lösen. *ip-ṭur-šu* Cyr. 281, 8.

I 2 *ta-ap-*[*ta*]-*ta-ṭú-ur-šu* gebildet mit doppeltem *ta* nach Art der DAG § 83 Anm. besprochenen Formen (PKA 87) 697, 10.

paṭru f. Dolch. *paṭ*(?)-*ri* 707, 2. Geschr. *GÍR* Nbk. 187. *êsu GÍR* Nbk. 332, 3. *amêlu nâš paṭri, nâš-paṭrûtu* Dolchträger, sowohl eine militärische als eine priesterliche Beamtenclasse (vgl. Joh. Jeremias BzA I 289). Geschr. *GÍR.LAL* 176, 5; 287, 10; 344, 13; 441, 15; 579, 7;

Nbk. 300, 14; 324. *GÍR.LAL* [ilu] *Marduk* Nbk. 72, 2. *GÍR.LAL.LA* Nbk. 156, 2. *GÍR.LAL-ú-tu* Nbk. 247, 2; 416, 2.

puṭûru n. a. Lösung. *arad pu-ṭu-ru kaspi* „ein mit Geld gelöster Knecht“ 1113, 1, 19.

?*pa-ṭir(dir)-tú* Nbk. 10, 2.

*PA-KAB-DU** (Zeichen BList 5651) [amêlu], siehe unter *šarâku*!

נכף ? *na-ap-ka-pu* Nbk. 92, 7.

פלג *palgu* Canal. Geschr. *PAP.E* 53, 3; Nbk. 247, 12.

פלח fürchten, verehren. *i-pa-al-lax* 697, 17. *ap-lax* 1113, 18. [amêlu] *pa-lăx* (? Zeichen *DU-DU*) *ša* [ilu] *Šamaš* 958, 4.

פלף ? *pa-li-pi* Nbk. 402, 14.

פנג ? *pi-in-gu* Nbk. 451, 6.

פנה sich einer Sache zuwenden, (um sie) wegzuführen? ? *i-pi-ên-ni-ma išallim* 356, 37; vgl. Nbk. 196, 13. Wie dieses Wort von Peiser ZA III 78, KA p. 80 mit *bânu* „geben“ zusammengebracht werden kann, verstehe ich nicht.

pânu (*ŠI*) Vorderseite; Gesicht. *pa-ni, pa-ni-ia, pa-ni-šu* (nach *šudgulu*) 356, 14, 25; 380, 12; 668, 15; 697, 14; 1098, 6. *ina pa-ni tušadgil* 65, 13. – Praep. *pân, pâni* 1) vor, bei, in Anwesenheit, gegenüber 5, 2; 16, 10; 44, 4; 48, 4; 65, 2; 306, 3; 310, 5; 605, 16 u. ö. 2) zur Verfügung (= לִפְנֵי Gn. 24, 51) 9, 19; 48, 8; 202, 8, 12; 572, 12; 696, 19; 711, 7; 797, 4; 815; 923, 5 u. ö. 3) Im Dienste (= לִפְנֵי 2 S 16, 19) 253, 8; 804, 19. 3) lastend auf (= *ina muxxi*, s. 65, 4–13) 8, 5; 165, 11; 599, 9; 745, 2; 838, 4; 987; 1107, 8 u. ö. – *ana pa-ni. pâni* 718, 13; 734, 8; 824, 3; 1054, 7. *ana pa-ni-ia* (*iškunu*) 720, 8 u. ö. – *ultu pa-ni, pâni* Nbk. 235, 6 u. ö. Vgl. *ŠAK.KI*!

panâtu dass. *pa-na-at bâbi* 845, 6.

פסס II 1 vernichten, tilgen. *ú-pa-as-si-is-ma* 697, 13. *tu-pa-as-si-si* Cyr. 368, 6.

פפח* *pa-pa-xu* Götterkammer 283, 9.

פפס* *pappasu* Unterhalt (PKA 89), Bedarf. Phrase: *kaspu, nabassu, sulûpu* etc. *ina* (*ana*) *pap-pa-su ša N.N.*, *ša arxi, bîti ili, dulli, mûtaqu* 27; 41; 49, 12; 109, 2; 129, 4; 156, 2; 175, 4; 219; 269, 2; 284, 22; 285, 2; 302; 352, 10; 424; 456, 2; 465; 476, 12; 544, 2; 546, 11; 588; 607; 649; 676, 8; 686, 3; 705; 712; 743, 7; 746, 5; 766, 7; 777, 13; 783; 972; 822; 842, 5; 864; 886; 898; 908, 4; 909, 3; 912, 3; 927; 940, 7; 970; 978; 984; 1011, 2; 1035, 11; Nbk. 25, 4; 113; 178, 4; 310, 7; 349, 3; 362, 4; 375, 3. *pap-pa-si-šu* 284, 11. *ina pap-pa-su-šu-nu* 135; 7. Vgl. n. pr. *Pap-pa-su* (842, 5)!

פצא$_3$ *piṣû*, geschr. *BABBAR-ú*: *kaspu piṣû* 193, 13; 1032, 4 baares Geld (Peiser). Vgl. 96? *dullu piṣû* 726; 826; 1015; Cyr. 186; 201; 289. *šipirtu piṣîtum* Cyr. 3, 14. *pa-ṣu-u* (*šikaru*) 811, 4; Cyr. 384.

puṣû n. a. *eṣu ana pu-ṣu-ú* 115, 10. *bûd pu-ṣi-i* Nbk. 51, 7. *pu-uṣ-ṣi* 492, 8.

amêlu *puṣâ* Polirer? *pu-ṣa-a-a* 117, 5; 281, 5; 370, 3; 805, 2; 1080, 10; 1130, 11. *pu-uṣ-a-a* 237, 15. *pu-ṣa-'-i-tum* 340, 5.

amêlu *mu-pa-ṣu-ú* dass. 115, 3.

פצם amêlu *pu-ṣa-am-mu-ú-tu* Cyr. 313, 6.

פקד beaufsichtigen, befehlen; übergeben, deponiren. Prt.: *ip-qi-id* 934, 11. *ip-qi-di* 55, 6; Nbk. 183, 4 (*ibbakki*?) *kaspu ša N. ina pâni K. ip-qi-du* 383, 6; 562, 4. *ri-kissu ša kaspi ana S. lâ ip-qi-du-ma* Cyr. 293, 11. – Prm.: *kaspu ša ina pâni N.N. paq-du*(*da*) 44, 5; 65, 3; 306, 4; 1047, 8. *paq-da-tu* 1048, 4. Vgl. *ana paq-du* Nbk. 334, 13. *paq-du-ú* 333, 3. – Inf. *pa-qa-ad*? Cyr. 247, 6.

piqittu Aufsicht. amêlu *bêl piqitti* (= bh. פָּקִיד) Aufseher. *bêl pi-qi-it ša Ésaggil* 558, 7.[19], *bêl pi-qit-ti*(*tum*) 7, 6; 245, 2; 268, 4; 280, 3; Nbk. 21, 5.

amêlu *pa-qu-du* Cyr. 328, 2.

pu-qu-ud-du-ú (Form wie *puqurrû* etc.) Verwahrung Nbk. 3; 5, 2. Vgl. *pu-uq-du-ú* Nbk. 8!

פקל *pu-qu-lu* 558, 15, vgl. nh. פּוּקְלָא!

פקר *paqâru* gegen etwas Einspruch thun, redhibitorischen Einspruch gegen einen Kauf, eine Schenkung etc. thun. *paqâru* Einspruch. *Aqabi-ilu ana eli bîti u mimma ša kanguma pânîa šudgulu pa-qa-ri ušabši* 356, 27, vgl. 495, 12. *pa-qa-ru* Cyr. 332, 15.

amêlu *pâqirânu* Kläger; redhibitorischer Einspruch. 1) in der Phrase: *ša iragguma umma: eqlu šuatim ul nadinma kaspu ul maxir pâqirânu* „wenn jemand diesen Einspruch thut: das Feld ist nicht verkauft, das Geld nicht empfangen, so ist er ein Kläger“, bez. „so ist der Einspruch redhibitorisch.“ *pa-qi-ra-nu(ni)*, *pa-qi-ir-a-ni*, *pa-qir-ra-nu*, *pa-qir-ra-an-ni*, *pa-qi-ra-a-nu* 116, 37; 178, 40; [193, 27;] 203, 37; 293, 35; 477, 31; 687, 32; 1102, 10. — 2) *bûd* (amêlu) *pâqirâni* siehe *bûd*! Vgl. auch 756, 13.

mu?-paq-qir-ra-nu dass. Nbk. 100, 6.

paq(pag?)-ra-tum 836, 6. *paq-ra-at* 997, 8.

פרזל *parzillu* Eisen, geschr. *AN.BAR* oft.

פרח *na-pa-ra-ax-tum* 558, 13.

פרך *pa-ru-ka-a-ti* 776.

פרס scheiden, entscheiden. *dânê 5 š. k. ina eli* ♂ *Bêlilitum ip-ru-su-ma* 13, 11; Nbk. 116, 7. *alpê ša abal šarri ina bâbi rabî Êbabbarra ip-ru-us-su* 328, 4; 332, 4; 387, 6, 10.

pa-ra-su 324, 6; Nbk. 114, 3.

purussû Entscheidung; geschr. *SIN.BAR* 13, 12; 64, 2; vgl. 190, 7; 333, 5. *purussâšu* (*šuknû*) 356, 28.

pur-si-tum Nbk. 457, 15.

פרר *par?-ri* 948, 14, vgl. 1013, 8? *LU.NITA par-ri* Cyr. 57. *parratu* Mutterschaf. *LU.NITA par-rat* 246, 1, 4 *mârat šatti*; 398, 34. *LU.NITA par-ra-tum* Cyr. 247. *par-rat* 296, 2. *pa-ar-ra-a-ti* Nbk. 326, *pa-ra-a-ti* Z. 5.

abnu *parrû* (BList 7799) ein Edelstein. *par-rum* 245, 12; 321, 6; Nbk. 280. Vgl. 719!

פרשׁ subâtu *pa-ri-ši-i* 78, 16. — subâtu? *šip-riš* (Lesung?) *ša ilu* 320, 5. ? *tap-ri-ši*? 451, 14.

פשׁא ? *pa-šú-ú* (*šûqu*) 1128, 22.

פשׁח beruhigen. *mu-pa-ši-xi* 1133, 13.

פשׁך* amêlu *pa-še-ki* 44, 8; 65; 67, 2; 83, 8; 113, 15; 197, 15; 212, 2; 313, 5; 343, 2; 475, 10; 553, 15; 634, 8; 636, 14; 1102, 5. amêlu *râb pa-še[-ki?]* 571, 19. Strassmaier im „Imhaltsverz. IV" 99 scheint dieses Wort als ein Nomen gentilice *Pa-še(KI)* aufzufassen; vgl. die Dynastie von *Pašê*, Tiele BAG 105!

? *pu-uš-ku*? *ÚR pu-uš-ku* 492, 7 (auf zwei Zeilen); 696, 32; 1090, 6 (unter *šalxu* und *kipsu* aufgeführt. *ÚR* = *sûnu, napalsuxu, kipsu* BList 4835 ff.).

פשׁן ? *pi-ša-an-ni(na)* 186, 5; 213, 2; 1029, 7.

פשׁר iṣu *paššuru* Schale. *pa-aš-šú-ru-MEŠ* 258, 34. Geschr. *BANŠUR* (S^b 269) 990, 13. *paššur xurâṣi ša ilu Šamaš* Nbk. 312, 23; 441.

פשׁשׁ *piš-ša-tum* Salbe 697, 7, 11; Cyr. 339, 5.

פתא₃ *pitû* öffen. *pi-tu-ú* 115, 5 f., 12; 137, 3; Nbk. 312, 25.

amêlu *pâtû* (*ša bâbi*), geschr. *BAD* 841, 17, vgl. amêlu *KA ša bâbi* 116, 15!

pa-tu-ú? 954, 10.

taptû (mit *eqlu, bîtu*) das Pflügen, Gepflügtes, vgl. פִּתֵּחַ Pflügen Jes. 28, 24 und nh. פְּתִיחָא ein Feld, das nie gepflügt wird und Erdrisze erhält. *tap-tu-ú* 293; 440; Nbk. 135; Cyr. 90, 35.

פתבר* *pat-ti-bi-ri* Nbk. 301, 10.

פתן subâtu ? *pa-ti-in-nu* 78, 4, 9, 19. — ? *pi-ti-nu-tu* 441, 6.

nap-ta-nu Mahl 247, 12.

פתק bilden, bauen, bearbeiten, prägen.

pitqu Subst. und Adj. iṣu *šalxu, nabassu, kaspu, xurâṣu* etc. *ša ana pitqa ana* (*lapâni*) *N.N. nadna* „das und das, welches zum Zweck des Bearbeitens dem und dem übergeben ist": *pît-qa* 98, 4?; 115, 1, 14; 146, 9; 179; 415, 4; 467, 4; 492, 3; 507, 1, 8; 591, 2; 677, 4; 696, 30; 719, 4; 758, 2; 880, 6; 1088, 3; 1090, 2, 8; 1101, 7; 1121, 2, *pit-qa* 947, 4; 1130, 12. *pit-qu ša šuquttum* Nbk. 414, 2. — *00 š. pit-qa kaspi* (*xurâṣi*) „so und so viel Geprägtes (?abgetheiltes PKA 45) von Silber (Gold)" 79, 7; 156; 159, 8; 169; 173, 6; 195; 249, 5; 368; 384, 6; 394; 410, 11; 426; 591; 744, 4; Nbk. 35, 2; 268; 408. *00 š. pit-qa LAL.KI* (*KI.LAL*) *k.* 384, 6; 418, 6; 537; Nbk. 252. — *kaspu* (*ša*) *ina ištên* (? ein wagrechter Keil von einem Senkrechten bald gekreuzt bald geschieden) *šiqli pit-qa* „Geld geprägt in Stücken von je 1 Seqel" (? vgl. zu *suddu'*!) 123, 4; 158 (*ana* ½ *š.*?); 176; 198, 6; 282, 8; 305, 15; 377; 426; 480; 498; 621, 6; 663; 750; 992; 1116; Nbk. 27; 59, 6; 201, 4; 384, 5; 408, 14. — (*00 gur qimê*) *pit-qa* 214, 7; 695; 951, *pit-qu* [92]; Nbk. 427, 3. — Anbau, Angebautes (Feld): *pit-qa* 167, 2; 437, 2; 644, 4 f. Vgl. *gimir* (? *BAD*) *pît-qu* Nbk. 90, 15. *pît-qu* Cyr. 230, 10. — Vorrath: *pit-qa* (*ša bîti bušû*) 350, 18. *pit-qa u alki* 398, 22; 522, 2; 1117, 10. *pit-qu* Nbk. 459, 3. *ŠE.BAR GIŠ.BAR ša eli pit-qa ša šatti 17 ina bît bušû mašxatum* „die Getreidesteuer des 17 Jahres-Ertrags ist im Vorrathshause vermessen worden" 1049, vgl. 835. — Vgl. noch: *pit-qu* 88, 4. *pît-qa* 96, 2. *pit-qa* 824, 18. *amîlu pit-qa* ... 546, 19. *pi-it-qu* 84, 13.

pitiqtu = *pitqu*; vgl. 96, 2 f.: *ultu maṭṭu ša pitqa ana dullu* mit Nbk. 158, 2 f.: *ultu maṭṭu ša pitqat ana pitqat*, Bearbeitung; Vorrath. Phrase: *kaspu, ŠE.BAR, nabassu* etc. *ultu* (*ina*) *pit-qa-ti* 732, 2, *pit-qat* (das Zeichen *qat* immer mit dem Dualzeichen versehen!) 137, 6; 161, 10; 245, 10; 290; 292; 337, 6; 361; 370, 6; 407, 3; 413, 2; 415, 3; 471, 3; 476, 3; 510, 13; 571, 37; 664, 2; 673, 16; 684, 4; 739, 3; 746, 8; 785, 2; 824, 20; 840; 885; 912, 2; 984, 6; 1043, 7; 1121, 16.

pitêqu n. a. *kaspu ana pitêqu indaṭu, nadin, LAL, šûbul*: *pi-te-qu* 119, 8; 598, 2, 4; 860, 2.

צאן *ṣênu* Kleinvieh, Schaf. *ṣi-e-ni(nu)* 273, 8; 754, 2 (so!); 952, 12; 1050, 2. *LU ṣi-e-nu* 787, 15. *ṣênu* (Zeichen DAL 279) Nbk. 266.

צא₄ר *ṣêru* Steppe. *ṣi-e-ri* 116. *ṣêru* 193; 839, 5; 915, 11 u. ö.

צבא *ṣâbu* Mann; Pl. *ṣâbê* Leute, Diener 136, 4; 237, 17; 317 u. ö. *ṣâbê ša qašti* 23, 9; 295, 2; 717, 10.

צבה geneigt s., wollen. *i-ṣi-ib-bu-ma* 608, 6. *ašar ṣi-bu-ú* = *akî ṣi-bu-ú* Cyr. 168, 10, 12. Vgl. *ašar ṣi-ba-ta tallak* Oppert ZA III 182 und *ašar ṣa?-ba-ta* Nbk. 409, 6!

I 2 *ul iṣ-ṣi-bi-e-ma* 113, 8 = *rêmûtu ul irîmu* q.v. Vgl. *ṣi-ba-a* ··· 753, 19!

ṣibûtu (die von Peiser KA 99 f. bezweifelte Lesung nunmehr gesichert; die Bedeutung ist unklar.) *ṣi-bu-tú* (in dem Stadtnamen *Bištum* (*ša*) *ṣibûtu* 5, 4, 14); Nbk. 406, 8. *ṣi-bu-tu* 619, 9. *ṣi-bu-ut-tu* 375, 10.

צבר *ṣa(za)-ba-ru-MEŠ* 1046, 2.

? *na-aṣ(as, az)-ba-ru* 432, 2.

צבת fassen, nehmen. *mannu akî zittišu i-ṣab-bat* 787, 8. *batqa ša bîti* (*asurrû*) *i-ṣab-bat* (in Häuservermiethungs-Contracten) „den Riss des Hauses (der Wand) soll er packen, zumachen"; vgl. *bataqšu aṣbat* (I R 68, I 27) „seinen Riss schlug ich zu", Hommel Semit. 457 Note 99 und *batqu i-qa-ṣur* VR 54, c 55:[9, 8;] 48, 10; 184, 8; 239, 15; 261, 7; 608, 9; 996, 9, *i-ṣa-ba-at* 500, 9, *i-ṣab-bat-'* (Pl.) 1030, 12. *mišxi i-ṣab-ba-tu* 643, 5. *i-ṣab-ba-tu* 760, 10. *ša ana* amêlu *NU.GIŠ.ŠAR-ú-tu iṣ-ba-tu* Nbk. 90, 3. – Prm. *ṣabtu*: *kî(bid) maškânu ṣa-ab-tum* 4, 13; 602, 9; 688, 6; 808, 10; [1025, 7;] 1128, 9. *ṣab-tu-(ta)* 126, 13; 238, 4; 239, 5; 274, 13; 720, 7. *ṣa-ab-ta-tum* 390, 8; 391, 6. – Ptc. *ṣa-bit qâti* (*mâru*) 380(,11 ZA III 366). amêlu *ṣa-bit* ··· 49, 7. – *ṣa?-bat* 1032, 10.

III 1 *ú-ša-aṣ-bit* Cyr. 278, 6.

ṣubâtu *ṣibtu*, *ṣibbatu* Besitz spec. von Kleider, Kleid. ṣubâtu) *ṣib-tum* 320, 8; 726, 9; 785, 4; 826, 9. Vgl. *ṣí(zi)*-

ib-tum 108, 3. *ṣib-tum* 546, 25; *amêlu râb ṣib-tum* 310, 5; 1054, 7. *ṣib-ti* Nbk. 149, 5. *ṣubâtu ṣibtu* (DAL 49) 726, 4; 1015, 8. *ṣubâtu ṣib-ba-tum* 320, 4.

ṣubâtu Kleid, geschr. *KU*, als Ideogr. oft. *KU ša elî bâbi* Nbk. 2, 3. *KU ša qabli* Nbk. 183, 9.

na-aṣ-bat ša dalti 555, 2.

ציד *ṣîdîtu* Pl. Speisen. *ṣi-di-i-tum* 1054, 2. *ṣi-di-tum* 824; Cyr. 280, 4.

ציף *ṣipu* = صُوف, צופא, ציפא Wolle, wollenes Kleid. *ṣi-i-pu* 1072, 2. *ṣi-pu* 214, 6. *ṣi-pi* Cyr. 253, 5.

ṣubâtu muṣiptu Kleidung. *ṣubâtu mu-ṣip-[tum]* Nbk. 431. *mu-ṣip-tum* 65, 17; 572, 13; 824, 26.

צחר *ṣaxru, ṣaxirtu* klein, jung. *ṣa-xir-tum* [196, 3 so!]; 693, 4; Nbk. 100, 3. Geschr. *NIGIN* (BList 10339 ff.) 646 ö; 670, 4, *DUMU(TUR)* 477, 2. Unsicher ist die Lesung von *il ta ṣa-xi-ir adi šibûtu* Nbk. 125.

צלא₄ *ṣi-li* . . . Rippe Nbk. 247, 4.

צלם für *ṣa-lam-mu bîti* 214, 9 schreibe *šalammu bîti*! *ṣa-lam* (DAL 201) *LUGAL.DU* Cyr. 256, 9.

צמד ? *ṣi-in-du-ú* (*ša ximêtu, šikari*) Nbk. 188, 2; 233, 2.

צמר *mâtu? ṣi-mi-ri* 1005, 7.

צפה ? *ṣu-up-pa-a-ta* 731, 2; Nbk. 286, 3.

ṣa-pi-tum Cyr. 236.

צפר *ṣupru* Nagel. Phrase: *ṣu-pur N.N. kîma kunukkišu* 116, 51; 178, 52; 293, 46; 437, 14; 440, 19; 477, 45; 687, 47. *ṣu-up-ru* 203, 50.

צקר *abnu ṣi-qir-tum* 321, 6.

צרגר *abnu ṣirgarru*, geschr. *ṢIR.GÍR* (Pognon Bavian 62) 321, 5.

צרא ? *ṣurû* (Adj.) *man-ga-ga ṣu-ru-û, lâ ṣu-ru-ú* 271, 2 f., 7 f.; 385, 2 f., 7 f.

ק

QA ein Maass. Ich schreibe *qa* Qa.

קבא₄ sprechen, sagen; versprechen, befehlen. Prs. *kî a-qab-bu-ú šaṭari* 854, 6. *i-qa*[*-bu-ú*?] 69, 7. *iqabbu-ú* geschr. *DUG.GA-ú* (BList 531) Nbk. 135, 31. *a-qa-ba-ki-nu-šu* Cyr. 377, 16. – Prt. *iq-bi* 50, 8; 243, 2; 495, 15; 720, 2; 854, 3. *li-iq-bi* Nbk. 198, 8. *iq-bu-ú* (Rel.) 69, 5; 760, 4. *iq-bu-šu* 380(,12 ZA III 366). *taq-bi* 13, 2; 356, 2. *taq-bu-ú* (Rel.) 760, 17. *aq-bi* 1113, 18. *aq-bi-šu-nu-ti* 720, 10. Pl. *iq-bu-ú* 70, 9; 72, 5; 373, 11; 668, 7; 720, 14; 958, 3; 1113, 15. *Bêl u Nabû šulum axêa liq-bu-ú* 574, 5. *xalâqšu liq-bu-ú* 697, 21; Nbk. 125, 15; 283, 20; 368, 8, *li-iq-bu-ú* Nbk. 247, 18.

qibû Befehl. *ina qi-bi* 33, 2; 86, 6; 570, 2 u. ö.

qibîtu dass. *ana qi-bi-tum* 1100, 2.

iqbu dass. *ina iq-bi* Nbk. 250.

קבה *qabû* Behältniss. *qa-bu-e* (Pl.) 558, 12. Vgl. *qa-bu-tú* 1043, 2.

karpatu *qub-bu-ú* Nbk. 457, 12.

qabûtu Verwahr? *qa-bu-ut-tum* 296, 6. *qa-bu-tú* 312 7. ? *qa-ab-ba-a-tum* 973, 13.

qûbu der Cassenschrank (?) in Êbabbarra. (*kasap*) *qu-ub-bu* 84, 11; 347, 4; 574, 9; [766, 11;] 1058, 2; 1101; Nbk. 265, 5. *qub-bu* 84, 9; 551, 3. *qu-bu* 746, 20. *qu-ub* 1099, 19. *amêlu ša eli qu-ub-bu ša Êbabbarra* Cyr. 271, 14.

קבל *ṣubâtu ša qabli* Nbk. 183, 7. – *qablu*?*-ú* mittlerer 644, 7. ? *qi-bíl-la*? Nbk. 329, 6.

קדם *qudmu* Vorderseite, geschr. *DUP.ŠAK.MEŠ* (DAS 124 Anm. 1) 687, 3.

qud-di-mê parzilli Nbk. 223, 2.

קיף *amêlu qîpu* Bevollmächtigter, Aufseher, Wächter, Stadtherr. *amêlu qi-i-pi* 33, 5; 43, 4; 48, 16; 79, 9; 180, 5; 295, 3; 317, 2; 321, 8; 342, 10; 373, 10; 469, 7; 496, 8; 530, 3; 548, 4; 571, 12; 642, 9; 662, 15; 718, 3; 746, 10;

841, 16; 899, 2; 922, 6, 947, 9; 949, 3; 955, 2; 976, 3; 1010, 5; 1017, 4. *qi-pi* 22, 6 f.; 214, 13. *qi-e-pi* 906, 3. Geschr. *amêlu* *NI.GAB* (*bâbi*) 418, 15; 512, 4; 528, 3; 585, 12; 747, 10; 845, 3; 886, 14; 890, 12. Vgl. *amêlu* *NI.SUR*!

amêlu *qi-pa-nu* dass. 170, 3.

amêlu *qîpûtu* dass. Geschr. *NI.GAB-ú-tu* 456, 2; 658, 2; 1035, 6. *NI.GAB-ú-tú* 479, 10.

קיר* *ma-qar-ra-a-tú* Nbk. 92, 5. Siehe כּבר!

קית* *qâtu* Hand. *ina qa-at* 687, 24. *ina qa-tim* 178, 30; 203, 28. *ina qa-ti* 131, 3; 270, 10; 293, 5; 1048, 13. *ina qâta-a*(?) 760, 12. *ultu qâta-ia* 720, 12. *ina qâtâ-ni-šu* 720, 12. – *00 qâtu*(-*MEŠ*) (nach Nbk. 345, 1, 8 *qat-ta-a-tum* zu lesen) *kaspi, eṣi* 84, 12; 159; 163, 6; 164, 8; 173, 3; 224, 5; 325; 366, 5; 370; 526; 656, 20; 822, 11; 913, 3.

קיש schenken. *i-qi-iš* Cyr. 337, 15. ?*a-qiš-šu* 854, 4.

qîštu Geschenk. Geschr. *NIN.BA* (II R 19, 15, 17 a) Cyr. 225, 2; 327, 11.

קלא ?*qa-lu-ú* Nbk. 38, 2.

קלל gering s. *amêlu* *qallu* (*gallu*) Diener, Sclave. *qal-la* oft; mit Suff. *qal-la-a* 13, 4. *qal-li-šu* 751, 5; 789, 11. *qal-li-šu-nu* 518, 20. *qal-la-tum* 679; 1008, 2. *amêlu* *qal-la-ta* 682. *qal-lat* 243, 12. *zinništu* *qal-lat* 253, 6; 143, 4. *zinništu* *qal-lat-su* 196, 3.

qa-al-la-al (*kaspu*, opposit. *kabdu*) Cyr. 376, 6.

קלף ?*qa-al-pu*(*bu*) Nbk. 13, 2.

$קמא_3$ *qîmê* Pl. (von **qîmu* = קֶמַח; so auch Jeremias BzA I 280) Mehl. *qi-mê* 21; 23, 3, 6, 11; 24; 29; 62; 86; 92; 153; 214, 7, 9; 249; 318, 5; 330, 3; 420; 510, 4; 517; 658; 695; 746, 6; 767; 773, 2; 890; 951; 982; 1049, 6; 1058, 7; 1065, 3; 1082; 1086; 1134, 4. *qi-mé* 180, 3. Geschr. *ZID.DA* (BList 10531) Nbk. 104, 3; 169, 3; 219; 337, 2; 427; 433.

קנה *qanû* Rohr; ein Flächenmaass, Acker (als Fläche). 2 *qa-nu-ú ugâri* Cyr. 308, 13. *qa-ni-e* 360, 3. *iṣu qa-ni* 644, 2. Geschr. *GI* 231, 2; 500, 10 u. ö. *GI-ú* Nbk. 4, 8; Cyr. 177, 11. Geschr. *GI.MEŠ* 26, 7; 50; 79; 85; 258, 3; 356, 13; 633; 753, 14; 1128, 13. *amêlu ràb qa-na-a-tú* Nbk. 421, 4.

? *qu-na?-a-tú* Nbk. 457, 7.

קפב ? *qa-ap-pa-tum* 271, 4, 9, 13.

קצר *amêlu ràb* ? *qá(ka)ṣir* 80, 2; 119, 17.

qiṣru. *qi-iṣ-ru* 898, 7. *qi-iṣ-ri* 1035, 5.

? *ma-aq-ṣa-ra-a-ta* 812, 2.

קקד (קדקד) *qaqqadu* Haupt; Capital, Betrag. *ina qaq-qa-di-šu* Nbk. 205, 3, *ina qaqqadi-šu* = בְּרֹאשׁוֹ Lv. 5, 24 seiner Summe nach 18, 6 u. ö. *qaqqadu u xubullu* 44, 6. *qaqqad kaspi* 67, 10; 112 u. ö.

קקל *qa-qu-lu* Nbk. 131, 20.

קקר (קרקר) *qaqqaru* Erdboden. *qaq-qa-ru* Nbk. 90, 4. *qaq-qar* 1128, 18.

קרב II 1 bringen. *êlippu-pl. ša ŠE.BAR ana Îr-Šamaš ú-qar-ru-bu-ni* 862, 3.

qirbu Inneres; als Praep. *qi-ir-ba* 85, 2; Nbk. 328, 3. *qi-ir-bi* 75, 9. *qi-rib* 356, 7, 13. *qi-ri-ib* Nbk. 4, 2; 247, 7. Beachte *qir-bi sulûpu* 375, 7; 619, 6. *qir-bi kaspi* Nbk. 138, 8, vgl. 52, 11!

? *qùr-ban-ni* 558, 16.

qurbânù zum *qurbânu* gehörig. *qúr-ba-nu-ú* 663, 5; 943, 6. *qúr-ba-ni-tum* 637, 6, vgl. 512; Nbk. 12, 4. *qúr-ba-ni-e-ti* Nbk. 326. *qúr-ba-nu-ti* Nbk. 290, 6.

קרד *qar-du-ti-šu* Stärke im hist. Bruchst. Nbk. 329, 9.

קרם *qi-ir-mu u birri qâtâ*(?) 258, 10. *qi-ri-mu* (vgl. קרם überziehen) 386, 1, 11.

na-aq-ri-ma-nu 386 ö.

קשׁ *qaštu* f. Bogen. *iṣu qaš-tum* 987, 13; geschr. *BAN* 661, 8; Nbk. 332, 2. *amêlu ràb iṣu qašti* 215, 3; 228, 13.

קתב *qa-ta-bu(pu)* 606, 6.

qi-it-bu 708, 9.

קתה zu Ende sein. Prm. *qatû* in der Phrase: *epêš nikasi qa-tu-ú* [63, 13;] 224, 5; 838, 9; 1028, 8; Nbk 116, 11; 254, 6. *qa-tu-u* 276, 10; 575, 17; Nbk. 356, 7; 373, 15; Cyr. 91, 13; 338. *dibbišunu ša bîti itti axâmeš qa-tu-ú* Cyr. 128, 24.

I 2 *iq-ta-tu* 849, 14. *iq-ta-tu-u* Nbk. 307, 8.

II 1 *ú-qa-at-tu-ú* 553, 13, vgl. 373, 8. *u-qa-at-ta* Nbk. 379, 4. *ú-qat-ta* Cyr. 349, 8.

qatû vollendet, vollkommen (= *gabbi*). *amêlu puṣammûtu qa-tu-ú* Cyr. 313, 6. *amêlu MU-ú-tu qa-ti-ti* Cyr. 248, 5. *amêlu burkulûtu qa-ti-ti* Cyr. 325, 8. *amêlu sabsinûtu qa-ti-tim* 172, 7.

qîtu Ende. *ina qi-ti ša arxi* Nbk. 350, 8. *qi-it ša arxi* 16, 13; 30, 7; 43, 10; 44, 7; 47, 4; 139, 5; 154, 4; 158, 5; 183, 5 u. ö. Geschr. *BAD(TIL)* 658, 28; Nbk. 314, 4 u. ö.

קתן ?*qu-ta-nu* 351, 15 ff.; 644, 6 ff.; 1111, 11.

קתר *mu-qa-at-ti-ir-tum siparri* 761, 5.

ר

$ר\!א_4\!ה$ weiden. *alpê ša ina ṣêri ir-ru-ú* 915, 11.

amêlu rê'u Hirt, ideographisch geschr., passim.

$ר\!א_1\!ם$ (DAG § 55 c) *râmânu, râmnu* Selbst. *ultu ra-manni-šu* 600, 19. *ra-ma-ni-šu* Nbk. 182, 8. *ram-ni-šu* Nbk. 116, 9. Vgl. 63, 9; 323, 7!

$ר\!א_3\!ם$ *râmu* lieben, jemandem Gunst erweisen durch eine Schenkung. (*ana ṣâti irêmšu* III R 43, I 13 = *pânišu ušadgil*) *f Guyûa ana rêmûtu ul ta-a-ri-mê* 65, 19. Vgl. נבה!

$ר\!א_3\!ק$ *rûqu* fern. *ûmu ru-qu-tu* 380, 2.

ראש *rêšu* Haupt, Anfang. *ri-eš GI.MEŠ* 50, 14. *ri-eš šatti* 48, 12; 597, 8. *ri-eš* ... 779, 7. *ri-e-šu šatti* 996, 10. *rêš šatti* 1030, 15. *rêš pirâti* 1, 4; 2, 5; 3, 16; 4, 20; 5, 15; 6, 19; 7, 23; 8, 12; 9, 17; 10, 12; 11, 7; 12, 12; 13,

20; 14, 13; 15, 18; 16, 17; 17, 23. Beachte *rêšu* (geschr. *ŠAK*) Flanke eines Feldes, Grundstücks: *rêšu elû, šaplû* (*AN.TA, KI*(*.TA*)) 116, 8 f.; 178, 8; 10, 15; 193; 203; 293; 327; 477; 687; 964; 1102; Cyr. 99, 4; 225, 4; 226, 3, *riš-šu* 1128, 18. *rêšu-MEŠ* 116, 16. Nbk. 450; 328, 5. Vgl. *ŠAK.KI*!

rêštû vorzüglich, geschr. *SAG*, siehe zu *šikaru*!

? *ru-uš-tum* 424; 9; 609, 3.

רבה *rabû* gross s., gross werden, heranwachsen (von auf Zinsen gegebenem Gelde), zinsen. Phrase: *ša arxi ina muxxi* (*elî*) *1 manê 1 š. k. ina muxxišu i-rab-bi* 67, 5; 176, 6 187, 6; 282, 6; 308; 314, 19; 316; 404; 426; 438; 443 468; 480; 552; 566; 584; 585; 602; 611; 678; 796; 800 802; 830; 863; 945; 992; 1005; 1056; 1079; [1110, 7; Nbk. 6; 17; 26. *i-rab-bu-ú* (Rel.) 36, 8. *i-rab-ba-'* (Pl f.) 325, 8.

III 1 *tu-šar-ba* im hist. Bruchstück Nbk. 329, 8.

rabû gross, herangewachsen. *rabu-ú* 48, 4; 190, 4 324, 4. *rabi-i* 48. *rabi-i-tum* 57, 11. *rabu-ú-tu* 332, 9 546; 915, 4. *ra-ab-bu-tu* 357, 3. – *rab* St. c. Oberste . Aufseher. amêlu *rab bîti* (*ša Bêl-šar-uṣur*) 270, 3; 688, 2; 892, 5. amêlu *rab ablê ša šarri* 245, 3. amêlu *rab riqqi, nikasu* etc., siehe diese! Vgl. auch *GAL*! amêlu *rabûtu ša šarri* 1113, 6.

ru-ub-bi-e 753, 21.

? *ru-ba-nu* 1074, 12.

tar-bit-tum = תַּרְבִּית Zins Cyr. 349, 10; 12.

רבא₄ *ri-bu-ú* vierte 228, 12. *ribîtu* Viertel, geschr. *4-tú* 123; 153; 159, 6. Pl. *ribâtu*: *ri-ba-a-ta* 131; 178, 25; 203, 23. *ri-bat* 190; 201, 23; 326; 337; 382; 398, 34; 430, 2; 758; 905, 2; 1029; 1130, 7.

רבה akâlu *ribxu*, geschr. *GIŠ.KIB* (BList 5218. II R 23, 21 f) 486, 2.

רבץ *tar-ba-ṣu* Hof 48, 3 f.; 1030, 12. amêlu *rab tarbaṣi* (DAL 61) Nbk. 302, 18.

רגם *ragâmu* (jur. = *dabâbu*) Klage (*rugummû*) gegen (*ana*) jemand betreffs (*elî*) etwas erheben, den Verkauf einer

Sache reclamiren. Phrasen: *ana axâmeš ul i-rag-gu-mu* und *ša i-rag-gu-mu umma* 116, 34, 36; 178, 36 f.; 203, 35; 293, 32; 687, 29 f.; Nbk. 4, 20, 23; 135, 25; Cyr. 161, 46; 188, 39; 345, 34. *i-ra-ag-gu-mu* 203, 33; 293, 34; 477, 29; Nbk. 164, 32. Prt. *ir-gu-mu* 1113, 4. *tar-gu-mu* (2 P.) 1113, 15. – Inf. *lâ ra-ga-mu* 668, 19.

rugummû Klage, Einspruch. Phrase: *rugummâ ul iši, išû. ru-gu-um-ma-a* 116, 33; 293, 31; 477, 25; 687, 28; Nbk. 4, 19; 164, 31. *ru-gúm-ma-a* 178, 34; 203, 31; 668, 17; 687, 28; Nbk. 135, 24; Cyr. 4, 16; 161, 45; 188, 29; 345, 31.

רדה *bît ri-du-tu* Palast 780, 3.

רוח* übrig s. Prm. *rêxi, rîxi* in der Kaufmannssprache entspricht unserem „Saldo." *ri-e-xi(xu)* 224, 7; 768, 12; 837, 13; Nbk. 142, 7. *ri-xi* 1, 23; 164, 24; 234, 6; 262, 4; 330, 7; 350, 7; 398, 27; 503, 6; 525, ö.; 561, 12; 583 ö.; 612, 12; 639, 15; 642, 23. 656, 21; 744, 5; 753, 37; 991, 3; 1053, 3; 1117, 8; 1130, 20. *ri-xu* 360, 7.

rîxu, rîxtu, rîxitu Rest. *ri-xi* 17, 13; 342; 350, 16; 357, 12, 17; 360; 361, 8; 493; 547; 614, 2; 624, 3; 667, 2; 729, 12; 739; 886, 9; 915, 20; 952, 2; 1055, 18; 1130, 20; Nbk. 16, 10; 18, 13; 435. *ri-ix-tú(ti, tum)* 44, 12; 47; 165; 187, 8; 210, 8; 224, 6; 299, 7; 309, 10; 348, 7; 357, 7; 417, 2; 526, 11; 655, 11; 715, 6; 772, 12; 800, 7; 815, 3; 881; 1128, 21; Nbk. 161; 188, 11; 195, 5; 212, 7; 334, 17; 350. *ri-xi-tú(tum)* (DAG § 35) 27, 8; 163, 14; 368, 4; 436; 462, 29; 824, 16; 1028. *ri-xi-it* (St. c.) 44; 567, 19; 753, 3; 849, 15; 1031, 4; Nbk. 91; 216, 7; 334, 15. *ri-ix-it* Nbk. 111, 2. *ri-xa-ti* 1017. *ri-xi-e-ti* 593. *ri-xi-e*(?) 398, 32; 462, 26; 496, 9.

rîxânu dass. *ri-xa-an ša šatti* Nbk. 249, 6, 13, 31. *ri-xa-ni ša ṣêni* 273, 8.

? *ru-u-xu* 129, 2; Cyr. 157, 6. *alpê ru-ux-xu-ti* Nbk. 132, 19.

רים *amêlu* *mu-rim* (II 1 Ptc.) *ap-pat* Nbk. 40.

ריק *rîqu* leer. *ri-qu* 787, 12. *ri-qu-tu(tum)* 204; 326, 2; 335, 6; 572, 2; 815, 21; Nbk. 325.

? *ru-ú-qu* (*bîtu*) 1006, 8.

? *ra-a-qu* Nbk. 62, 6.

רטב *narṭabu* Bewässerungsanlage. Geschr. *GIŠ.APIN* Cyr. 173, 5.

רכב *iṣu ru-ku-bu ša ilu Ištar* Wagen Nbk. 2, 4.

iṣu narkabtu dass. 86, 4; 333, 6; 579, 2; 664, 9; 1000, 5; 1121, 7.

רכס binden; Vertrag schliessen. *Nadinu qâtê ablišu ir-ku-us-ma* 380, 4. (*riksu ša*) *ir-ku-su-ma* 13, 8; 697, 19; 755, 7. *ar-kus-ma*(?) 356, 12.

riksu Vertrag, bindende Verabredung. *rik-su*(*si*) 13, 7; 697, 19. *ri-ik-su*(*si*) 55, 7; 84, 9; 85, 12; 451, 10; 755, 6; 945, 10 (*ša eṭêri*). *rik-su u idâtum* 1128, 11. *ri-kis* 344, 17. *rik-sa-a-tú* 356, 29, 39.

ri-kis-si 103, 15. *ri-kis-su ša kaspi* Cyr. 293, 10.

ri-ka-su ša ardûtu 1113, 8.

RIK.SIS 413; 920, 8.

רסח *ri-si-xi* Nbk. 132, 9.

רפש *rapšu* weit. *ra-ap-ši* Nbk. 164, 18. *rap-šu* Cyr. 310, 2.

רצה ? *ri-ṣi-in-ni-tum ša arxu* 413, 3.

רצץ *ra-aṣ-ṣi* (vgl. *iṣṣuru!*) 32.

רקא ? *ri-qi*(*ki*) Nbk. 133, 5. *šîru ri-qi-ti* Nbk. 247, 8. Peisers Vermuthung (KA 95) betreffs *riqitu* = „ein Bestandtheil des Schafes" wird durch diese Stelle bestätigt.

? *ra-qa-tum* 159, 2.

? *ra-qu-ti-šu-nu* 916, 16.

רקם ? *ra-qu-un-du parzilli* Nbk. 419, 7, *ra-qu-un-qu* (sic!) Z. 5.

רקק *riqqu* Wohlriechendes Kraut. *1 pi riqqu ša napišu* 929, 3. Geschr. *riqqu-ZUN* 604, 11. *amêlu râb riq-qi* 317, 7, 10; 496, 6; 746, 9; 906, 13; 1010, 11; 1037, 7. *amêlu riq-qi* 1010, 15. *riqqi-pl.* 1038, 6. Vgl. Nbk. 64, 22? *amêlu riq-qi-ú-tu* Cyr. 332, 19.

raqqatu Sumpf. *raq-qa-tum* 178, 16; 193, 4. *ra-aq-qa-tum* 203, 17.

רשה *rašû* fassen, nehmen, besitzen. *B ana aššûtu ir-ša-an-ni-ma* 356, 3. *ana aššûtu kî ar-šú-ka* Nbk. 359, 6. *abla u mârta ittî* [*axâmeš?*] *ul ni-ir-šú* Nbk. 359, 7.
III 1 *ú-šar-šú-ú* (Sg. Rel.) 356, 34; Cyr. 128, 19.

amêlu *râšû* Gläubiger. Phrase: amêlu *râšû šânamma ina muxxi ul išallaṭ adî N.N. kaspašu išallimu* „ein anderer Gläubiger wird darüber nicht verfügen bis dass N.N. in Bezug auf sein Geld befriedigt worden ist.“ amêlu *ra-šú-ú* 817, 7. 1116, 7; Geschr. amêlu *TUK-ú* 9, 10; 67, 7; 103, 9; 165, 10; 307, 10; 314, 9; 352, 8; 375, 16; 468, 7; 526, 8; 534, 8; 619, 14; 663, 9; 678, 12; 796, 10; 803, 9; 934, 11; 1047, 13; 1079, 8; 1125, 5. Zu vgl. 65, 20; 198, 9; 293, 14(?); Vgl. *ra-šú-ú* 801, 13; Nbk. 269, 4.

rašûtu (*rišûtu*) Forderung, Guthaben. *ra-šú-tu* (*tú*) [71, 7;] 134, 7; 138, 8; 148, 7; 231, 18; 253, 5; 270, 3; 373, 3; 375, 8; 419, 8; 427, 9; 619, 7; 669; 678, 17; [688, 2] 715, 6; 738, 3; 800, 8; 820, 6; 1128, 3. *ri-šú-tu* 17, 16; Nbk. 141, 5. amêlu *ra-šú-tú* Nbk. 57, 2.

רתך ? – – – *ri-te-ki* 518, 8.

ש

שַׁ *ša* 1) Genetivzeichen, allgem. nota relationis 2, 2; 3; 4, 3; 5, 4 u. ö.; bezeichnet Zugehörigkeit (= gehört dem und dem) 53, 8; 85, 13; 231, 18; 244, 16; 253, 11; 260, 10; 440, 20; 801, 11; 832, 3, 15; u. ö.; in Zeitangaben: pro Tag, pro Monat, pro Jahr: *ša arxi* 67, 3; 314, 18; 316, 4; 552, 4; 602, 4; 802, 5 u. ö. *ša šatti* 796, 4; vgl. *ša* Nbk. 112, 5; nach der Art des arab. ذو (= *ša elî* –, *ràb* –) 6, 3; 202, 11; [686, 15:] 743, 23; 753, 2; 780, 3; 1006, 5; 1034, 8; 1043, 5. – 2) Pron. relat. 1, 19; 3, 3; 5, 2 u. ö. – Wer; derjenige welcher; wenn jemand 116, 36; 178, 38; 203, 35; 293, 34; 477, 29; 687, 30;

Nbk. 125, 14; 198, 6; 247, 15; 283, 19; 368, 6. *šá* Nbk. 198, 9. – 3) Conj. „dass" nach *kunnu*, *mukinnûtu* 343, 3; Nbk. 52, 4; 183, 6; 227, 5; 361, 5; 365, 4; 366, 5; [419, 5]. – *ša lâ* siehe *lâ*!

ŠÚ.I amêlu, siehe *gallabu*!

שאל *šulum i-ša-la* begrüssen 922, 3. *i-ša-lu-ma iqbû* 720, 14. *i-ša-lu-ma* Cyr. 312, 10.

שאר *šêru* Fleisch Nbk. 247 ö; 402, 15; 416.

שבנש* amêlu *ša-bi-na-a-ši-šu* 116, 42.

ŠE.BAR Ideogram von unbekannter Lesung; bedeutet Getreide. Beachte für das Genus *ŠE.BAR maṣrîtum* 189, 2. – *gamirtum* 18, 5; 36, 5; – *nadnat* 510; 525, 22 u. ö; mit Suff. *ŠE.BAR-su* 307, 12; 496, 9; 678, 14; Nbk. 338, 7; 438, 9; 438, 9, aber auch *ŠE.BAR-šu* Nbn. 462, 24. Kommt vor 4; 8; 14; 18 f.; 23; 25; 28; 29; 33; 35 f.; 43; 101; 111; 119, 14; 122, 11; 136; 138; 148; 157; 205; 235–237; 247; 251; 260; 263; 277; 279 f.; 284, 28; 286 f.; 289; 292; 307, 12; 315; 318; 327, 10; 330; 333; 344, 10; 350; 352; 357; 361; 364; 369; 373; 379, 7; 386; 393; 395; 398; 405; 411; 414; 419; 427; 438; 445 f.; 448; 451; 458 f.; 462; 469; 482; 488; 493, 8; 496 f.; 505 f.; 510; 513; 520 f.; 525; 527 f.; 539; 542; 567; 575–577; 583, 27; 616; 629 f.; 634; 636; 642; 656; 663, 11; 678; 682, 7; 690, 5; 700, 7; 714; 718; 730; 732; 734; 740; 747; 762 f.; 773 f.; 799; 803, 12; 814; 819; 829, 10; 833–135; 840–842; 844; 847; 849, 15; 862; 885; 889; 906 f.; 913, 7; 915; 925; 931 f.; 934; 936; 942; 944; 972; 976; 984–986; 988; 998 f.; 1001; 1005; 1008–1010; 1018; 1021 f.; 1035; 1037; 1040; 1049; 1054; 1055; 1057, 9; 1059; 1070; 1078; 1085; 1087; 1099; 1100; 1105; 1109, 1117 f. Nbk. 12; 15 f.; 18; 50; 63; 66; 71–73; 75; 77; 79; 82; 98; 104 f.; 112; 118; 131; 152 f.; 170; 174; 186; 188; 191; 193 f.; 205; 209 f.; 212; 215; 220; 228; 234 f., 244; 253; 260; 263; 273; 279; 284; 299; 309; 313; 315; 320; 323; 330 f.; 334; 336; 338; 343; 379; 385; 390; 404 f.; 411; 424; 438;

443; 450; 453; 457; 459. Cyr. 2; 5; 9; 16; 21 f.; 24; 26; 31; 33 f.; 36; 39 f.; 46; 59; 61; 71; 73; 77; 79 f.; 88; 90 f.; 93; 99; 112; 115; 121; 148; 151; 153; 158; 189; 205; 210 f.; 225 f.; 229; 239; 248; 251; 260; 262; 285; 288; 291; 295 f.; 305; 308; 313; 331; 336; 342; 347; 350; 357; 359; 364; 367; 371; 376; 378; 382.

שברי *še-bir-ri* Bau? (vgl. *ši-bi-ir-šá* III R 60, III 42.) 48, 11.

שבש (*šabâšu* V R 16, 28 g, BList 7115). *ši-ib-šu* 167, 2; 497; 753, 9; Nbk. 131, 9; 330. 7. Cyr. 26, 20.

שבת *ša-bi-ta-nu* 125, 2; 1051, 2 (?). vgl. 49, 10 · · · *bit-ta-nu*!

ŠE.IG Ideogram? 1035, 5. *ŠE.IG-tum* V. A. Th. 15. 10.

ŠAGAN.LAL ^amêlu^ 20, 15. Zeichen *ŠAGAN* siehe S^b^ 366!

שגר *šá-ga-ru-ú* 973, 10; Cyr. 316, 9. *šá-gar-ru-ú* Cyr. 377, 17, vgl. *šá-gu-ru-ru* Nbk. 360, 9!

ŠÚ.DU (zur Lesung vgl. PKA 78). Phrase: *ša ŠÚ.DU-ma idibbubu* 193, 24; Nbk. 135, 28. *ŠÚ* ist wie *KU* geschrieben! Dunkel ist *ina šu(kad?)-du(-šu)* 4, 5 = *ina qaqqadišu*?

שדד II 2 *tu-sa-ad-di*[*-id-ma*] (PKA 87) statt *tustaddid* (DAG § 51) 697, 10. Vgl. סדד!

ša-di-di-e Cyr. 180, 14.

šid-da Seite Nbk. 13, 3. ^êsu^ *šid-du-pl.* Nbk. 278, 3. ^êsu^ ? *ši-da-nu* 502, 2, 4; 590. 2. *šid-da-nu* 163, 3. *šid-da-tum* (vgl. nh. שִׁידָּה, سُدَّة Kiste) Cyr. 183. 16.

שדת ? *ši-da-tum* 258, 16. ? *šid*(?)*-da-a-ti-šu-nu* (*ša alpê*) Nbk. 42, 2.

šadû Berg. *ina šadi-i* 17, 2; 506, 3.

šadû (שדיא) Osten. Geschr. *IM KUR.RA* 116, 6; 178, 10, u. ö.

שדפ *ša-di-pi*(?) 753, 13. ? *ša-da-ap-pu* Cyr. 84. 5.

שו *šû*, f. *ši* Pron. pers. 3. P.; Pron. demonstr. *šú-ú* 53, 8; 85, 14; 373, 12; 580, 12; 916, 16; 955, 5; 966, 10; Nbk. 409, 11. *ši-i* 122, 10; 231, 18; 244, 16; 356, 33; 720,

15; 832, 15; Nbk. 101, 4. – Pl. f. *ši-na* 260, 10; Nbk. 230, 13. *ši-na-a-ti*(*ta*) 687, 18, 31.

šâšu Pron. dem. *ša-a-šu* 738, 8 (DAG § 57, a E.). *ša-a-šú* – – –? 249, 7.

šu'atu Pron. dem. *šú-a-tu* (*ta. tim*) 64, 2; 85, 7, 12; 116, 21, 36; 178, 20, 39; 193, 10; 203, 39; 244, 11; 293, 10; 356, 17 u. ö. Geschr. *MU.MEŠ* 258, 24; Nbk. 135, 30; Cyr. 3, 23; 277, 20.

שׁוא *šûtu* (שׁוֹאָה, שׁותא) Süden. Geschr. *IM GAL.LU* 116, 9; 178, 6; 193, 8 u. ö.

שׁול ? *šûlu*? fett? *alpu šú-ul mâr šatti* 768; 797. *šú-lu šú-ú* – – – 1071.

שׁום *šûmu* Knoblauch; Gemüse. Geschr. *ŠE.ŠAR* 100; 107; 130; 134, 2; 141; 151; 152; 160, 2; 169, 2; 232; 261, 10; 344, 10; 427; 515; 663, 5; 819; 943. Nbk. 290; 309; 357; 384; 397; 406; Cyr. 12; 76; 87; 141; 331, 9; 340; 362. vgl. *ŠE.EL.ŠAR* 128, 6.

שׁוף *šêpu* Fuss. *še-e-pu* 258, 14. *šêpu* 761, 2; 990, 11. *ša bûd še-pi-šu ina qâti N. iššû* Nbk. 366, 6. *B. bûd še-e-pi mutišu ina qâti P. našâtu* V R 67, 3. Vgl. OPPERT ZA III 17 ff.!

שׂוח *amêlu*? *šú-ú-tu* 795.

שׁזב *ši-iz-bi* 1119, 6.

ŠAX *içu*, siehe *gišimmaru*! *ŠAX.KAN-tú* 1067.

ŠÚ.XA *amêlu*, siehe *bâ'iru*!

שׁחן *mušaxxinu* ein bronzenes Geräth? *mu-šax-xi-nu* 241, 1, 7; 258, 11; 310, 12; Nbk. 369, 2; 426. *mu-šax-xi-na* 761, 6. *mu-ša-xi-nu* Nbk. 441, 3. *mu-šax-xi-in-nu* 310, 1, 8; 950, 3. *mu-šax-xi-in* 310, 10.

שׁחף *šú-xu-up ša içu attari* 1012, 4.

našxiptu ein eisernes Geräth. *na-aš-xi-ip-tú*(*tum*) 571, 15; 784, 2; [878;] 926, 4.

שׁחר *ši-xir?-tum* 160.

שטר *šaṭâru* schreiben. *irrit ilâni ina libbi iš-ṭur* 356, 18. *il-ṭu-ru-ma* (Rel.) 442, 4. *kî iš-ṭur-ru* 854, 7. *iš-ṭu-ru-ma* (Pl.) 668, 2, 20; Nbk. 403, 3. *taš-ṭù-ur-ma* Cyr. 337, 18. *niš-ṭur-ma* 356, 21. *ni-iš-ṭú-ur* Nbk. 359, 8. – Prm. *šaṭar* u. *šaṭir*: *ša-ṭa-ru(ri*, Rel.) 219, 2; 1049, 14. *ša-ṭir* 633, 12; 668, 24. *ša-ṭi-ir* Nbk. 359, 10. *ša duppa-ta-šu ana šumi Š. šaṭ-ra-tum* 666, 4; 693, 7.

šaṭâru Schrift. *ša-ṭa-ru(ri)* 243, 17; 253, 11: *šaṭâri maškânu* = Gutheissen des Pfandes; 442, 3 f.; 633, 12; 760, 25; 854 (*arkû*); 956, 7; 967, 9; 1074, 9. *šà-ṭa-ri* (*ra*) 1113, 28; 1128, 29. Pl. *ša-ṭa-ra-nu* Nbk. 334, 19.

amêlu? *šiṭ-ṭi-ri* 1024, 13.

שי* *šêu* Getreide. *amêlu nâdin še-im* 260, 14; 311, 10 u. ö. als n.pr.

שיב *amêlu ši-i-bi* Greise 300, 3.

ši-bu-tu Greisenalter Nbk. 125, 2. *amêlu ši-bu-tu ša êri* die Alten der Stadt Cyr. 329, 4.

שים bestimmen, berechnen. *i-ša-am* 116, 28; 477, 17; 687, 22. *i-šá-am* 193, 14. *i-šam* 178, 26; 203, 24; Nbk. 4, 12. *i-ša-mu* 356, 33; 495, 10. *i-ša-am-ma* 359, 5.

II 1 abschätzen. *ú-ši-ma* 103, 12.

šîmu Kaufpreis. *ši-i-mi* (*gamru*, *gamirtu*, *gamrâtu*, *xarîṣu*) 85, 8; 116, 32; 187, 9; 293, 8; 687, 22; 1048, 2; 1104, 2. *ši-mê* 176, 7. *ši-mi* 193, 14; 776, 3. *ši-im* 829, 4; 837, 9. *šim* 608, 7.

šîmtu Geschick, Tod (شيمة). *šim-tum* 356, 23; 380, 5. *ši-im-ti* Nbk. 283, 17.

שין ? *šênu*. *SU mê še-e-nu* 566, 8; 673, 4, 7; 824, 13, *še-ên* Nbk. [165] 173.

ŠUK.ZUN, siehe *kurmatu*!

ŠAK.KI Ideogram, wechselt mit *ŠAK*, welches man unter *rêšu* nachsiehe. Ich vermuthe nunmehr, dass *pânu* = Vorderseite (eines Feldes) zu lesen ist (*ŠAK* = *pânu* BList

3520, *Š.AK.KI* = *pânu* ibid. 3644). Beachte 760, 9; 835, 3. Nbk. 95, 7, 9; 115, 9; 450, 2 u. ö.; 453, 2; Cyr. 225 f.; 230, 3.

שכל (= bh. שָׂכַל) Acht haben auf etwas. *amêlu ša-ki-il iṣṣuri* 714, 6. *amêlu mu-ša-kil* (*UŠ.TUR.XU*) (vgl. DAS 134) 306, 3. ZA IV, 120, wo STRASSM. falsch. *mušarim*.

שכן *šakânu* setzen, hinterlegen, deponiren; machen, schaffen. *duppâni i-šak-kan* 845, 7. *amêlu râšûtu nušurrû ina libbi i-šak-ka-nu* Nbk. 265, 8. 2 *š. k. akî maškânišu ina pâni I. iš-kun* 700, 10. *kaspu ša ittî axâmeš ana xarrâni iš-ku-nu* 199, 4; 601, 5; Nbk. 88, 5; 300, 5. *ina pâni iš-ku-nu* 310, 6. *ša maškânu iš-ku-nu* 529, 4. *ša Šalam-dîni šumšu iš-ku-nu* 391, 5. *ana pânia iš kunum-ma* 720, 8. *adannu ana muxxi iš-kun-nu-'* 756, 6. *iš-ku-nu-ni-šu* Cyr. 332, 10. – Prm. *šakin*, *šaknu*: *ša-ki-in* 150, 7; 161, 10. *ša-kin* 207, 3; 208, 3; 331, 6; [1090, 5;] 1095, 6, 10. *napxariš 20 eṣâni ana arax Ari ina pitqat ša bâbi ša-kin* 137, 7. *šak-nu*(*na*) Rel.) 150, 2; 431, 2, 10; 489, 2; 515, 7; 519, 2; 776, 9; 842, 7; 1113, 11: *ana maškâni*; Nbk. 334, 5. *epûš nikasi šak-nu-'* (Pausa) Nbk. 347, 21. *qallatu maškânu šak-na-tum* 253, 10. *šak-na-at* 786, 15. *šak-nu-'* 310, 14. – Impr. 2 P. Pl. m. *šuk-na* 356, 28.

IV 1 *aš-ša-kin* Nbk. 120, 7.

amêlu šakânu Statthalter. *amêlu ša-kan-na* 314, 16.

amêlu aškandu dass. (vgl. 314, 16 mit 665, 2 u. ö.). *aš-kan-du* 665, 2. Als n.pr. *aš-kan-dú* (Zeichen = *ul*) 668. 3. Vgl. auch *AŠ.KAN.DU* = *Šarru-Papsukal* VR. 44, II 11.

maškânu = מַשְׁכּוֹנָא Pfand. *maš-ka-nu* 3, 4; 4, 13; 9, 6; 16, 6; 65, 5; 67, 6; 77, 5; 82, 10; 103, 8; 126, 13; 157; 165, 9; 238, 3; 239, 3: *maš-kan*: 253, 10; 274, 13; 305, 6; 307, 9; 314, 8; 316, 7; 340, 5; 344, 9; 352, 8; 375, 16; 390, 7; 391, 6; 433, 7; 443, 7; 468, 6; 479, 6; 526, 7; 529, 3; 534, 7; 552, 8; 581, 8; 584, 8; 585, 7; 602, 9; 605, 7; 619, 13; 663, 7; 668, 5; 678, 11; 688, 6; 700, 7; 720, 7; 772, 7; 796, 9; 803, 7; 808, 9; 817, 6; 830, 7;

849, 10; 877, 6; 995, 8; 1020, 4; 1025, 6; 1047, 13; 1077, 6; 1079, 7; 1110, 5; 1113, 10; 1116, 5; 1125, 4; 1128, 9.

maškânâtu dass. *maš-ka-nu-tu(tú)* Nbk. 133, 6. 420, 4.

?*maškattu* (Statt *maškantu*?). *ŠE.BAR ina muxxi maš-kat-tum inamdin* 251, 8; 405, 7; 497, 8; Nbk. 273, 16. *maš-kăt-tá* Nbk. 210, 8.

שכפ* *ša-ku-pi*? 37, 3.

שכר *šikaru* Rauschtrank, Wein aus Getreide, Datteln. *ši-ka-ri* 80; Nbk. 344, 9. Geschr. *BI* (*KÀŠU*) 113, 3; 386, 2; 811, 4: *paṣâ*; 871, 3. *šikaru ṭâbu* (*XI.GA*) 600, 4; 612, 16; 815, 2; Nbk. 233, 3. *šikaru rêštû*? (*BI.SAG* (*RÊS*) vorzüglichster, „prima“ Sorte (?) 24, 2; 56; 58; 94; 173; 254, 2: *lâbiru*; 676, 11; 799, 10, 15 = *ša lâ mê* mit Wasser nicht gemischt?; 815; 851, 2; 956, 3; 966, 2; 1074, 6; Nbk. 249, 37; 334, 7. *šikaru rêštû ṭâbu* 60; 787, 12. *šikaru UŠ* (*imittu*?) *damiq-tim* 799, 14. *šikaru UŠ.SA damiq-tum* 747, 17. *BI* [*UŠ*].*SA* ist wohl auch Nbk. 338, 5 zu lesen statt *Ú.SA*. Vgl. aber Nbk. 457, 2!

iškaru (= אֶשְׁכָּר Abgabe?)?) *iš-ka-ri* 163,[7,]9; 839, 6; Cyr. 326.

שכת* *bit ša ku-te-e* 480, 20. – *aš-kut(?šil)-tum* Cyr. 128, 12.

שלא$_3$ *mu-še-lu-ú* 258, 36 ein eisernes Geräth. Vgl. *mušelû ša* ^{eșu} *sikkatum* VR 13, 7 a = *niptû* Schlüssel II R 23, 49.

שלח ^{eșu} *šalxu* (*eššu*, *lâbîru*, *pitû*, *lâ pitû*, *ša ilûtu*) ein Tempelgeräth. ^{eșu} *šal-xu-xi* 78; 104; 115; 137; 143; 146, 8; 163, 7; 164, 10; 179; 252; 507, 4; 694; 696; 848; 1090; 1121, 8; Nbk. 312 u. ö.

שלט *šalâṭu* Macht haben; über etwas (*ina muxxi*, *eli*) verfügen, Anspruch erheben (jur.). ^{amêlu} *râšû šânamma ina muxxi ul i-šal-laṭ* „ein anderer Gläubiger wird darüber nicht verfügen“; Phrase durch welche das Vorzugsrecht einem Gläubiger gesichert wird: 53, 6; 67, 7; 103, 10;

165, 10; 307, 11; 314, 10; 352, 9; 375, 17; 526, 8; 534, 9; 619, 14; 663, 10; 678, 13; 796, 11; 803, 9; 817, 7; 934, 12; 1047, 14; 1079, 9; 1116, 8; 1125, 6. *i-ša-la-aṭ* Nbk. 258, 7. *ša ina muxxiša i-šal-la-ṭu* wer über sie ansprüche erhebt Nbk. 198, 7. *ul taš-šal-laṭ-ma* Nbk. 283, 11. Vgl. *ul šal-laṭ* (für *i-šal-laṭ?*) Nbk. 438, 8.

šalṭu = שֶׁלֶט Schild. *SU* (*mašak*) *šal-ṭu* 661, 4; 702; 1034.

שלל II 1 *šullulu* wegführen lassen, frachten ein Schiff? *élippu ana idi ûmu šul-lul* „das Schiff ist für Frachtgeld pro Tag gefrachtet“ 1019, 5; vgl. 1033, 5; Nbk. 402, 15.

šallultu, šullultu? šal-lul-tum 824, 18. *šul-lul-ti* Nbk. 164, 27. *šul-lul-ta-a-tum(ti)* 652, 7; 776, 5.

šillu? 00 mašîxu ša šil-li-e 476, 8 f., 15, 24; 739, 7.

שלם wohlbehalten s.; mit. *xubulla, kaspa, ŠE.BAR* etc. = in Bezug auf Forderungen von Zinsen etc. befriedigt, bezahlt werden (= *innitirru*). *kaspa ina ši-pit-ti-šu i-šal-lim* 145, 7; 169, 10. *i-pi-ên-ni-ma i-šal-lim* 356, 7. *mimma ina GIŠ.BAR.MEŠ ša šatti 12 i-šal-li-mu* 722, 10. *ina kasap šimi eqlišu i-šal-lim* 1132, 6. *adi N.N.* (*kaspašu*) *i-šal-li-mu* (*ma* einmal), *i-šal-lim* (sic!) 103, 11; 307, 12; 352, 10; 479, 8; 526, 10; 534, 11; 552, 9; 581, 10; 584, 9; 585, 9; 605, 9; 663, 9; 678, 15; 796, 12; 803, 10: *i-šal-li-ma*; 877, 7; 1047, 15; 1079, 10; 1116, 10; Nbk. 72, 10; 127, 7; 152, 11. *ta-šal-li-mu* 165, 11; 529, 11; 817, 9. *ta-šal-lim* Nbk. 91, 10. *3½ m. k. nudunnâšu ta-šal-lim* 356, 38, 40. Pl. *mimma mâla ina êri u ṣêri i-šal-li-mu axâtašunu* 653, 7. *i-šal-li-mu-'* (Rel.) Nbk. 311, 9. *adi ᶠ Gugûa kaspašu taš-li-mu* 68, 7. II 1 ersetzen, ergüten. *karpatu dannu xipû u xalqu ú-šal-lam* Nbk. 325, 7. *anâku napšati ša qallika ú-šal-lam-ka* Nbk. 365, 7. *nabalkattânu 10 š. k. u-šal-*[*lam*]*-mu* 1030, 10. *u-ša-lim . . .* 355, 9. *mu-šal-li* 206, 5.

šalâmu Heil, Wohl. *00 mašixu qîmê ana ša-lam biti ili* 641, 4; 767, 2; Cyr. 229, 3. *ana qîmê ša-la-mu biti ša ilu Rammânu* 318, 5. Auch V.A.Th 69, 5, 60, 4 und 70 4 ist *qîmê ša-la(lam)-mu bit qiṣir ša ṣêri* statt PEISER's *qumê ša lâmu* (= Diener?) etc. zu lesen.

šulmu n.a. Heil, Gruss. *šú-lum ša axêa liqbû* 574, 4; 922, 2; Nbk. 460, 3.

šú-ul-lu-ma-an-na ša šarri Nbk. 280, 2, 7.

šu-ul?-lam? Nbk. 441, 5.

? *šul-lu-un-du* 1009, 2. *šú-lu-un-du* 1010, 2.

? *i-šul(šax)-lim(ši)*? 678, 9.

שלש *šalâšu* drei. *3-il* (*šalâš-il*) *šanâti* 172, 4.

šalšu dritter; Drittheil. *bûd šal-šu* 157, 8; 515, 4. *3 š. šal-šu* 204, 6; 991, 9; Nbk. 435, 9. *1 gur qutânu šal-šu* 644, 8. *šal-šu ša GI.MEŠ* 1128, 13. *šal-šu* (dritter) 319, 4; 422, 5; geschr. *3-šu* 557, 3. *šal-šu* Nbk. 51, 4, vgl. Nbk. 971, 2!

šalšû dreijährig. *3-ú* 202, 2; vgl. 1128, 17! *3-i* Nbk. 132, 12.

שלף *šulpu*; zur Bedeut. vgl. PKA 101! *pi-i šú-ul-pu* 4, 12. *pi-i-šú šul-pu* 103, 8. *pî šul-pi* Cyr. 3. *pî šul-pu* Cyr. 308.

ŠUL(ŠAX?).TUR.DA.MEŠ Nbk. 267, 7.

שם *šumu* Name. *šú-mu* 260, 3, 8; 693, 6. *ana šú-mi-šu* 59, 6?; 85, 10; 132, 7. *ana šú-um ša* 293, 6. *šú-un-šu* 697, 2.

שמא$_4$ hören. *iš-mê-šú-ma* 243, 5. *ta-[aš-]mê-e-šú-ma* Nbk. 101, 4. *ṭêmu u šulum ša axîa lu-uš-mê* Nbk. 460, 15. *dânê dibbišunu iš-mu-ú* 356, 29; 1113, 8. *iš-mu-ma* 13, 6.

III 1 *ú-še-eš-mê-ma* 837, 14.

IV 2 ? *it-te-še-mu-ú* 682, 7.

שמאל *šu-mê-lu* link? Nbk. 13, 3.

שמד ? *šindu*. *ši-in-du* 416, 2; 617, 3; Cyr. 44; 307, 9. *imêru ša ina muxxi appišu ši-in-du* Nbk. 360, 10. *16 mana ši-in-di* Nbk. 126; 130; 222. Vgl. *šindu xurâṣu* VR 27, 61, BList 225!

שמה umschliessen, einschliessen. I 2? *il?-te-mê* 711, 4.

^{esu} *šú-ma-a-ta* Nbk. 433, 8.

שמה hoch s. *šamê* (Himmel), vgl. trg. שְׁמַיָּא Decke, Tronhimmel. *1 ša-mê-e* Nbk. 441, 6. Geschr. *AN-e : lapâtu ša šamê ša ilu NAR* 283, 5. *dullu ša šamê ša ilu ziqrânu* 1036, 3. *dalat šamê ša ilu Gula* 1121, 12. *1 šamê* 939, 2.

?ša-ma sûnê ilu Šamaš 1015, 6.

ŠAMMU *iṣu* 17; 441.

שמן *šamnu* Oel. *šam-ni* 22, 12; 57, 11; 180, 2; 185; 221, 2; 245, 6; 283 *ṭâbu*; 295; 322; 334; 502, 12; 692 3; 698; 739, 6; 777, 4: *ša nûru*; 798, 2; 821; 824, 12; 935, 5; 957; 975, 4; 1017, 6; 1060, 7; 1064, 2. Geschr. *NI.GIŠ* (*šamni eṣi,* DAL 148 b) 108; 329, 7; 941 2.

שמר *šá-mir* . . . . 776, 12.

šemîru Diamant (שָׁמִיר NAD II 439, geschr.) *abnu* *NAR* (Sanherib V 72) 61; Nbk. 441, 4.

niš-mur-ri Cyr. 369, 8.

שמשם *šamaššammu* Sesam; geschr. *ŠE.GIŠ.NI* 22, 11; 28, 3; 38, 2; 57; 81; 113, 4; 144, 2; 162; 166, 4; 167; 200, 2; 226; 277, 6; 330; 362; 454; 535; 543; 565; 569; 586; 595; 596; 612, 7; 614; 628; 631; 640; 644: *imitti ša ina eli qanî*; 667; 683; 692; 706; 737; 748, 7; 763; 777; 791; 802; 809; 822, 12; 852; 857; 859; 883; 893 f.; 901; 912, 6; 914; 918; 970 f.; 1024, 4; 1060; 1093 f. Nbk. 1; 14; 30; 277; 287; 319; 349; 352; 354; 362; 375; 391; 395. Cyr. 27; 31; 45; 56; 63; 66 f.; 69 f.; 162; 166; 176; 179; 182; 204; 206; 238; 244; 260; 282; 294; 298; 314.

שנה *šanû* ändern (= II 1). *amâtka ittîa lâ ta-ša-an-na* Cyr. 376, 24. Phrase in Häuservermiethungscontracten: *ûru išannu* „die Nacktheit (der Wand, von welcher der Bewurf abgefallen ist) soll er (der Miether) ändern, ausbessern“: *i-ša-an-nu* 9, 8; 184, 7; 500, 8, *i-ša-an-ni* 48, 10; 261, 8; 996, 10; Cyr. 228, 7, *i-šá-ni* Cyr. 177, 16, *i-ša-an-na* Cyr. 231, 10.

II 1 dass. *ûru ú-ša-an-nu* (Pl.) 1030, 11. *ša dibbi annûtu ú-ša-an-nu-u* Nbk. 125, 14.

šinâ zwei oft, f. *2-it namṣâtum* 258, 12.

šânû 1) zweiter, anderer *ša-nu-ú* 422, 4. 2-*ú* 976, 18.
ša-ni-i 7, 16; 354, 11; 553, 6; 973, 14. 2-*i* 11, 8; 45, 5;
309, 7 u. ö. *ša-ni-e* Nbk. 69, 6. *ša-ni-tum(tim, tú)*
178, 18; 203, 18; Nbk. 101, 10. *šá-ni-tim* Nbk. 164, 20.
2-*tum* 116. 20. — 2) 2-jährig. 2-*ú* 202, 3. 2-*tum* 54, 4.

šânamma ein anderer. *ša-nam-ma* 9. 10; 67, 7; 85, 13;
103, 10; 165, 10; 305. 13; 375. 16; 380, 12; 468, 7; 526,
4 u. ö., siehe ^{amêlu} râšû!

^{amêlu} šânû, geschr. ^{amêlu} 2 260, 9, ^{amêlu} 2-*ú* Nbk. 109,
18; 166, 14. Vgl. ^{amêlu} *ša-ni-e-šu* (n.pr.) 158, 10, ^{amêlu}
ša-na-ši-šu 855, 3.

šattu Jahr, geschr. *MU(.AN.NA)* im Datum und sonst
oft. Beachte noch: *šatta* pro Jahr 480, 5, *ša šatti* 796, 4,
ina šatti 261, 5; 500, 12, *ana šatti* 48, 6 dass.

mušannîtu? *mu-ša-an-ni-tum* 770, 2; 784, 3; [1080, 2].
mu-ša-ni-tum 6, 3; 910, 4; 1002, 6; Cyr. 180, 10.

שׁנם ^{amêlu} *ši-na-mu-ú* 640, 3.

שׁנן *ši-in-nu?* 558, 10.

שׁנק šanâqu. *ša-na-qu* 10, 7; 119, 11; [121, 5;] Nbk. 23, 3;
457, 10.

?*ši-in-gu?* 1119, 3.

שׁנשׁ ?*ša-an-ša-nu* 591, 4. *ša-an-šu* 98, 4 = šamšu?

שׁסא šasû sprechen, lesen. *il-su-ú-uš* 68, 7.

I 2 *iš-tas-su-ma* 356, 30. *iš-tas-su-ú-ma* 1113, 14; 1128,
10. *iš-ta-as-su-ma* Cyr. 332, 23.

שׁסל* *šú-su-ul-lu?* 301, 3.

שׁפא ?*šú-pu-'* 234, 10. *šú-pu-ta-šu-nu* 562, 5. ?*ša-pa-a-tum*
1088, 2. ?*šup-pa-tum* Cyr. 335, 2.

שׁפל šaplu unten befindlich. *šap-lu* (oppos. *elî*) 435, 6.
šaplû dass. *šap-li-i* Nbk. 59, 4. Geschr. *KI.TA* 116, 6;
178, 6; 193, 8; 203, 5; 293, 15 u. ö., *KI-ú* Nbk. 95, 5,
KI Cyr. 188, 9 u. ö.
šupalu das unten befindliche. *šú-pa-lu* Nbk. 115, 21;
168, 9. ^{eṣu} *šú-pa-li šêpi* (= kibsu) 761, 2. ^{eṣu} *šú-pal šêpi*
990, 11. *ištên šú-pal še-e-pu* 258, 14.

šupalâ unten befindlich. *šá-pa-lu-ú* 103, 6. *šú-pal-li-tum* Nbk. 12, 3.

šaplânu Praep. unterhalb. *šap-la-nu* 116, 3. *šap-la-an* 178, 19.

שׁפץ *ši-pa-şu* 337, 2.

שׁפר *šapâru* schicken etc. *a-šap-par-ma* Nbk. 460, 11. *a-šap-par-ra-aš* Cyr. 372, 16. *iš-pu-ra* (Rel.) 160, 3; Nbk. 365, 4. *taš-pur-an-ni-ma* 380(,4 ZA III 366). *aš-pur-ak-ki-nu-šu* Cyr. 377, 20. — Impr. *šú-pur* Cyr. 307, 8. *šup-ra-a-nu* Cyr. 377, 13.

I 2 *al-tap-par* 1134, 4. *il-tap-ra-an-ni* Cyr. 311, 4.

šipru Botschaft, Geschäft. *šip-ri-šu* 1102. ᵃᵐᵉˡᵘ *mâr šip-ri* Bote 22, 13; 55, 14; 80, 2; 298, 2 u. ö. Geschr. *A.KIN* 147, 10; 947, 12. *mâr šip-ri-a-tum* dass. 233, 12. *mâr šip-ra-a-tum* Cyr. 44, 4.

šipirtu (siehe DProll. 149. PKA 92. 99). *ši-pír-tum* 55, 6. Geschr. *AZAG.PAD.DU*: *kasap šipirti* 116, 30; 178, 29; 193, 16; 203, 27; 687, 24; Nbk. 4, 15: 135, 17; 164, 27. *ši-pí-ir-ti* Cyr. 188, 25. *ši-pír-tum pişi(?)-tum* Cyr. 3, 14.

šapparu Ziegenbock. *šap-par* 847, 8. *alpu, LU.NITA šap-par* Cyr. 81, 3, 7. *sattuk šap-par-tum* Cyr. 214, 2. *ša-par ru rapšu* Cyr. 310, 2.

שׁפת *šipittu*, vgl. שְׁפַתָּֽיִם Hürden aus Phälen Ps. 68, 14! *ši-pit-ti* 130, 2; 145, 6; 169, 9. *še-pít* 165, 13.

שׁקה hoch s. ᵃᵐᵉˡᵘ *šâqû* Officier. ᵃᵐᵉˡᵘ *ša-qú* 170, 2; 962, 6; Nbk. 109, 19. ᵃᵐᵉˡᵘ *šaq-qa-a-a(?)* 237, 5, 13.

שׁקה tränken, bewässern. *ša-qu-u šu mê* Nbk. 90, 15. *šuqûtu* Becher. *šú-qut-tum* 406, 3; Nbk. 414, 2.

שׁקל *šaqâlâ* wägen, zahlen. *i-šaq-qi-lu-ma* 760, 9. *šuqultu* Dagewogenes. *šá-qul-tum* 490; 948, 7; 1052, 2 f.; Cyr. 57. Vgl. *KI.LAL* u. *LAL.KI*! *?šuq-la-nu-MEŠ* Nbk. 114.

שׁרדב* *šar(xir?)-da-ab-bu* 571, 5, 7, 14.

שׁרה *?i-šar-ru-ma* 553, 10.

ṣubâtu širâm = שִׁרְיֹן Nebenform zu סִרְיֹן = *siri'âm* Panzer. *ṣubâtu šir-a-am* 661, 5; 1116, 12; Nbk. 12. 3; 408, 23, vgl. Nbn. 824, 19, 22!

שׁרך *amêlu šar-ki* 842, 3. *amêlu râb ši-ir-ku ša ilu Šamaš* 643, 3. *amêlu ši-rik ilu* 172, 2; 750, 15; 945, 4. *amêlu ši-ra-ku* 234, 7; vgl. 1129, 7; Nbk. 253, 2; Cyr. 288, 7. *PA-KAB-DU* = *šarâku* II R 19, 40 a. V; R 51, 22 a also ist wohl *amêlu PA-KAB-DU amêlu širik* zu lesen 33, 4; 842, 6; 976, 9, 16; 988, 8; Nbk. 169, 2.

שׁרמן *ıṣu šur-man-ni* Cypresse. Cyr. 247, 2.

שׁרר *šarru* König oft. Geschr. *LUGAL.LA* 1, 4; 2, 5; 3, 16; Nbk. 1, 7 u. ö. *šarru-ú-ti-ia* im hist. Bruchstück Nbk. 329, 8.

שׁרת *amêlu šartênu* (vgl. מְשָׁרֵת Diener) etwa Gerichtspräsident. *šar-te-nu* 55, 9, 14; 64, 3; 1128, 6. *šar-te-ên-na* Cyr. 128, 15.

שׁתם (= שׁתב = סתם verschliessen?) (*bît*) *šutummu* Vorrathshaus(?). *šu-túm-mu*) *šarri*) 364, 9; 374, 2; 546, 30; 629, 8; 658, 12; 676; 753, 5; 754, 5; 824, 5; 1011; Nbk. 11, 1, 16 u. ö. *šú-tu-um-mu* 550, 3; 729, 3; 776, 2; 899, 9; 968, 2; 986, 3; 1054. *šú-tu-um* 788. *šú-túm* 554, 3; 567, 13; 868, 2; 906, 2; 942, 6; 944, 2; 949, 5; 988; 998, 17; 1010, 5; 1018. *bêl ša šú-túm šarri* 998, 19.

amêlu šatammu ein Beamter. *amêlu šà-tam-mu* 192. 3 *bîti?*; 417, 16. *ša Ésaggil* Cyr. 263, 3. *amêlu šà-tam* 233, 15; 306, 2; 1024, 13. *amêlu šà-tam bît ú-na . . .* 43, 2.

ת

TU amêlu, *biti(îli)* 43, 17; 259, 2; 579, 3; 696, 19; 958, 8. *TA* hinter Zahlenausdrücken: *1 TA iršu* 558, 9. *2 TA qattâtum kaspi* oft. *3 TA amêlûtu* 509, 5. *4 TA šiddânu* 163, 3 u. s. w.; mit folgend. *A.AN* 116, 38; 178, 40; 193, 27; 203, 38; 224, 12; 477, 31; 687, 32; 827, 7; 956, 7; 967, 9; 1102 10.

תא$_2$ם *tâmtu* Meer. *tam-tim* 129; Nbk. 329, 17. *mât tâmtim* (?) Nbk. 109, 4. 16. 18; 116, 14; 166, 14.

תבא$_4$?*ta-bi-e* [694:] 696; 848, 3. – ?*te-ba-a* 624, 3.

תבל *tabilu* aram. תבלא = تابل Gewürz, vgl. Löw Aram. Pflanz. 370, Fraenkel Aram. Fremdw. 37. *ta-bi-lu* 239, 17; 500, 13; Cyr. 231, 12. *bît ta-bi-lu* Nbk. 441, 2. Ob die in den Warka-Contracten sich findenden Worte *ta-bi-li* B. 100, S. 112, *ta-bal-lu* ibid. Z. 5 ff. und *ta-bi-lu-tim* B 73, 5 auf welche Herr Bruno Meissner mich aufmerksam gemacht hat, hierher hören?

תבן *tibnu* – תֶּבֶן Stroh. *ti-ib-ni* 231, 3, zur Verarbeitung des Lehms wie Ex. 5, 7.

תבר *tabarru* eine Art Wolle; ein Kleid. *TUK ta-bar-ri* 222, 2; 284, 3, 7, 9, 22; 467; 664; 879, 2; 1029, 6; Nbk. 457, 6. *ṣubâtu ta-bar-ra* Nbk. 240, 2.

תור *târu* wenden, umkehren, einen Vertrag, einen Kauf rückgängig machen; zurückbringen (– II 1). *ul i-tu-ur-ru-ma* 116, 34; 687, 28. *ul i-tu-úr-ru-ma* Nbk. 164, 31. *ul i-tur-ru-ma* 178, 35; 193, 21; 203, 32; Nbk. 4, 19. *ul i-tu-ru-ma* 293, 31. *i-tur-ru* Nbk. 52, 9. Geschr. *ul GUR.MEŠ-ma* Nbk. 135, 24, *ul GUR-ma* Nbk. 172; 382. – Inf. *ta-a-ri* Nbk. 116, 8. *ta-ri* Nbk. 122, 6.

I 2 *is-si-ram-ma* Nbk. 334, 14. Siehe die Bemerkk. zu DAG § 43!

II 1 zurückbringen. Prs.: *rîxtu ú-tar-ma ana N. N. inamdin* Nbk. 188, 11; 361, 13; 363, 11. *ú-ta-ri-ma* 562, 9?; Nbk. 8, 6.; 10, 7; 390, 9. *ú-ta-ri-im-ma* 987, 9. *ú-tar-ra-ma* 257, 11. *ú-tar-ri-ma* Nbk. 3, 5. – Prt. *ú-tir-ma iddin* 231, 14. *ú-tir-ri* 55, 10. *uantim A kî ú-tir-ri ana B ittadin* 669, 10; 742, 8; 830, 14. *amêlûtu A kî ú-tir-ri ana B ittadin* 832 10. *kî lâ ú-tir-ri*[*-šu*] 987, 10. *ú-tir-ru-nu* Nbk. 109, 11. *kî ardûtu ú-te-ru-ma* 1113, 26. *I. kaspa kî ú-GUR-ma ana N. ittadin u N. duppi ša maxîri kî ú-GUR-ma ana I ittadin* 580, 6-8. – Inf. *târ* (St. c.)? 117, 2.

II 2 *ud-da-ra-am-mu*? Nbk. 333, 9. Siehe die Bemerkk. zu DAG § 43.

amêlu mutîr pâti Trabant; geschr. *GUR.ZAG* (DAL 181) 962, 2.

?*ti-tu-ru* 753, 15.

TU.XAB.XU ein Vogel Nbk. 162?; 331, 4; 405, 3; 915, 17; 988, 15; 998, 18; Cyr. 5.

טחבש* *taxabšu*. *ta-xa-ab-šu* 589, 4. *ta-xab-šu* 494, 3; 694, 11 ff.; 696, 10 ff.; 948, 11; Nbk. 312, 15 f.; 392, 3.

טחח* *tax-xi-e-ti* Cyr. 381, 11.

טחז* *taxâzu* Schlacht, im hist. Bruchst. Nbk. 329, 14.

תחל* *tuxalla* bezeichnet irgendeinen Theil des Ertrags der Ernte; vgl. nh. טיחלא halbreife Dattel. *OO gur tu-xal-la* 623, 6: 973, 9; Nbk. 347, 9; 432, 7; Cyr. 123, 8; 200, 10; 316, 8; 333, 14. *tu-xal* 6, 22.

טחס* *táx-xi-su lâ maš-ši* 466, 16. *táx-xi-is ša ana lâ maš-še-e* 1006, 11. *táx-xi-is ana lâ ba-še-e* 708, 13. *táx-si-ti lâ ba-še-e* Nbk. 342, 13. *táx-sis? lâ má-še-e* 562, 15. *táx-sis-ti lâ ba-še-e* 68, 14. *táx-sis(?bir?)-tum* 741, 15, vgl. 160, 17: *táx-mu-mu = táx-sis-ti?*. *táx-sis-is(?qub?) ana lâ maš-še-e* 557, 12. Für den Sinn der räthselhaften Phrase beachte: *akî lâ ba-še-e .... ittemû* 232, 15. Jedenfalls liegt hier ein formelhafter Schwur vor. Die Grundform des ersten Wortes wird *taxxisu* bez. *taxxistu* sein; etymologisch möchte ich es zur Wurzel נחס (q.v.) führen. *lâ* ist die Negation. *bašê*, *maššê* gehört wohl zu בשה. Die schliessliche Erklärung hängt von der Bedeutung der Wurzel נחס ab.

טחר* *tu-xu-ri*(?) 1020, 6. – ?*te-xir-tum* 10, 5; 159, 6; 1012, 2. – ?*ta-xar xa-aš-bu*? Nbk. 240, 2.

TUK.ZUN bezeichnet Wolle. Wahrscheinl. Lesung: *nabâsu* q.v. 41; 109; 113, 3; 174; 225, 12; 281, 12; 285; 410; 452, 5; 494; 512; 514; 547, 3; 581; 658, 15; 754; 775, 4; 785; 788; 818; 882; 898; 927; 948, 9; 952; 963; 978 f.; 1023; 1050; 1072; 1099; 1115, 3. *TUK is-xu-nu* Nbk. 286, 2.

vgl. *TUK si-xu-nu* Nkb. 305, 2! *TUK GÛ.UD.DU*, siehe *naxlaptu*! *TUK ZA.KUR KUR.RA* 217; 242; 262, 5, 7; 415; 654, 5; 723; 789; 794, 3; 826, 3; 880; 1101, 5; Nbk 455. *TUK SAG.MÊ.KAN.DU* 415, 2. *TUK KAN.MÊ.DA* 410, 7. Cyr. 4; 232 u. ö. *TUK.NUN?* Nbk. 457, 7. Vgl. *tabarru*, *takiltu*, *ṣuppâta*!

תכל ?*takalta* ein Thier. Geschr. *GI.DI* (II R 34, 25 c. V R 19, 37 a. BList 2520) 617, 5; 1014, *SU.TAB.BA* (BList 192) 617 ö.

takiltu (תְּכֵלֶת) purpurblaue Wolle. (*TUK*) *ta-kil-tum* 284, 4, 7, 9, 23; 664, 2; 751.

TIK.ŠUK ^{abnu} 267.

תלא₄ *tilû*, *tulû* weibliche Brust. *ablu ša elî ti-lu-ú* Säugling 832, 2, 9. *tu-lu-ú* Nbk. 67, 3.

TIL.GID.DA ^{amêlu} 458, 12; Cyr. 310, 10. DAL 42.

TIL.LA.GID.DA ^{amêlu} 637, 8; Cyr. 74, 7.

TUM ^{ṣubâtu} 78, 9. *TUM.LAL* 78, 5; 818, 2, vgl. 410, 5 f. *ṣubâtu ša TUM.LAL* 726, 7, 8; 794, 4; 826, 7 f.; 1015, 9 f.; Nbk. 87, 2.

תמה I 2 *itlemê* schwören. *ina* ^{ilu} *Bêl u šarri it-te-mê kî* 83. 3. *ina* ^{ilu} *Bêl u ina âdê ša Nabû-nâ'id it-te-mê kî* 197, 7. *it-te-mê* 849, 4, 13; 964, 14; Nbk. 42, 8; 307, 7. (*akî la ba-še ...*) *it-te-mu* 232, 15; Nbk. 428, 6. *i-te-im-mê* 954, 11, vgl. Nbk. 120, 2. *it-te-mu-ú* 45, 7; Nbk. 103, 18. *it-te-te-mu* (DAL § 83) 105, 16.

IV 2 ?*i-te-it-mê* 954, 10.

תמר ?*mul-mur* 617, 3.

תמש ?*tu-un-ša-nu* 467, 5, vgl. 329, 4? ^{ṣubâtu} *tu-un-ša(za?)-a-nu* 415, 4.

תנב ?*tu-um-bi-e* 784, 11.

תנה* *te-nu-ú* 78: 694, 27; Cyr. 7; 232, 14; 241. Vielleicht Bildung wie *têšû* Verwirrung von אשה.

תפל *ta-pa-lu* 66; 441.

תצה *tu-ṣu-ú* 866, 6.

TUR.ŠIŠ-ŠU amêlu 765, 4.

תרה ?*te-ir-xu-ti* 1030, 14.

תרך ?*tariktu*. [*ta*?]-*rik-tum* 1007, 3. *ta-ri-ka-a-tú ša* iṣu *mašîxu* 206, 7. *ta-ri-*[*ka-*]*a-*[*tú*] 118, 3. *ta-ri-ik-a-ta ša ziqurratum* 223, 2. *ta-ri-ka-tum ša šanšanu* 591, 3.

תרב ?*ta-ri-in-du* 823, 2.

תרר *ti?-ir-ri* Nbk. 313, 2.

Citirte hebräische aramäische und arabische Wörter.

(In Auswahl.)

Zusatzbemerkungen zur Schriftlehre. [1])

a) Neue Silbenwerthe und Ideogramme.

E in nn. pr. = *iqbi* (siehe S^b 245) 276, 4, 7; 512, 10 u. ö.
GI in nn. pr. = *ušallim*, *mušallim*, vgl. 390, 14 mit 391, 12, 1035, 12 mit 1055, 5 u. ö.!
gil (Zeichen *GA* + *TU* DAL 170) semitischer Silbenwerth (*ú-šad-gil-'*) Cyr. 277, 6.
GIŠ in nn. pr. = *SI.DI* = *lišir*, vgl. 243, 22 mit 286, 7!
gû (Zeichen *tig* DAL 76) semit. Lautwerth, beachte n. pr. *Itti-Nabû-gû-zi* (407), - *gu-za* (510, 4), - *gu-zi* (292, 2), - *gu-zu* (420, 2)!
DA in nn. pr. = *ili*, siehe im Wörterverz. zu לאה!
dún (Zeichen *din*) oft, siehe im Wörterverz. z.B zu *nudunnû*! Vgl. ZA IV 70 (Meissner).
ṭú (Zeichen *du*) 50, 16. Nbk. 233, 7; 359, 8. – *ṭú* (Zeichen *tu*) Cyr. 337. 4.
kál (Zeichen *lul*, *pax* etc. DAL 200) im n. pr. *Mukallim*, vgl. 802, 14; 946, 11 mtt 46, 11; 807, 14;
KAN in nn. pr. = *PIN-eš* = *êreš*, vgl. 336 mit 400, 501, 11 mit 434 u. ö. (ZA IV, 71).
KAR = *ušêzib*?, vgl. 479, 13 mit 500, 16 und S^b 315: *KAR* = *šú*[-*zu-bu*]?
SI.DI in nn. pr. *lišir* zu lesen, vgl. 203, 47 mit 687, 42! (ZA IV 263.)
sin (Zeichen *MÈSU* DAL 168) Nbk. 398, 11: *sis-sin-ni*?

b) Zeichen unbekannter Lesung.

1. [amêlu]? (Zeichen *šim*, *rig* mit zwischen den senkrechten Keilen stehendem *NINDA*(*ša*) 129, 4; 219; 259, 3; 579,

[1]) Diese Bemerkungen treten an die Stelle der auf S. 2 beabsichtigten Tafel.

4; 630, 4; 747, 14; 799; 864, 3; 909, 4; 912, 4; 976; 978; 988; 1009 ff.; 1035; 1087.

2. [bît] ? (Zeichen *TUK + NUN + BAD*) Speicher (= *šutummu*?, vgl. 364 mit Cyr. 250!) 165, 13; 207, 2 u. ö. Siehe die Einleitung 14 1) A. 5, B. 5!

3. Ein Ideogram (für *idi*?) siehe 22, 2; 955; 973?. Nbk. 231, 9; 311, 9!

4. Einige unsichere Zeichen finden sich 61, 2; 98, 3; 192, 3; 207, 3; 208, 3; 239, 5; 719; 757, 3; 948, 4; 1026, 8. Nbk. 116. 9; 135, 44; 247, 13.

Verbesserungen.

S. 3 Z. 8 v. u. lies ܕܦܢܐ. — Im selbigen Stücke sind im syr. und arab. Druck einige Bindungsbuchstaben anstatt der Unverbundenen und umgekehrt eingeschlichen so Zz. 13, 17, 23. Ebenso S. 4 Z. 1, S. 17 Z. 9 v. u.

S. 30 Z. 11 v. u. soll 26, 5 auf *ib-bak-kan-ma* folgen.

S. 35 Z. 17 lies *mu-še-zib.*

S. 44 Z. 1 streiche Vgl. etc.

S. 51 Z. 8 v. u. lies *aš-šu.*

S. 60 Z. 14 lies גְּדִיל.

S. 63 Z. 5 lies *gi-šil-e.*

S. 66 Z. 12 lies *GI.BÍL.LAL.*

S. 67 Z. 4 lies *šú-bíl-la.*

S. 70 Z. 1 lies ܘܢܦܩܢ.

S. 74 Z. 15 v. u. lies חֲצִינָא.

S. 88 Z. 14 v. u. lies *lu-búl-ti.*

S. 93 Z. 19 v. u. lies *ŠI.*

S. 98 Z. 8 lies *mišixtu.*

Hier und da sind beim Druck noch einige diakritischen Zeichen abgesprungen. Andere Unebenmässigkeiten werden keine Schwierigkeit bereiten. Ausdrücklich sei bemerkt, dass ´ und ' als diakritische Zeichen auf den Vocalen promiscue gebraucht werden.

Nachträge.

DAG § 50 Wechsel von *l* und *r* liegt vor in *bûlu* = *bûru* q. v.

DAG § 78 Adverbia (auf-*atâ*) *ištên-na-ta-'* Cyr. 211, 8. *ištên-a-ta-'* Cyr. 48, 10. *arxa-a-ta-'*, siehe im Wörterwerz.

S. 62 *gaṣ-ṣu* 753, 26. *gaṣ-ṣa?* Nbk. 77.

S. 71 *xallu* führe zu צלל!

S. 75 *ana xarrâni* [966, 11]. *ummu xarrâni* Nbk. 58, 5. *uantim ša xarrâni* Nbk. 231, 13.

S. 103 (*zu manzazu:*) *pâni DU-zu ša* 986, 5.

S. 110. zu *TUK si-xu-nu* füge *TUK is-xu-nu*, siehe *TUK*!

S. 130 *ši-ba-a-ga parzilli* 707, 3.